Bede Griffiths

DIE HOCHZEIT VON OST UND WEST

Roland R. Ropers (Hg.)

Bede Griffiths

DIE HOCHZEIT VON OST UND WEST

Hoffnung für die Menschheit

OTTO MÜLLER VERLAG

Aus dem Englischen übertragen von
Guido Joos und Ulf Brühl,
revidierte Übersetzung von
Roland R. Ropers

ISBN 3-7013-0667-2

Originally published in English by William Collins Sons & Co. Ltd. under the Title „The Marriage of East and West"

Satz: Fotosatz Rizner, Salzburg
Umschlaggestaltung: Leo Fellinger, Salzburg
Druck und Bindung: Druckerei Theiss GmbH, A-9431 St. Stefan

Inhalt

EINFÜHRUNG

Wir stehen an einem schicksalhaften Wendepunkt in der Geschichte der Menschheit. Altgewohnte Strukturen brechen überall zusammen, aber etwas Neues dringt durch, ohne das Alte zu zerstören. Und dies nennt man Transformation, Verwandlung im Gegensatz zu Reformation und Revolution.

Der Benediktinermönch **Bede Griffiths** hat dies geradezu prophetisch vorausgeahnt. Er beschreibt unsere gegenwärtige Problemsituation und bietet gleichzeitig ein wunderbares Lösungsmodell an. Es handelt sich dabei um die Hochzeit von Ost und West, der Vermählung von Intuition und Vernunft als Hoffnung für eine neue Menschheit.

Griffiths schildert anschaulich die Bedeutung der Quantenphysik und der Energiefelder, die uns heute mehr denn je beschäftigt. Der Konfliktkomplex Israel wird genial dargestellt und könnte als gute Grundlage für eine Diskussion der Völkerverständigung dienen.

Bede Griffiths war ein **Sannyasi** (ein Mensch, welcher der Welt entsagt hat und in völliger Besitzlosigkeit lebt, nur auf die Verwirklichung der Befreiung, von **moksha**, ausgerichtet) und ein **Rishi** (ein Seher, ein inspirierter Dichter, der die Hymnen der Veden vernommen hat).

Die patriarchalisch funktionierenden Kirchen verlieren an Ansehen und Autorität, weil sie kaum noch ein geistig fundiertes Angebot offerieren können. Authentische spirituelle Lehrer sind gefragt, die dem Menschen den Zugang zur Wirklichkeit des Lebens erschließen können. Wir stehen vor einer radikalen Transformation, die Bede Griffiths bereits vor mehr als 20 Jahren genau skizziert hat.

Es geht um die unmittelbare Erfahrung (engl.: *direct* or *immediate experience*) der Wirklichkeit. Das engl.: Wort *immediate* wird landläufig mit *sofort* übersetzt. Der Zugang zum göttlichen Urgrund ist ohne Mittel, unmittelbar – ohne Lehrmeinung, ohne Dogma, ohne Ritual, ohne Imagination, ohne Manipulation und ohne Wesenheiten von außerhalb. Bede Griffiths war kein Medium, das mit außerirdischen Welten Kontakt pflegte, sondern verkörperte reinstes Sein. In dieser Aura des Seins, der göttlichen Essenz, fühlte sich jeder bei sich selbst zu Hause. Griffiths zeigte seinen Schülern den Weg zur spirituellen Befreiung (Sanskrit: *moksha*), den Lebenspfad jenseits der Dualität von Körper und Seele, von Physis und Psyche.

In drei großen Kapiteln stellt Griffiths die *vedische*, die *jüdische* und die *christliche* Offenbarung vor und macht deutlich, wie die Rückkehr ins Paradies möglich ist.

Der englische Benediktinermönch Bede Griffiths war einer der großen Mystiker und Weisen des 20. Jahrhunderts, der die Versöhnung der Weltreligionen vorangetrieben und authentisch gelebt hat.

Alan Richard Griffiths wurde am 17. Dezember 1906 in Walton-on-Thames als jüngstes von vier Kindern einer englischen Mittelstandsfamilie geboren. Kurz nach seiner Geburt ging der Malerbetrieb seines Vaters in Konkurs. Walter Griffiths verlor dadurch sein Ansehen und konnte in der Familie seine bisherige Autorität nicht mehr zurückgewinnen. Alans Mutter, die für die Kinder nunmehr auch die Vaterrolle übernehmen mußte, sah sich gezwungen, in bescheidenere Wohnverhältnisse umzuziehen und den Lebensunterhalt als Putzfrau zu verdienen.

Im Alter von zwölf Jahren wurde Alan in eine staatliche Schule für bedürftige Knaben eingeschult, in das Christ's Hospital. Der schlanke, magere Junge war immer Klassenbester; er spielte hervorragend Klavier und war sehr belesen; später bekam er ein Stipendium am Magdalen College in Oxford, wo er von 1925–29 englische Literatur und Philosophie studierte und sehr wesentlich von seinem Tutor und späteren Freund **C. S. Lewis** (1898–1963) geprägt wurde. Die Begabung zum Schreiben und Reden war Alan in die Wiege gelegt worden; seine mehr als ein Dutzend Bücher und Hunderte von Artikeln legen davon ein beeindruckendes Zeugnis ab.

Nach seinem Universitätsabschluß unternahm Alan Griffiths mit Freunden den Versuch eines gemeinschaftlichen Lebens mitten in der herrlichen Natur der Cotswold Hills. Die drei jungen Männer verdienten ihren Lebensunterhalt mit dem Melken von Kühen und dem Verkauf von Milch. Beim Lesen der Bibel versuchten sie den unmittelbaren Bezug zur Natur zu erforschen.

Alan lebte ständig im Konflikt zwischen dem rationalen Verstand und seinen spirituellen Bedürfnissen. Während eines extremen Fastens erlebte er eines Nachts, tränenüberströmt, einen plötzlichen Durchbruch, worüber er schrieb: *„Ich war nicht mehr der Mittelpunkt meines Lebens"*. Und bei der Lektüre von Kardinal **John Henry Newmans** (1801–1890) Buch *„Über die Entwicklung der Glaubenslehre"* spürte er seine Rückkehr zum Mittelpunkt des Seins. Er wußte, daß seiner Mutter großer Kummer bereitet würde, sollte eines ihrer Kinder zum römisch-katholischen Glauben konvertieren. Trotzdem besuchte Alan die Benediktinerabtei Prinknash Abbey, fühlte sich innerhalb von sechs Wochen dort beheimatet, wurde am Heiligen Abend des Jahres 1931 in die katholische Kirche aufgenommen und empfing in der Weihnachtsmette seine erste heilige Kommunion. Am 20. Dezember 1932 wurde er als Benediktiner-Novize eingekleidet und nahm den Mönchsnamen **„Bede"** an, der germanisch-keltischen Ursprungs ist und *ewig, lebendig, unsterblich* bedeutet.

Von 1947-1951 war Bede Griffiths Prior in Farnborough und Pluscarden, doch die wirtschaftliche Leitung eines Klosters war nicht seine Begabung. Die Begegnung mit dem in Europa geborenen indischen Pater **Benedikt Alapatt** bewog ihn, sich um eine Veränderung seiner Lebensverhältnisse zu bemühen, zumal er durch die C. G. Jung-Schülerin **Toni Sussman** bereits sehr mit dem Denken des Ostens und indischer Literatur vertraut war. Nach vielen Schwierigkeiten wurde seine Gelöbnisbindung an das Kloster Prinknash Abbey aufgehoben, wonach Bede Griffiths in sein Tagebuch schrieb: *„Die Aufgabe des Ego ist der einzig mögliche Weg zum Leben. Ich werde jetzt die andere Hälfte meiner Seele entdecken."* 1955 verließ er seine Heimat England endgültig und reiste zusammen mit Pater Benedikt Alapatt nach Bombay. Nach Sanskrit-Studium und 10jährigem Aufenthalt im Kurisumala Ashram des belgischen Trappisten **Francis Mahieu** (besser bekannt als **Swami Francis Acharya**) – der 91jährig am 31. Januar 2002 gestorben ist – übernahm Bede Griffiths im Jahre 1968 den **Sat-Chit-Ananda Ashram** (Sanskrit: Sein-Bewußtsein-Glückseligkeit) in Tannirpalli/Tamil Nadu. **Shantivanam**, der Wald des Friedens – so die andere Bezeichnung des Ashrams –, wurde 1950 von dem französischen Diözesanmissionar **Jules Monchanin** und dem Benediktiner **Henri Le Saux** (**Swami Abhishiktananda**) gegründet. Am heiligen Fluß Südindiens, am River Cauvery, entstand ein wunderschöner Ashram, der unter der spirituellen Führung von Bede Griffiths (**Swami Dayanda** – Glückseligkeit des Erbarmens) zu einem Begegnungszentrum der Weltreligionen und des kontemplativen Lebens wurde. Täglich interpretierte Bede Griffiths die heiligen Schriften aller großen Traditionen und warf dabei immer wieder ein neues Licht auf das Mysterium des Christentums.

Der Mensch

Bede Griffiths war ein Mensch mit einem universellen Herzen. Er achtete die Heiligkeit jeder Person, da er fest daran glaubte, daß jeder ein einmaliges, unverwechselbares Bild des Göttlichen sei. Mit **Jan van Ruysbroek** (1293–1381) glaubte er, daß *„Gottes Werk in der Leere der Seele ewig ist"*. Gern beschrieb er den göttlichen Prozeß im Innern des Menschen. Er war vom Mysterium der christlichen Trinität fasziniert und darüber hinaus von den Möglichkeiten, welche der Hinduismus zur Befruchtung des Christentums beitragen könnte.

Er hatte ein Herz, das zuhören konnte. Jeder, der zu ihm kam, hatte das wunderbare Gefühl, daß er vorurteilslos angenommen war. Alles, was er gelesen und studiert hatte, konnte er auswendig rezitieren. Der englische Poet und Mystiker **William Blake** (1757–1827), den er außerordentlich schätzte, schrieb: *„Berühre den Flügel eines Schmetterlings und du bewegst einen Stern."*

Bede Griffiths glaubte nicht an einen Monotheismus, sondern fühlte sich in der Trinität, der Dreieinigkeit geborgen. Wie kaum ein anderer verkörperte er das trinitarische Zusammenwirken von **sat-chit-ananda**: Sein, Bewußtsein und Glückseligkeit.

Der Mönch

Für Bede Griffiths war Christsein und Mönchsein eng miteinander verwoben. Insbesondere das indische Mönchstum hatte ihn überzeugt, das Leben des Sannyasi, des der peripheren Welt Entsagenden. Sich an **Mahatma Gandhi** (1869–1948) orientierend, schrieb er in seinem Buch *„Christ in India"*: *„Was Gandhi so deutlich sah, ist, daß die Entsagung keine Weltflucht ist, sondern Freiheit von den Interessen des Egos, die es einem ermöglicht, sich selbst, Gott und der Welt total hinzugeben."*

Bede Griffiths lebte so, wie er schrieb: *„Ein Mönch muß immer auf der Suche nach Gott sein, sich fortwährend bemühen, Gott zu verwirklichen und die Wirklichkeit der verborgenen Gegenwart Gottes in der Tiefe des eigenen Herzens zu entdecken."*

Für Bede Griffiths war der Mönch ein Mensch, der seinen wahren Mittelpunkt gefunden hat. Darum besteht die besondere Berufung eines Mönches darin, dieses Bewußtsein vom Mittelpunkt ständig zu erneuern und anderen mitzuteilen. Aus der Kontemplation schöpfte er seine Lebensenergie. Er war davon überzeugt, sie sei die Bestimmung allen menschlichen Lebens. Seine Briefe, Vorträge, Predigten und persönlichen Gespräche waren so bereichernd, weil sie alle dieser kontemplativen Dimension aus dem tiefsten Inneren entsprangen. Den Kontemplationsvollzug sah er nicht nur als Begegnung mit der Transzendenz, sondern auch als schmerzliche Erfahrung der Selbstentdeckung, *„da sie Selbsterkenntnis und Läuterung bewirkt und die Illusionen, die wir über unser Selbst haben, zerschlägt, je näher wir dieses Mysterium der Transzendenz berühren."*

Anläßlich eines gemeinsamen Herbstspazierganges formulierte er am 22. September 1992 in Kreuth/Tegernsee seine letztgültige und sicherlich auch schönste Deutung des Begriffs *Kontemplation: „Kontemplation ist das Erwachen zur Gegenwart Gottes im Herzen des Menschen und im uns umgebenden Universum. Kontemplation ist Erkenntnis im Zustand der Liebe."*

Bede Griffiths legte das Fundament für eine Gesellschaft des kontemplativen Lebens in der Welt. Er betonte stets sehr nachdrücklich: *„Jesus Christus hat nicht die Kirche gepredigt, sondern das Reich Gottes."*

Die dogmatischen Machtstrukturen der römisch-katholischen Kirche betrachtete er als Hindernis auf dem spirituellen Weg zur Befreiung des Menschen. In seinem spirituellen Vermächtnis schreibt er:

„Die Gesellschaft zur Erneuerung des kontemplativen Lebens ist für alle offen, die wahrhaftig Gott suchen ... Die Gesellschaft sollte frei sein, sich auf ihre eigene Weise zu entwickeln, indem sie der Führung des Heiligen Geistes folgt, der allein als Richtschnur für alle Tätigkeiten gilt. Jeder sollte gemäß seiner Berufung über sein Engagement bei sozialen oder politischen Aktivitäten entscheiden, jedoch stets im Hinblick auf den kontemplativen Auftrag, die inwendige Tätigkeit des Heiligen Geistes. Die Gesellschaft besteht auch für Menschen ohne religiöses Bekenntnis, die nur Gott als endgültige Erfüllung in den Wissenschaften, in der Kunst oder im sozialen Dienst suchen; für alle diese sind derartige Aktivitäten Mittel und Wege, um auf die Inspiration des inwendig wirkenden Geistes zu antworten und die Gesellschaft, wo sämtliche menschliche Tätigkeiten unter die Leitung des Heiligen Geistes gestellt werden, in Anspruch zu nehmen ..."

Sein Beitrag zum Dialog der Weltreligionen ist immens groß und wertvoll; die Früchte seiner unermüdlichen Arbeit werden jetzt langsam geerntet.

Der Mystiker

Schon als Gymnasiast hatte Bede Griffiths in der Natur sehr nachhaltige mystische Erlebnisse, die in ihm die unmittelbare Verbindung mit dem Göttlichen spüren ließen. Sein ganzes Leben war von dieser kontinuierlichen Wesensschau des göttlichen Urgrundes geprägt. Als 84jähriger berichtet er nach einer sehr tiefgreifenden Erkenntnis:

„Ich wurde von Liebe überwältigt und überflutet. Das Weibliche in mir öffnete sich und ein neuer Ausblick tat sich auf. Ich sah die Liebe als das Grundprinzip des Universums, ich sah Gott in der Erde, in den Bäumen, in den Bergen. Das führte mich zu der Überzeugung, daß es in dieser Welt kein absolut Gutes oder Böses gibt. Wir müssen alle unsere Begriffe aufgeben, welche die Welt in Gut und Böse, Richtig und Falsch einteilen, und die Komplementarität der Gegensätze entdecken, die Kardinal Nikolaus von Kues die **coincidentia oppositorum** *nennt."*

Mit seinem beispielhaften Leben bezeugte Bede Griffiths die einzigartige Möglichkeit, dem göttlichen Mysterium in der Gegenwart zu begegnen, wenn der gewohnte dualistische und von Projektionen verformte Denkprozeß aufgegeben wird zugunsten des Gefühls von Angekommensein, Rückkehr zur Mitte.

Bede Griffiths nimmt unter den Mystikern in der Geschichte des Christentums eine herausragende Stellung ein. Er hat andere religiöse Traditionen und Kulturen berührt und integriert wie kaum ein anderer und hat vorbildhaft das Johannes-Wort (17,21) verwirklicht: *„Alle sollen eins sein!"*

Andrew Harvey bezeichnete Bede Griffiths als *„Mozart unter den Mystikern"*.

Am 13. Mai 1993 starb Bede Griffiths in der bescheidenen Hütte seines Ashrams und wechselte in tiefstem Frieden in das göttlich-paradiesische *mahasamadhi.*

In vielen Gesprächen wies mich Bede Griffiths immer wieder auf die Illusionsfalle des scheinbaren Lebens hin.

Wir leben in einer sehr aufregenden Epoche in der Geschichte des Planeten Erde, auf dem die Existenz der Schöpfung Gottes bedroht zu sein scheint. Die Natur gibt in allen Teilen unseres Globus ständig neue Alarmzeichen, die im täglich sich erneuernden Sensationstornado der Medien schnell verklingen und nicht tief genug in unser Bewußtsein eindringen. Die sich rasant fortentwickelnde, virtuelle Cyber-Space-World entführt den Menschen in ein übermächtiges Umfeld von Illusion und Distanz vom göttlichen Wesensgrund. Phantasiegebilde außerirdischer Entitäten füllen das Unterbewußtsein einer von zentrifugalen Kräften gesteuerten Spezies, die sich als *„homo sapiens"*, weiser Mensch, zu definieren glaubt und auf dem Hochaltar der Biotechnologie zur Disposition gestellt wird.

Mehr Schein als Sein gehört zum trügerischen Erkennungszeichen unserer verführerischen Welt der Mega-Täuschungen. Das lateinische Sprichwort: *„mundus vult decipi, ergo decipiatur"* (die Welt will betrogen sein, also wird sie betrogen) hat an Gültigkeit eher gewonnen als verloren. Das lat. Wort *„decipere"* (= täuschen, betrügen; engl.: *to deceive*) heißt wörtlich: wegnehmen. Im Akt der Täuschung wird Wirklichkeit weggenommen und die Scheinwelt für real gehalten. Im Sanskrit bezeichnet man diesen Zustand mit *„maya"*. Was man heute auf sehr bedrückende Weise wahrnehmen muß, ist die Tatsache, daß die vom Konsum und Fortschrittsglauben gesteuerten menschlichen Marionetten ihr eigentliches Leben und Dasein nicht erkennen, stattdessen eine Scheinwelt mit allen denkbaren Mitteln aufrechterhalten und verteidigen, was zu einem dauernden, letztlich vermeidbaren und unnötigen Lebenskampf führt. Wenn Leben als Kampfplatz verstanden wird, werden alle damit verbundenen Verteidigungs- und Rechtfertigungsmechanismen den Zugang zum göttlichen Paradies verhindern. Der Erfahrungsbereich des ewigen Lebens, des

Seins in der Gegenwart, ist völlig frei von jeglicher Projektionsaktivität, die den Focus vom göttlichen und menschlichen Zentrum in den Bereich der vielfältigen Erscheinungen und Täuschungen verlagert. Und so ist auch die jetzt sehr lebendige Projektionswelt von Astralebenen, Durchsagen, Visionen mit aller größter Vorsicht zu betrachten, denn *„die ich rief, die Geister, werd ich nun nicht los"* (Goethes Zauberlehrling).

Die Bergpredigt (Mt. 5,1-7,29) sollte dringend zum intensiveren Studium auf dem Weg ins Paradies empfohlen werden.

„Wo dein Schatz ist, da ist auch dein Herz."

„Wenn das Licht in dir Finsternis ist, wie groß muß dann die Finsternis sein!"

„Ihr könnt nicht beiden dienen, Gott und dem Mammon."

Was hindert uns am Erkennen der Wahrheit, daß Gott immerwährend in uns ist? Unser Nichtwissen ist es (Sanskrit: *avidya*), - die irrige Auffassung nämlich, daß unsere wahre Wesensnatur, welche Geist ist (*atman*), in Körper, Seele, Intellekt und Sinnesorganen zu finden ist. Das Licht Gottes leuchtet, doch der Schleier unseres Nicht-Wissens, unser Aufenthaltsort im Reich der Scheinwelt, verdeckt das Licht.

Jesus hat gesagt: *„Dann werdet ihr die Wahrheit erkennen, und die Wahrheit wird euch befreien."*(Joh. 8,32)

Die Erfahrung jener Wahrheit erfolgt durch Verwandlung oder, wie Jesus sagte, durch geistige Wiedergeburt: *„Wenn einer nicht von neuem geboren wird, kann er das Reich Gottes nicht sehen."* (Joh. 3,3). Nach der Lehre der Upanischaden lebt der Mensch in drei Bewußtseinszuständen: Wachen, Träumen und Tiefschlaf. In keinem dieser Zustände können wir Gott schauen. Doch jenseits dieser drei Zustände gibt es einen vierten, der nur Mystikern und Erleuchteten bekannt ist - ein Zustand, der Raum, Zeit und Kausalität transzendiert. Er ist das von Christus erwähnte *Himmelreich Gottes*. Was man in jenem vierten Zustand erfährt, steht niemals im Widerspruch zu allen übrigen Erfahrungen. Wir werden wiedergeboren im Geiste und erlangen Vollkommenheit. In diesem transzendenten

Zustand wird jegliches Bewußtsein der Welt in ihrer Vielfältigkeit ausgelöscht. Allein der göttliche Urgrund existiert, den die Inder **Brahman** nennen. Man erfährt Frieden und Glückseligkeit jenseits allen Verstehens.

Die Hindus bezeichnen dieses Stadium mit **samadhi**, der Buddhismus spricht von **nirvana**, und bei den Christen ist es die **unio mystica**, die mystische Vereinigung mit Gott.

Die meisten Menschen sind zufrieden mit einem mehr oder weniger moralisch ausgerichteten Leben auf Erden, in der Hoffnung, für jede ihrer guten Taten hier nach dem Tod belohnt zu werden. Das von Christus gelehrte höchste Ziel der Vollkommenheit ist im allgemeinen entweder in Vergessenheit geraten oder mißverstanden worden. Als Christus zu seinen Jüngern sprach, meinte er wörtlich, daß sie Gott in ihrem gegenwärtigen Leben sehen können. Und die Jünger dürstete eben nach dieser Wahrheit, Gott zu erkennen und vollkommen zu sein, wie auch der Vater im Himmel vollkommen ist.

Wie kann ein spiritueller Sucher, der die Wahrheit finden möchte, sich mit Antworten aus Theologie und Philosophie, mit Doktrinen und Glaubensgrundsätzen zufriedengeben? **Sri Ramakrishna** pflegte zu sagen: *„Ihr seid in den Mangogarten gekommen. Welchen Sinn hat es, wenn ihr die Blätter an den Bäumen zählt? Eßt die Mangofrüchte und stillt euren Hunger!"*

Wer sich mit großer Ernsthaftigkeit auf den Weg macht, läßt sich auf ein abenteuerliches Risiko ein, das *Leben* heißt. Erst auf einem oftmals beschwerlichen und entbehrungsreichen Weg bricht nach und nach das Kartenhaus der Scheinwelt zusammen, und das Licht in der Finsternis beginnt dauerhaft zu leuchten.

Konfuzius (551–479 v. Chr.), der Begründer der ersten Weisheitsschule Chinas, dessen Lehren bis in das 20. Jahrhundert das Leben in China, Japan und Korea bestimmten, prägte einen sehr bedeutungsvollen Spruch: *„Der Weise sucht, was in ihm ist, der Tor, was außerhalb."*

Ca. 500 Jahre später sagte Jesus Christus, nachzulesen im 17. Kapitel, Vers 21 bei Lukas: *„Das Königreich Gottes ist inwendig in euch."*

Wer sich ständig an der Peripherie aufhält und den Verlockungen der irdischen Machthaber nicht widerstehen kann, findet den Rückweg zum Zentrum, zu seiner ursprünglich Heimat meist nur durch schicksalhaftes Leid.

Unsere Welt, die aufschreit nach Transformation und sich dem technokratischen Geschwindigkeitswahn nicht unterwerfen möchte, benötigt dringend ein medizinisches Heilmittel, die Arznei *„religio spiritualis"* in einer sehr hohen Potenz. Das englische Wort für Heilmittel ist *remedy*, was wörtlich bedeutet: Rückkehr zur Mitte; und auch unser deutsches Wort *Medizin* hat das lateinische Präfix *„med"* von lat.: *medium* = Mitte.

Bede Griffiths, der seit 1955 bis zu seinem Tod in Südindien gelebt und gewirkt hat, und dessen Ashram SAT-CHIT-ANANDA zu einer Begegnungsstätte der Weltreligionen wurde, schrieb als 70jähriger im Jahre 1976 eines seiner schönsten Bücher: *„Return to the Centre"*.

Schon damals, vor 25 Jahren, hatte Bede Griffiths den Zustand der illusionären Welt erkannt und prophetisch auf die dringend notwendige **Metanoia**, Umkehr und Transformation, aufmerksam gemacht.

Bede Griffiths und ich hatten von der ersten Begegnung an ein sehr enges Verhältnis zueinander. Ich habe bis heute keinen Meister getroffen, der vergleichbar authentisch die göttliche Gegenwart zu manifestieren versteht. Unsere vielen Gespräche kreisten immer um das gleiche Thema, den auf der Suche befindlichen Menschen eine Quelle in den diversen Heiligen Schriften zu erschließen, aus der Christen, Juden, Buddhisten, Hindus, Muslims, Taoisten, Sikhs u. a. gemeinsam schöpfen können. Der Grundstein zu einem epochalen Werk wurde im September 1990 im oberbayerischen Kreuth gelegt: *„UNIVERSAL WISDOM – A Journey through the Sacred*

Scriptures of the World". Wir wählten gemeinsam aus Hinduismus, Buddhismus, Taoismus, Sikhismus, Islam, Judentum und Christentum sehr umfangreiche Textstellen aus, die Bede Griffiths mit einem Kommentar versah.

Wie schon eingangs erwähnt, befindet sich das Königreich Gottes mitten in uns selbst. Eine Quelle sprudelt von innen nach außen, Ursprüngliches kommt aus der Tiefe und nicht von oben herab. Wir sind inzwischen derart fehlkonditioniert, daß wir nur noch im Außen nach Heil und Rettung suchen. Und das führt schließlich zu ständigem Getrenntsein von sich selbst, vom göttlichen Zentrum. Viele moderne esoterische Warenkörbe haben die Funktionsweise der materiellen Welt wundervoll kopiert. Es wird Heilung und Kraft von außen, von oben, von Magie und Zauber, von Amulett und Ritual, von Imagination und Illusion feilgeboten. Anstatt *injiziert*, wird das Reich Gottes, das ewige Paradies, *projiziert*. Mit dieser Methode, der sich auch die etablierten Kirchen bedienen, ist viel Geld zu verdienen.

Die **Chandogya-Upanishad** sagt uns sehr deutlich, daß der ganze Kosmos, das Reich Gottes, in uns wohnt. Der deutsche Mystiker **Johannes Scheffler** (1624–1677), bekannter unter seinem späteren Namen **Angelus Silesius**, dachte in ähnlicher Weise: *„Halt an, wo läufst du hin, der Himmel ist in dir;/ Suchst du Gott anderswo, du fehlst ihn für und für."*

Die Heiligen Schriften müssen in ihrem Wesenskern erfaßt und erkannt werden und dürfen nicht zu einem dogmatischen Vorschriftenkatalog entarten.

Wie ist es in unserer Zeit möglich, daß wir in unserer angeblich vom großen Fortschritt gekennzeichneten Welt immer noch zu Menschen diskriminierenden Verhaltensweisen fähig sind. Wenn die römisch-katholische Kirche sich anmaßt, im Vollbesitz der Wahrheit zu sein und zu einem aufrichtigen interreligiösen Dialog nicht fähig ist, kommen einem Zweifel an der Daseinsberechtigung sogenannter Glaubenshüter.

Mystiker und Weise, die in allen Heiligen Schriften die für alle verbindliche Anbindung an den ursprünglichen Wesensgrund (= Religion) erkennen und vermitteln, haben in einer außer sich geratenen Gesellschaft keine Hochkonjunktur. Gott und jeder erleuchtete Geist wirkt am und vom Zentrum; er muß sich nicht an eine Peripherie begeben, wo Konkurrenz, Zerstörung, Vernichtung, Krieg, Haß, Neid, Zorn u. a. ihren Schauplatz haben. Für jeden Menschen steht täglich neu die unentgeltliche Einladung offen, in das innerste Zentrum zurückzukehren, wo Gott und Mensch in friedlicher Koexistenz das Leben in Fülle erfahren können.

Diese Rückkehr zur Mitte ist eine radikale Entscheidung, die Richtung im Leben zu verändern. Der eigentliche Fortschritt vollzieht sich im größtmöglichen Rückschritt – das ist ein wunderbares Paradoxon. Mystische Erkenntnis findet grundsätzlich im Wesensgrund statt, nicht in der Arena der Erscheinungen.

Alle Heiligen Schriften sind im Kern sehr real und gegenwartsbezogen. Wir benötigen aber ein geistiges Handwerkszeug, um durch das Dickicht oft verwirrender Textstellen zum eigentlichen Geheimnis durchzustoßen. Und das geschieht durch Reduktion, durch immer weniger anstatt immer mehr. Der Beruf des Bildhauers ist hierfür ein anschauliches Beispiel. Er hat einen unbehauenen Steinblock vor sich und trägt in sich bereits eine Vorstellung von dem, was bei seiner Arbeit am Ende hervortreten soll. Es ist alles bereits in dem groben Fels enthalten. Nun trägt der Bildhauer Stück für Stück ab; er entfernt Unwesentliches und läßt allmählich das Wesen zum Vorschein kommen. Er bewegt sich von außen nach innen; er legt frei; er entschleiert.

Das Königreich Gottes ist vorhanden und kommt nicht erst morgen. Mit Vertröstungen auf die Zukunft werden große Geschäfte gemacht; darüber hinaus wird dem Menschen der Zugang zur göttlichen Gegenwart stets aufs Neue entzogen.

Die österliche Auferstehung ist ausschließlich eine Erfahrung der Gegenwart, von Hier und Jetzt. Dies ist ein Mysterium, das sich jedem rational Verhafteten völlig entzieht.

Wir sind aufgefordert, einen gewaltigen Schritt zu machen: in der Vielfalt der kulturell bedingten Konfessionen und Glaubenssysteme die Einheit von Religion und Religiosität zu erkennen. Religion ist die Erfahrung der Urquelle, des Wesensgrundes, der allen Menschen gleichermaßen und unterschiedslos zu eigen ist.

Religion beinhaltet nicht notwendigerweise, regelmäßig in die Kirche, in die Moschee, den Tempel zu gehen, oder einer Organisation anzugehören oder irgendein Ritual zu verrichten. Es stimmt, daß die meisten religiösen Menschen diese Dinge tun, aber das tun auch viele Menschen, die nicht religiös, sondern konventionell sind. Religion ist immer ein lebendiges Bewußtsein von Etwas, das mehr als nur menschlich ist, das die eine Quelle und Bestimmung unseres Lebens ist, und es davor bewahrt, die triviale und vergängliche Sache zu sein, als die es erscheint.

Bede Griffiths sagte wiederholt: *„Jede Religion, ob christlich, buddhistisch, islamisch u. a. ist durch Zeit, Raum und Umstände bedingt. Jede Form von Organisation, Priestertum, Ritual und Lehre gehört der Welt der Zeichen an, die vergehen wird. Aber in all diesen äußeren Formen der Religion offenbart sich eine ewige Wahrheit; Götzendienst besteht darin, bei den Zeichen stehenzubleiben. Wahre Religion geht durch das Zeichen hindurch zur Wirklichkeit."*

Diese unmißverständlichen Worte des weisen Benediktinermönchs erinnern mich an eine Geschichte aus den Büchern des indischen Jesuiten **Anthony de Mello** (geb. 1931 in Bombay – gest. 1987 in New York):

Der Mystiker war aus der Wüste zurückgekehrt. Begierig fragten ihn die Menschen: *„Sag uns, wie ist Gott?"*

Aber wie könnte er je in Worte kleiden, was er in den Tiefen seines Herzens erfahren hatte? Kann man Wahrheit in Worte fassen?

Schließlich gab er ihnen eine Formel – ungenau und unzulänglich – in der Hoffnung, einige dadurch zu veranlassen, selbst zu suchen, was er erfahren hatte.

Sie klammerten sich an die Formel. Sie machten einen heiligen Text daraus. Sie drängten es jedem als heiligen Glauben auf. Sie gaben sich große Mühe, ihn in fremden Landen zu verbreiten. Und einige opferten sogar ihr Leben dafür.

Und der Mystiker war traurig. Vielleicht hätte er besser geschwiegen.

Wer andere Religionswege studiert, findet sehr schnell heraus, daß alle auf ihrer höchsten Ebene, in ihrer innersten Essenz, dasselbe sind – nur in anderen Stimmlagen. Wenn ich vom christlichen Abendland aus den Gottesgipfel besteige, begegne ich am höchsten Punkt Menschen aus anderen Himmelsrichtungen – Hindus, Buddhisten, Indianer u. a. –, die auf einem anderen Pfad das gleiche Ziel angesteuert haben. Am Gipfelpunkt teile ich mit allen anderen das Hochgefühl von glückseliger Freiheit. Jeder wird von verschiedenen Wegen und Hindernissen zu berichten wissen – die Wege sind verschieden, aber die Zielrichtung ist einheitlich: der Gipfelpunkt jenseits aller Dualität und Divergenz.

Um jede Religion herum hat sich eine so riesige und reichhaltige Sammlung von Geschichten und Lehren sowie Übungen geschart, manche populär, manche kirchlich-dogmatisch, daß dieser zentrale Kern der direkten religiösen Erfahrung sehr leicht aus den Augen verloren und oft sogar verneint wird. Hier, an den Rändern der Religion, auf diesen niederen Ebenen traditioneller Akkumulation, unterscheiden sich die großen Konfessionen, die verschiedenen dogmatischen Glaubenssysteme enorm.

Der Weg führt zur Wahrheit und zum Leben, dem tiefsten Geheimnis von religiöser Erfahrung. Jesus Christus sagt: *„Ich bin der Weg und die Wahrheit und das Leben"* (Joh. 14, 6).

Bede Griffiths, dessen spirituelles Erbe ich weitergeben darf, hatte die Heiligen Schriften der großen religiösen Traditionen intensiv studiert und mit dem Herzen in sich aufgenommen.

Wir müssen als wissende, weise Menschen auf dem Weg zu unserer ursprünglichen Quelle, dem göttlichen Wesensgrund, intrareligiöse Kommunikation und Kommunion pflegen. Dogmatische Lehrgebäude müssen in gemeinsamer, liebevoller, gewaltloser Anstrengung überwunden werden.

Bede Griffiths hat uns sein Werk *„Hochzeit von Ost und West"* als spirituelle Wegzehrung hinterlassen, die wir mit allen Menschen unterschiedslos teilen können. Mit größtem Vertrauen können wir diesem wahrhaftigen Mönch, Mystiker und Mensch nachfolgen, der geradezu beispielhaft das Trennende in dieser Welt überwunden hat.

Roland R. Ropers Obl.O.S.B.
Kreuth/Tegernsee und Salzburg
17. Dezember 2002 – 96. Geburtstag von Bede Griffiths

Kontaktadresse und Informationen:
Roland R. Ropers
Thomas Baumgartner Weg 12
D 83708 Kreuth/Tegernsee
E-Mail: ROPARADISE@aol.com

I.
DIE ENTDECKUNG INDIENS

Als ich **„The Golden String“**[1] schrieb, ein Buch, das die Geschichte meiner Suche nach Gott erzählt, die mich zur katholischen Kirche und in ein Benediktinerkloster führte, dachte ich, daß ich das Ende meiner Reise erreicht hätte, zumindest was diese Welt betraf. Aber tatsächlich, während ich „The Golden String“ schrieb, begann gerade eine neue Ära in meinem Leben, die überall Veränderungen bringen sollte, die tiefer waren als alle, die vorausgegangen waren. Zuerst durfte ich Gott entdecken, dann Christus und schließlich die Kirche. Aber jetzt wurde ich auf seltsame Weise dazu geführt, den Weg, den ich eingeschlagen hatte, zurückzuverfolgen, um Neues über Gott, Christus und die katholische Kirche zu entdecken. Es war so, als hätte ich einen Berg erklommen und beim Erreichen des Gipfels bemerkt, daß jenseits weitere Bergketten mit neuen Gipfeln einen neuen Horizont eröffnen.

All dies ereignete sich durch mein Zusammentreffen mit einem indischen Benediktinermönch, der eine klösterliche Gründung in Indien plante. Über Jahre hatte ich den **Vedanta** studiert und begann, seine Bedeutung für die Kirche und die Welt zu erkennen. Jetzt wurde mir die Gelegenheit gegeben, zur Quelle dieser Tradition zu gehen, in Indien zu leben und Einsicht zu bekommen in das Geheimnis der Weisheit Indiens. Es war nicht nur der Wunsch nach neuen Anregungen, der mich nach Indien zog, sondern der Wunsch nach einer neuen Lebensweise. Ich erinnere mich, daß ich zu der Zeit einem Freund schrieb: ***„Ich will die andere Hälfte meiner Seele entdecken.“*** Ich hatte herauszufinden begonnen, daß nicht nur in der westlichen Welt, sondern auch in der westlichen Kirche etwas fehlte. Wir haben nur die eine Hälfte unserer Seele gelebt, die bewußte, die rationale Seite, und wir hatten die andere Hälfte, die unbewußte, intuitive Dimension zu entdecken. Ich wollte in meinem Leben die Hochzeit dieser beiden Dimensionen der menschlichen Existenz erfahren, die rationale und die intuitive, die bewußte und die unbewußte, die männliche und die weibliche. Ich wollte den Weg zur Hochzeit von Ost und West finden.

Sogar schon bevor ich Indien erreichte, begann sich mir das Geheimnis zu enthüllen. Ich reiste mit dem Schiff, und ich erinnere mich, wie ich bei meiner ersten Begegnung mit dem Osten in Port Said und Aden fasziniert war von dem Schauspiel unermeßlicher Schönheit und Vitalität dieser Welt. Es war nicht die Schönheit der Natur, die sich mir auftat, vielmehr war es die Schönheit der menschlichen Natur, von der **William Blake** als *„menschliche Form des Göttlichen"* sprach. Das gleiche empfand ich, als ich Bombay erreichte. Es war nicht die Armut und das Elend, die mich so überwältigten, als vielmehr die unvermischte Schönheit und Vitalität des Volkes. Überall traf ich auf eine wimmelnde Menschenmenge, Kinder, die völlig nackt herumliefen, Frauen in Saris, Männer mit Turbanen; überall entfaltete sich die Schönheit menschlicher Form. Ob im Sitzen, Stehen oder Gehen, in all ihren Bewegungen zeigte sich Anmut, und ich fühlte, daß ich mich in unmittelbarer Nähe einer verborgenen Kraft der Natur befand. Ich erklärte es mir selbst, indem ich mir sagte, daß diese Leute aus dem „Unbewußten" lebten. Menschen im Westen werden von der Vernunft beherrscht; sie gehen ihren Geschäften nach, jeder von ihnen eingeschlossen in sein eigenes Ego. Sie scheinen eine Art im Gedächtnis fixierte Zielrichtung zu haben, die ihre Bewegungen und Gesten steif und schwerfällig macht, und sie alle neigen dazu, die gleichen eintönigen Kleider zu tragen. Im Osten jedoch leben die Menschen nicht vom bewußten Verstand her, sondern vom Unbewußten, vom Körper her. Als Folge davon haben sie die natürliche, spontane Schönheit von Blumen und Tieren, und ihre Kleidung ist so abwechslungs- und farbenreich wie ein Blumengarten.

Oft dachte ich, während ich die Szene auf einem Bahnsteig beobachtete, daß das alles einem Blumengarten gleicht. Die Frauen saßen bekleidet mit ihren farbenfrohen Saris hier und da im Kreise, die Kinder liefen mit Bewegungen und Gesten spontaner Freude überall herum. Nach all diesen Jahren in Indien bleibt dies mein tiefster Eindruck. Es gibt genügend Armut und Elend in Indien. Aber überall in den Städten, selbst noch in den ärmsten, gibt es einen Überfluß an Leben und Freude.

Dies ist aber natürlich nicht einfach primitives Leben und einfach Schönheit unvernünftiger Natur, sondern zeigt die Anmut menschlicher Intelligenz. Sie leben aus dem Unbewußten, aber es ist das menschliche Unbewußte, welches Jung die Anima nannte, die dem Animus entgegengesetzt ist. Jedes menschliche Wesen ist beides, männlich und weiblich. Im Mann ist der männliche Aspekt, der Animus, normalerweise dominierend und in der Frau der weibliche oder die Anima. Jede Person muß zu einer gewissen Balance oder Harmonie finden, aber im Westen ist heutzutage der männliche Aspekt, der rationale, aktive, die aggressive Kraft des Verstandes, dominierend, während im Osten der weibliche Aspekt, der intuitive, der passive, die mitfühlende Kraft des Bewußtseins, dominiert. Die Zukunft der Welt hängt von der „Hochzeit" dieser zwei Bewußtseinslagen, dem Bewußten und Unbewußten, dem Rationalen und Intuitiven, dem Aktiven und dem Passiven, ab. In Indien und überall in der Welt heute treffen diese zwei Veranlagungen aufeinander, aber in seiner Auswirkung auf den Osten ist der Westen eher von verletzender Aggression, sei es durch bewaffnete Gewalt, wie in der Vergangenheit, oder durch die sehr viel subtilere Aggression der Wissenschaft und Technologie, die, wie zur Zeit, Mensch und Natur ausbeutet.

Das gegenwärtige System des westlichen Industrialismus ist ein Produkt des gewaltsamen, aggressiven, rationalen Geistes des Westens, dabei ist es gleichgültig, ob er sich in einem kapitalistischen oder in einem sozialistischen System ausdrückt, außer daß letzteres zu mehr Unmenschlichkeit und Unterdrückung neigt. Diese Industrialisierung muß zur Zerstörung der alten Kulturen des Ostens führen. Und doch ist eine Wissenschafts- und Technologieentwicklung denkbar, die nicht im westlichen Stil danach strebt, die Natur zu beherrschen, sondern darauf bedacht ist, auf die Natur Rücksicht zu nehmen, indem man auf der Basis einer Gemeindeökonomie Aufbauarbeit betreibt, wie es Mahatma Gandhi anstrebte, um so eine neue Kultur zu schaffen, in der Mensch und Natur, Vernunft und Intuition, das Yang und Yin der chinesischen Terminologie, in Harmonie gebracht werden.

Aber es gibt noch etwas mehr in der indischen Kultur als nur eine Suche nach Harmonie zwischen Mensch und Natur, Bewußtem und Unbewußtem; es besteht eine tiefe Einsicht in eine Kraft jenseits von Mensch und Natur, die alles durchdringt und die wahre Quelle der Schönheit und Vitalität im indischen Leben ist. Ich erkannte dies überaus klar, als ich die Höhle von Elephanta außerhalb Bombays besuchte. Die Höhle hat im Inneren einen Säulenwald, in Hindutempeln nicht ungewöhnlich, der eine Atmosphäre des Mysteriums und der Unermeßlichkeit schafft, und beim Nähertreten ragt drohend aus der Dunkelheit aus einem versteckten Winkel in der Wand die große Figur von Shiva Maheswara – dem großen Gott mit seinen drei Gesichtern, die den gütigen, den furchterregenden und den kontemplativen Aspekt darstellen. Zunächst ist dies kolossal und überwältigend, wenn man jedoch in das vordere Gesicht schaut, sieht man, daß es sich in tiefer Kontemplation befindet. Es drückt absoluten Frieden aus, ist unendlich distanziert, aber auch unendlich nah, feierlich gütig, vornehm und majestätisch. Hier ist der wahre Genius Indiens und des Ostens in Stein gehauen. Dies war der Grund, warum ich nach Indien gekommen war, um nämlich diese kontemplative Dimension der menschlichen Existenz zu finden, die der Westen schon beinahe verloren hat und der Osten dabei ist, auch zu verlieren. Hier, in Stein gehauen, konnte man jener verborgenen Tiefe der Existenz begegnen, die der Tiefe der Natur und dem Unbewußten entspringt, alle menschliche Existenz durchdringt, sie übersteigt und bis in das Mysterium des Unbegrenzten und Zeitlosen vordringt, das nicht weit entlegen und unerreichbar ist, sondern als etwas fast Berührbares in diesen Stein gehauen ist. Hier war also das Geheimnis, das zu lüften ich gekommen war. Der Geist des Ostens ist mit seinem intuitiven Verständnis nicht nur offen gegenüber Mensch und Natur, sondern auch gegenüber dieser verborgenen Kraft, die beide durchdringt und jenen, die sich mit ihr in Einklang bringen, den wahren Sinn menschlicher Existenz offenbart.

Der Westen in seiner Gesamtheit hat dieses intuitive Gewahrsein der Präsenz Gottes im Menschen und in der Natur verloren, aber auch die Kirche im Westen sieht sich demselben Problem gegenüber. Das Christentum war ursprünglich eine östliche Religion (wie praktisch alle Religionen), doch richtete es sich von Anfang an vornehmlich nach Westen. Der heilige Paulus brachte es nach Kleinasien, Griechenland und Rom, und wenig später kam es nach Mittel- und Nord-Europa und schließlich nach Amerika. Das Ergebnis war eine westliche Religion, obwohl sein Ursprung im Osten immer deutlich blieb. Seine Theologie ist griechisch, die Organisationstruktur römisch und der kulturelle Ausdruck europäisch.

Dies war sofort evident in Bombay. Die Kirchen waren entweder gotisch oder barock, die Statuen und Bilder nach europäischem Vorbild; Altäre, Leuchter und gefärbtes Glas waren oft aus dem Ausland importiert. Alles wird getan, um Indien die Kirche ausländisch erscheinen zu lassen. Dennoch bringt es das indische Volk irgendwie zuwege, selbst diese künstlichen Gebilde zu transformieren. Sie schwärmen überall herum, drängen gegen Altargeländer, durch Türen und Fenster und setzen sich so über die viktorianische Anstandsform in den Kirchen mit ihrer spontanen Vitalität hinweg.

Dennoch geschieht dies natürlich nur auf einer oberflächlichen Ebene. Die indische Kirche muß sich radikal wandeln, will sie jemals den Bedürfnissen des indischen Volkes entsprechen. Sie muß ihre Theologie in indischen statt in griechischen Begriffen überdenken und ihre Organisationsform indischen und nicht römischen Vorbildern angleichen. Auch der semitische Unterbau der Kirche kann nicht unangetastet bleiben. Das Christentum teilt mit dem Judentum und dem Islam eine semitische Struktur der Sprache und des Denkens. Es muß lernen, diese semitische Tradition mit all ihren einmaligen Werten im Licht der orientalischen Tradition zu sehen, und muß erkennen, was Hinduismus, Buddhismus, Taoismus und Konfuzianismus sie lehren können. Nur dann wird die „Hochzeit" in der Kirche wie in der Welt zwischen Ost und West stattfinden.

Diese Einsicht kam mir nur schrittweise. Als wir in Bangalore ankamen, kauften wir einige Meilen außerhalb der Stadt, in einem Dorf namens Kengeri, ein Grundstück und begannen dort unser mönchisches Leben. Obwohl ich das Studium des indischen Gedankengutes fortsetzen wollte, dachte ich zu der Zeit noch nicht daran, unseren Lebensstil zu ändern. Wir trugen das traditionelle Benediktinergewand. Wir errichteten eine Kapelle in westlichem Stil mit Stühlen und Lesepulten. Unsere Mahlzeiten nahmen wir am Tisch sitzend ein, mit Gabeln, Messern und Löffeln. Unsere Zellen waren spärlich mit hölzernen Betten und Strohmatratzen ausgestattet, einem Tisch, einem Stuhl und einem Regal für Kleider und Bücher. Dies betrachtete ich damals als Beispiel für Einfachheit. Nur schrittweise entdeckte ich, daß nahezu alle diese Gegenstände für die Menschen im Nachbardorf unerhörten Luxus bedeuteten. Einige wenige reiche Leute mochten Tische und Stühle und sogar ein Radio oder Grammophon haben, aber die meisten Dorfbewohner saßen normalerweise auf dem Boden, aßen mit ihren Händen von einem Bananenblatt und schliefen auf einer Matte auf dem Boden.

So wurde mir nach und nach der Grad der Armut und Einfachheit bewußt, der weit über alles hinausging, was ich mir in Europa vorgestellt hatte. Zur selben Zeit wurde mir klar, daß diese Armut und Einfachheit nicht bedeutete, daß die Menschen weniger kultiviert waren. Im Dorf wohnte ein alter Mann, ein Sanskritgelehrter, von dem ich viel über die traditionelle Hinduweisheit lernte. Es waren auch einige Studenten da, die an der Universität studierten und mit westlichen Gepflogenheiten vertraut waren. Einer von ihnen wurde mein engster Freund. Er besaß in vieler Hinsicht westliche Anschauung und bewunderte die westliche Kultur, aber es machte ihm nichts aus, die Mahlzeiten auf dem Boden sitzend einzunehmen, mit den Händen zu essen und jede Woche unbedingt den kleinen Tempel des Affengottes Hanuman in der Nähe unseres Klosters aufzusuchen, um dort den Gottesdienst zu halten. Auf diese Weise begann ich zu begreifen, wie eine ursprüngliche Religion und Kultur Seite an Seite mit westlichen Verhaltensweisen existieren konnte.

Damals studierte ich Sanskrit mit **Raimon Panikkar**, der in einmaliger Weise diese Begegnung von Ost und West verkörpert. Seine Mutter war eine spanische Katholikin, und sein Vater kam aus einer sehr bekannten Hindufamilie. Er wurde in Europa erzogen, promovierte in Naturwissenschaft, Philosophie und Theologie und kam jetzt nach Indien, um sein indisches Erbe zu entdecken. Zusammen erforschten wir diese indische Kultur, die sich jetzt langsam vor meinen Augen zu entfalten begann. Wir verbrachten einige Wochen damit, die Tempel im alten Mysorestaat zu besuchen.[2]

Ganz am Anfang machten wir eine unvergeßliche Erfahrung, als wir von einem Mann, den wir auf der Straße trafen, eingeladen wurden, mit ihm nach Hause zu kommen. Er nahm uns zu einer kleinen Hütte mit, die zwei Räume hatte, wo wir mit gekreuzten Beinen auf dem Boden saßen. Zwei kleine Jungen gaben uns ein Konzert klassischer indischer Musik. In dem Haus gab es keine Möbel. Ein kleiner Junge lag krank auf einer Matte am Boden, und die anderen saßen uns zur Seite. Einer spielte ein Saiteninstrument, und beide sangen zusammen, sie klatschten den Takt mit ihren Händen und waren vollständig von der Musik gefesselt. Die Mutter bereitete Tee in der Küche, den wir aus kleinen Messinggefäßen tranken; später gesellte sie sich dann auch zu uns und spielte und sang selbst. Der Vater erklärte uns die Bedeutung der Lieder, die entweder in Sanskrit oder einer der südindischen Sprachen gesungen wurden, und natürlich waren alle religiös. So saßen wir also am Boden dieser kleinen Hütte ohne moderne Annehmlichkeiten, Auge in Auge mit einer der profundesten religiösen Kulturen der Welt.

Unsere Besichtigungen der Tempel bestätigten diesen Eindruck. In Belur, Halebid und Somnathpur fanden wir Architektur und Skulptur von einer Schönheit und Verfeinerung, die der feinsten gotischen Kunst ebenbürtig war; aber über diese äußere Form der Schönheit hinaus gab es auch eine tiefe innere Bedeutung der Tempel.

Besonders Halebid war ein höchst bezaubernder Ort. Ein alter Tempel ruht in einem lieblichen Tal, das von einem breiten Fluß durchzogen wird und uns an Tintern oder Fountains erinnerte. Die Außenseiten des Tempels bestehen aus Friesen mit Skulpturen. In aufsteigender Ordnung stellen sie zuerst die Tierwelt – Elefanten, Pferde, Vögel – dann die Menschenwelt mit Geschichten aus Hinduepen, Ramayana und Mahabharata, und schließlich die göttliche Welt, die Welt der Götter und Göttinnen, dar. Es war eine Manifestation des kosmischen Mysteriums in Stein, wobei sich das göttliche Leben in den drei Welten der Tiere, der Menschen und der Götter ausdrückte.

Die Figur eines aufrechtstehenden nackten Mannes, die man hier in vielen Jaintempeln finden kann – die kolossalste dieser Figuren steht im Tempel von Sravan Belgola –, zählt zu den Eindrücken, die großen Sinngehalt haben und die unvergeßlich sind. Sie stellt, wie ich glaube, Purusha dar, den ursprünglichen Menschen, den archetypischen Menschen, der in der Rig Veda auftaucht und von dem gesagt wird, daß er die gesamte Schöpfung in sich birgt. *„Drei Viertel von ihm sind oben im Himmel und ein Viertel hier auf Erden."* Dies ist dem Adam Kadmon, dem ersten Adam der jüdischen Tradition und dem universalen Menschen der Moslemtradition, sehr ähnlich. Als Jesus sich selbst Menschensohn nannte, bezog er sich auf diese ursprüngliche Tradition und offenbarte die zugrundeliegende Einheit der Religionen. Daher offenbarten die Tempel in Mysore den Hinduismus als kosmische Religion, die Religion von Gottes Offenbarung im Kosmos und im Menschen.

Aber vielleicht nicht weniger bedeutsam war der Eindruck, als wir an einem Flußufer neben einem kleinen Schrein saßen, in welchem sich nichts außer einem roh behauenen Lingam und einer Yoni – einem männlichen und weiblichen Geschlechtsorgan – befand. Ein Europäer wäre geneigt, dies als „obszön" zu betrachten, doch für einen Hindu hat es diese Bedeutung nicht. Für den Hindu ist Sexualität ganz wesentlich etwas „Heiliges". Sie ist eine Manifestation des göttlichen Lebens und muß wie jede andere Form der Gottheit verehrt werden. Gott manifestiert sich selbst in allen Werken der Natur, in der Erde und im Feuer, in der Luft und im Wasser, in der Pflanze, im Tier und im Menschen. Sexualität ist eine der Manifestationen der göttlichen Kraft – der Shakti –, die das Universum erhält und den Charakter eines Sakramentes hat.

Der Westen muß vom Osten diese Schau der kosmischen Einheit lernen, in der Mensch und Natur getragen werden von einem alles durchdringenden Geist. Gerade dies erklärt die außerordentliche Heiligkeit, die jedem erschaffenen Ding in Indien beigemessen wird. Die Erde ist heilig, und das Umpflügen, Säen oder Ernten kann nicht stattfinden ohne irgendeinen religiösen Ritus. Essen ist ein heiliger Akt, und jede Mahlzeit wird als Opfer an Gott verstanden. Wasser ist heilig, und kein religiöser Hindu würde ein Bad nehmen, ohne die heilige Kraft des Wassers anzurufen, die vom Himmel herabsteigt, über den Kopf Shivas fließt und sich auf die fruchtbringenden Ströme des Ganges und anderer Flüsse verteilt. Heilig ist die Luft, der Lebenshauch, der von Gott kommt und alle lebenden Kreaturen erhält. Feuer ist heilig, besonders seine Quelle, die Sonne, die allen Kreaturen Licht und Leben bringt. So verhält es sich auch mit Pflanzen und Bäumen, vor allem gewisse Pflanzen, wie die Tulsi-Pflanze und wie der Feigenbaum. Tiere sind heilig, besonders die Kuh, die ihre Milch wie eine Mutter gibt, aber ebenso der Elefant, der Affe und die Schlange. Schließlich ist der Mensch heilig; jeder Mensch ist eine Manifestation Gottes, besonders aber der Heilige, in dem die göttliche Präsenz noch klarer zum Ausdruck kommt.

Dies ist das heilige Universum, in dem sich das Leben des Menschen von Anfang der Geschichte an abspielte, das aber vollständig von der wissenschaftsgläubigen westlichen Welt niedergerissen wurde. Sie hat jedwede Spur von Heiligkeit aus dem Leben entfernt, so daß sich der westliche Mensch nun in einem Universum befindet, in dem Mensch und Natur letztlich ohne bleibende Bedeutung sind.

Manche glauben, daß dieser Säkularisierungsprozeß, der die heilige Ordnung der alten Religionen abgeschafft hat, die gesamte Schöpfung unter die Herrschaft eines höchsten Gottes gestellt und die *„Götter"* entmachtet hat, selbst die Wirkung der christlichen Offenbarung sei. Es ist wahr, daß die kosmischen Religionen dahin tendieren, die Naturkräfte zu Gottheiten zu erheben um so den Menschen den vom heiligen Paulus so bezeichneten „kosmischen Kräften" unterwerfen. Aber dies ist nicht die authentische Tradition der orientalischen Religion, weder des Hinduismus noch es Buddhismus oder Taoismus. In all diesen Religionen sind diese Naturkräfte oder *„Götter"* dem einen höchsten Wesen unterworfen, welchen Namen auch immer es tragen mag. Im Hinduismus ist immer die Ansicht vertreten worden, daß die *„Götter"* nichts als Namen und Formen des einen Wesens sind, das keinen

Namen und keine Form hat. Dadurch aber, daß das Christentum die Götter Griechenlands und Roms zurückgedrängt hat, machte es die Welt nicht etwa weniger heilig, sondern heiligte eben alles ohne Ausnahme, weil es alles zu Gott, dem Schöpfer von allem, in Beziehung setzte. Die Entheiligung der westlichen Welt ist nicht vom Christentum verursacht (ausgenommen vielleicht von einigen seiner verfälschten Erscheinungsformen), sondern kam daher, daß man die Idee Gott selbst abgelehnt hat.

Der Unterschied zwischen den semitischen Religionen (Judentum, Christentum und Islam) und den orientalischen Religionen (Hinduismus, Buddhismus und Taoismus) scheint darin zu liegen, daß in der semitischen Tradition Gott als der transzendente Herr der Schöpfung gesehen wird, der unendlich „heilig" ist, d. h., der von der Natur abgetrennt ist und über ihr steht und niemals mit ihr verwechselt werden darf, in der orientalischen Tradition aber Gott – oder das Absolute, oder welches Wort auch immer für ihn stehen mag – in der gesamten Schöpfung immanent ist. Die Welt existiert nicht von Gott getrennt, sondern „in" Gott; er wohnt in der Mitte jedes Geschöpfes. Die Gefahr dieser Position ist, daß Gott sehr leicht mit der Natur verwechselt wird; der transzendente Aspekt des Seins kann aus dem Auge verloren werden, und das Resultat ist dann der Pantheismus.

In gleicher Weise läuft man auch Gefahr, zwischen Gut und Böse nicht mehr unterscheiden zu können, wenn man Gott in allen Dingen gegenwärtig sieht, im Bösen wie im Guten.

Aber die vielleicht größte Schwäche der orientalischen Tradition ist, daß sie dazu neigt, die materielle Welt als eine Illusion – als **maya** – anzusehen, als Produkt der „Unwissenheit" **(avidya)**. Man ist der Ansicht, daß die Welt der alltäglichen Erfahrung nur scheinbare Realität besitzt und daß im allerhöchsten Zustand der „Erkenntnis" **(paravidya)** alle Unterschiede verschwinden und allein die eine absolute Wirklichkeit bleibt.

Zu Beginn meines Indienaufenthaltes fand ich diese Lehre unter fast allen gebildeten Hindus mit denen ich sprach, sie alle gaben vor, der Lehre des großen **Shankaracharya** zu folgen. Aber weiteres Studium und Erfahrung haben mich davon überzeugt, daß das nicht die Lehre der Upanishaden oder der Bhagavad Gita ist und daß die Lehre von Shankara selbst weit subtiler und profunder ist, als oft ausgemacht wird. Die authentische Hindu-Tradition leugnet die Realität der materiellen Welt nicht. Sie sieht die gesamte Schöpfung von dem einen ewigen Geist durchdrungen, der die Welt erschafft, erhält und schließlich auflöst. Dieser alles durchdringende Geist – **Brahman** – ist nicht weniger transzendent als immanent. Er ist ***„ungesehen, unfaßbar, unvorstellbar und unbeschreiblich"***. Von jedem Namen und jeder Form, die diesem höchsten Wesen gegeben werden mag, müssen wir sagen: Nicht dies, nicht dies – **neti, neti.**

Der Hinduismus beginnt bei der Immanenz Gottes in der Schöpfung und kommt schließlich zur Erkenntnis seiner unendlichen Transzendenz. Die hebräisch-christliche Tradition beginnt bei der unendlichen Transzendenz Gottes oder Jahwes, sieht diesen Gott zur Erde herniedersteigen, indem er sich selbst durch seine Engel manifestiert, die sein Wort zu seinen Propheten sprechen, schließlich *„Fleisch wird"* – das Wort wurde Fleisch – und seinen Geist dem Menschen mitteilt. Dieser wahre Charakter der ursprünglich semitischen Tradition wurde mir neu bewußt, als ich Bangalore verließ und mich in Kerala niederließ. Wir konnten die in Kengeri geplanten Gebäude nicht errichten, und so wurde ich von einem Zisterziensermönch, Pater **Francis Mathieu**, eingeladen, mich der Gründung[3] eines Klosters in Kerala anzuschließen. Ich hatte nun erkannt, daß es notwendig war, unseren Lebensstil zu ändern, um Teil der authentischen Tradition indischer Kultur zu werden, und so übernahmen wir die Kavi-Tracht des Hindu-sannyasi – einer, der der Welt entsagt, um Gott zu suchen – was in Indien der Berufung zum christlichen Mönch entspricht.

Wir befolgten auch die normalen Gebräuche der Sannyasi, indem wir barfuß gingen, am Boden saßen, sowohl zum Essen als auch zum Beten, mit den Händen aßen und auf einer Matte schliefen. Wir waren daher in der Lage, den Lebensbedingungen des armen Menschen in Indien näherzukommen. Wir verdanken dies auch der Tatsache, daß wir zu Beginn unseres mönchischen Lebens in Kerala genötigt waren, in einer Palmblatthütte zu leben. Das Steingebäude, welches wir gerade errichteten, war noch nicht fertiggestellt, und so mußten wir die gesamte Monsunzeit mit ihrer um die 500 cm großen Niederschlagsmenge in dieser zerbrechlichen Hütte verbringen. Aber wir fanden, daß wir sogar unter diesen Bedingungen überleben konnten. Der Boden der Hütte, der aus Erde gemacht war, war so feucht, daß wir ihn zuerst mit Stroh und dann mit Bohlen bedecken mußten, um trocken zu bleiben. Aber abgesehen davon konnten wir unser mönchisches Leben fortsetzen, wir zelebrierten die **„Qurbana"**, das Abendmahl im syrischen Ritus, den wir übernommen hatten, psalmodierten das Gebet, führten unser Studium weiter und taten alle notwendigen Arbeiten ohne Unterbrechung.

Ich werde immer dankbar sein, daß ich nicht nur etwas von der Mühsal, sondern auch von der Freude der Einfachheit des armen Menschen in Indien erfahren konnte. Ich erinnere mich, daß ich mich beim ersten Anblick der kleinen Hütten der Leute in den Dörfern fragte, wie es für menschliche Wesen möglich sei, unter solchen Bedingungen zu leben. Aber die Erfahrung hat mich gelehrt, daß die einfache Lehmhütte mit einem Strohdach ohne Möbel und Annehmlichkeiten ausreichend ist für alle fundamentalen menschlichen Bedürfnisse und mehr Frieden und Freude bringen kann als viele Häuser der Reichen. Ich begann so die Bedeutung der Worte des Evangeliums zu verstehen: *„Selig die Armen, selig die Trauernden, selig, die hungern."* Die Armen Indiens leiden und hungern, aber es liegt ein Segen auf ihrem Leben, den die westliche Welt verloren hat.

Als wir nach Kerala kamen, übernahmen wir den syrischen Ritus, dem sich die Mehrzahl der Christen in Kerala zurechnet. Man sagt, daß der christliche Glaube vom Apostel Thomas nach Indien gebracht worden sei, und es ist eine Tatsache, daß es seit sehr früher Zeit eine Kirche in Kerala gegeben hat. Der früheste historische Hinweis läßt auf eine Kirche schließen, die in Indien mindestens vom 4. Jahrhundert an existierte und Teil der persischen oder ostsyrischen Kirche war. Es wird oft vergessen, daß die christliche Kirche, während sie sich westwärts durch Kleinasien nach Griechenland und Rom ausbreitete, sich auch nach Osten ausweitete durch Syrien und Mesopotamien. Das Zentrum dieser Ostkirche war die Stadt Odessa an den Grenzen von Syrien und Mesopotamien, in der eine Art Aramäisch gesprochen wurde, die Sprache Christi und seiner Schüler, die man später Syrisch nannte. Diese syrische Kirche dehnte sich in den folgenden Jahrhunderten durch Persien nach China und Indien aus und hatte überall in dieser Region Hunderte von Kirchen und Klöstern. Unglücklicherweise nahm sie eine *„nestorianische"* Form des christlichen Glaubens an, die vom Konzil von Chalcedon zurückgewiesen wurde, und wurde so von den Kirchen des Westens getrennt. Dennoch ist sie ein bemerkenswertes Zeugnis für eine orientalische Form des Christentums, die bis zum heutigen Tag ihre Bedeutung hat. Später wurde dieses syrische Christentum von der Macht des Islam erdrückt, und so gibt es heute im Mittleren Osten nur noch kleine Überreste einer einstmals großen Kirche.

In Kerala überlebt diese syrische Kirche in größerer Stärke als irgendeine andere christliche Kirche, aber unglücklicherweise ist auch sie von der Teilung des westlichen Christentums betroffen. Es gibt syrische Katholiken, syrische Orthodoxe und syrische Protestanten, und es gibt, um die Sache zu komplizieren, eine frühere Teilung der syrischen Kirche, die im 5. Jahrhundert stattfand, als die Ostsyrer mit ihrem Zentrum in Persien die *„nestorianische"* Form des christlichen

Glaubens mit seiner Betonung der menschlichen Natur Christi übernahmen, während die Westsyrer mit ihrem Zentrum in Antiochien der *„monophysitischen"* Form des Glaubens anhingen, welche die göttliche Natur in Christus betonte.

Als wir uns für unsere Gründung in Kerala entschieden, übernahmen wir den westsyrischen Ritus von Antiochien, den Malankara-Ritus, wie er in Kerala bekannt ist. Er ist ein mehr orientalischer Ritus. Der ostsyrische oder Malabar-Ritus wurde stark latinisiert, wie es den östlichen Kirchen ja oft erging, die mit Rom vereint sind. Wir sahen uns von Anfang an mit diesen tragischen Teilungen konfrontiert, unter denen die christlichen Kirchen seit den frühesten Zeiten gelitten haben. In gewisser Hinsicht sind diese Teilungen auch ganz normal und natürlich. Es ist normal und auch richtig, daß der christliche Glaube einen unterschiedlichen Ausdruck in Ost und West findet, und es sollte, wegen der örtlichen Unterschiede, ruhig weitere Formen im Ausdruck des Glaubens und Gottesdienstes geben. Was aber daran tragisch ist, ist, daß jede dieser Kirchen ihre eigene Form des Glaubens und Gottesdienstes als *die* wahre Form des Glaubens hinstellt und alle anderen Formen als dem wahren Glauben entgegengesetzt verdammt. Heute erkennen wir, daß der eine Glaube verschiedene Ausdrucksformen in Theologie, Liturgie und Organisation haben kann und daß jede Kirche lernen muß, das besondere Zeugnis der anderen zu würdigen.

Der syrischen Liturgie und Theologie, mit der wir uns in Kerala bekannt machten, gebührt ein besonderes Interesse. Vor allem, weil sie eine orientalische Form des Christentums ist, die, obwohl durch ihr Zentrum in Antiochien der griechischen Welt verbunden, in der semitischen Welt des Mittleren Ostens verwurzelt bleibt. Sie gehört tatsächlich der gleichen Welt an wie die Bibel selbst. Sie ist auf dem gleichen Boden gewachsen wie die Bibel, da sie die gleiche Sprache gebraucht, wie sie in Palästina benutzt wurde, und sich nicht in den metaphysischen Begriffen der griechischen Theologie ausdrückt, sondern in der reichen symbolischen Sprache der Bibel. Die Liturgie besteht größtenteils aus langen Gebeten von großer Schönheit und Erhabenheit und aus Gesängen und Psalmodien zu feierlicher Musik, die meistenteils in dem goldenen Zeitalter der Liturgie zwischen dem fünften und zehnten Jahrhundert entstanden sind. Sie ist von einem Gefühl der Majestät und Heiligkeit Gottes durchdrungen, das typisch ist für den Semiten und das in gleicher Weise in der Bibel und im Koran gefunden wird.

Es gibt tatsächlich sehr viel Gemeinsames zwischen syrischem Christentum und der islamischen Religion, die sie umgab. Es gab sogar Zeiten, in denen sie sich gegenseitig beeinflußten. So scheint **Bar Hebraeus**, einer der großen Theologen der syrischen Kirche, seine mystische Abhandlung, **„The Book of the Dove"**, nach dem Werk des großen moslemischen Theologen **Al Ghazali** gestaltet zu haben. In allen semitischen Religionen gibt es ein tiefes Gespür für die unendliche Heiligkeit Gottes, seine Gerechtigkeit und Weigerung, Sünde zu tolerieren, aber auch für sein unendliches Mitgefühl und die Bereitwilligkeit, dem Sünder, der bereut, zu vergeben. Es gibt in der syrischen Liturgie auch ein wundervolles Gespür für das Heilige; das Gespür, daß durch die Inkarnation die göttliche Kraft die ganze Schöpfung durchdrungen hat und der Mensch an diesem neuen Leben der Auferstehung teilzuhaben beginnt. Diese kosmische Schau kam großartig im Werk des **Dionysius**, des Areopagiten, zum Ausdruck, der viel Neuplatonismus in die christliche Theologie einbrachte und von dem man heute allgemein annimmt, daß er ein syrischer Mönch gewesen ist.

Obwohl dieses syrische Christentum die Möglichkeit einer orientalischen Form des Christentums aufzeigt, verschieden von der Ausprägung, die es im Westen gefunden hat, genügt es nicht. Es gehört zum Mittleren Osten und hat Berührungspunkte mit dem Islam, aber es hat nichts gemein mit dem Fernen Osten, mit chinesischem oder indischem Gedankengut. Jede Form semitischer Religion hat auch ihre eigenen schwerwiegenden Einschränkungen. Jede von ihnen hat einen tiefen Sinn für die Heiligkeit Gottes, seine Reinheit, seine Ablehnung der Sünde und Sinn für sein unermeßliches Mitleiden und Erbarmen. Das alles ist tiefe Einsicht in die Natur der Realität selbst; dennoch gibt es in jeder der semitischen Religionen auch einen Geist der Intoleranz, der zu einem ernsten Hindernis für ihre Annahme geworden ist. In jeder von ihnen wuchs die Überzeugung, daß sie alleine die wahre Religion sei, und zumindest Christen und Moslems veranlaßt die Logik dieser Position dazu, alle anderen zu ihrem Glauben bekehren zu müssen. Wenn man versucht, diese Ansicht mit Waffengewalt durchzusetzen, wie es oft genug in der Geschichte geschah, dann ist die Auswirkung verheerend, nicht nur für die Religionen, sondern auch für Religion selbst.

Gerade hier müßten die semitischen Religionen von der orientalischen Tradition lernen. In den orientalischen Religionen finden wir nichts Derartiges. Es gibt unzählige Sekten und Abteilungen im Hinduismus, aber obwohl es gelegentliche Konflikte gegeben hat, bringen sie es normalerweise zuwege, in Frieden und Harmonie zusammenzuleben, wobei jeder den Glauben und den Gottesdienst der anderen respektiert. Auch im Buddhismus gibt es einen großen Unterschied zwischen dem **Hinayana** und dem **Mahayana**, dem großen und dem kleinen Fahrzeug, aber das hat nicht zu Gewalt, zu Haß und Verfolgung geführt wie ähnliche Verschiedenheiten in den christlichen Kirchen. Nicht diese oder jene Form der Religion ist es, von der die moderne Welt sich abzuwenden beginnt, sondern es geht dabei um die Religion selbst, und nur eine ökumenische Bewegung, die alle Religionen umfaßt, kann die moderne Welt davon überzeugen, daß Religion notwendig ist. Dabei muß diese ökumenische Bewegung ein Lernprozeß sein, an dessen Ende die Wahrheit und Heiligkeit angenommen und geschätzt werden, die sich in den jeweils anderen Religionen zeigen.

Ich konnte mich dieser Herausforderung eines unverfälschten religiösen Ökumenismus stellen, als ich von Kerala in einen anderen Ashram in Tamil Nadu, dem alten Madrasstaat, ging. Dieser Ashram wurde von zwei französischen Priestern, **Monchanin** und **Le Saux**, gegründet, die Vorkämpfer gewesen waren in dem Versuch, mönchisches Leben in Indien den traditionellen Formen von indischem Leben und Gebet anzupassen.[4] Sie benannten den Ashram **„Saccidananda Ashram"**. Saccidananda ist der Hinduname für die Gottheit und bedeutet Sein, Erkenntnis und Seligkeit. Er war für sie Symbol der christlichen Trinität, der Vater das Sein, der Sohn oder Wort Gottes die Erkenntnis des Vaters und der Heilige Geist der Seligkeit der Liebe, die Vater und Sohn vereint. Sie selbst nahmen die Namen **Parama Arubi Ananda**, die Seligkeit des höchsten Geistes, und **Abhishiktananda**, die Seligkeit Christi, an. Auf diese Weise suchten sie sich mit der Hindutradition des Sannyasa zu identifizieren, dem Verzicht auf die Welt, um die Seligkeit des göttlichen Lebens zu erfahren. Aber dies war viel mehr als nur eine Angelegenheit von Namen. Sie suchten durch das Studium von Yoga und Vedanta die gesamte spirituelle Tradition Indiens in ihr Leben als Christen zu integrieren und arbeiteten so auf jene Einheit der Religion hin, die Ziel der Menschheit ist.

Unglücklicherweise starb Jules Monchanin nach einigen Jahren, und Henri Le Saux ließ sich schließlich im Himalaya als Einsiedler nieder, wo er mehrere Bücher schrieb, in denen er zutiefste Einsicht in die Beziehung aufzeigte, die zwischen den Traditionen der Hindus und Christen besteht. Als er **Shantivanam** verließ, lud er uns ein, diesen Ashram zu übernehmen, und ich kam mit zwei anderen Mönchen vom **Kurisumala Ashram** dorthin, um seine Arbeit fortzusetzen. Hier konnten wir unser mönchisches Leben noch einmal in noch radikalerer Weise beginnen. Das Benediktinerleben, an das ich gewöhnt war, war das einer Gemeinsamkeit von Mönchen, die ein Leben des Gebetes und des Studiums pflegten und sich durch ihrer Hände Arbeit ernährten. Aber jetzt ließ ich mich auf etwas anderes ein. Ein Ashram ist ursprünglich nicht eine Gemeinschaft wie ein Kloster. Es ist eine Gruppe von Schülern um einen Meister oder Guru versammelt, die gekommen sind, das Gebetsleben und die Gotteserfahrung des Guru zu teilen. Dieses Leben hat daher nicht das gewöhnliche Gebet der Liturgie, sondern das ganz persönliche Gebet jedes Mitgliedes zum Mittelpunkt. Es ist die Stunde der Meditation bei Sonnenaufgang und bei Sonnenuntergang, die traditionelle Zeit für Meditation in Indien, die die Grundlage des Lebens bildet, es ist die stille Gemeinschaft mit Gott, und das gemeinsame Gebet der Gemeinschaft ist nur wie ein Überfließen davon.

In Shantivanam, dem Wald des Friedens, hat jeder von uns unter den Bäumen eine strohgedeckte Hütte, in der wir leben und beten, und wir kommen dreimal am Tag zum Gebet zusammen, nicht zum formalen Gebet der Liturgie, wie in Kurisumala, sondern zum mehr informellen Gebet, bei dem es Lesungen aus den Schriften verschiedener Religionen gibt, aber auch Psalmen und Lesungen aus der Bibel. Morgens lesen wir aus den Veden, mittags aus dem Koran und dem Granth Sahib der Sikhs und am Abend aus Andachtspoeten, speziell solchen aus Tamil Nadu, wie dem großen tamilischen Mystiker, **Manikkar Vasagar**. Auf diese Weise sind wir Tag um Tag in unserem Gebet mit der Frage der Beziehung zwischen den verschiedenen Religionen konfrontiert.

Es ist heute für eine Religion nicht länger möglich, sich weiterhin von anderen Religionen zu isolieren. In nahezu jedem Land begegnen sich Leute unterschiedlicher Religionszugehörigkeit, ja sogar ohne Religion, die gezwungen werden, ihren Unterschieden ins Auge zu sehen. Für einen Christen und für Mitglieder der anderen semitischen Religionen stellt dies ein wirkliches Problem dar. Jede von ihnen hat sich selbst bisher als die eine wahre Religion betrachtet und alle anderen

Religionen als falsch zurückgewiesen, so daß ein Dialog mit anderen Religionen keine einfache Sache ist.

Dennoch wird mehr und mehr die Notwendigkeit des Kontakts gesehen, und jene, die sich darum bemühen, finden, daß der Dialog, wenn er richtig verstanden wird, nicht ein Kompromiß mit Irrtum, sondern ein Prozeß der Bereicherung ist, bei dem jede Religion sich selbst der Wahrheit, die in der anderen Religion gefunden wird, öffnet und die zwei Seiten in der gemeinsamen Suche nach Wahrheit zusammenwachsen. Jede Religion muß die fundamentale Wahrheit in ihrer eigenen Tradition bewahren und zur gleichen Zeit dieser Tradition sich zu entfalten erlauben, wenn sie anderen Aspekten der Wahrheit ausgesetzt wird. So beginnen wir zu begreifen, daß es zwar nur eine Wahrheit gibt, diese Wahrheit aber viele Gesichter hat, und daß jede Religion gewissermaßen ein Gesicht dieser einen Wahrheit ist, die sich unter verschiedenen Zeichen und Symbolen in den unterschiedlichen historischen Traditionen manifestiert.

Die semitische Auffassung von Gott ist die eines ganz und gar transzendenten Wesens, eingesetzt über und gegenüber der Welt als ihr Schöpfer und Herr, der ihr Geschick von oben lenkt. Die räumliche Vorstellung ist natürlich symbolisch, doch das Konzept ist von entschiedener Transzendenz. Der Gottesbegriff des Hindu und des Orientalen – oder genauer, die Vorstellung von der letzten Wirklichkeit, da sie ja den Namen Gottes nicht tragen darf – ist jene einer immanenten Kraft in der Natur und im Menschen, verborgen im Herzen jeder Kreatur. Die Gestalt von **Shiva Natraraja**, dem Gott des Tanzes, ist ein perfektes Symbol hiervon. Er erschafft, erhält und löst die Welt durch seinen rhythmischen Tanz auf, und die gesamte kosmische Ordnung ist nichts anderes als dieser Tanz Shivas. Was diese Schau von der semitischen unterscheidet, ist, daß man sich Gott nicht so sehr über dem Universum vorstellt als in ihm, so wie es in den Upanishaden zum Ausdruck kommt: *„Der Gott, der im Feuer ist, der Gott, der im Wasser* *ist, der Gott, der in die Welt gekommen ist, der Gott, der in den Pflanzen und Bäumen ist, Verehrung diesem Gott, ihm Verehrung.“*[5]

Natürlich ist es wahr, daß man sich in der christlichen Tradition Gott auch als in der Natur immanent vorstellt. Der heilige Paulus selbst zitiert den Spruch: *„In ihm leben und bewegen wir uns und haben unser Sein.“* Aber die Betonung ist verschieden. Der Hebräer beginnt bei der Transzendenz Gottes und entdeckt schrittweise seine Immanenz; der Hindu beginnt bei der Immanenz Gottes und kommt langsam zur Transzendenz. Der Ansatz ist verschieden. Der eine ergänzt dabei den anderen und eröffnet eine unterschiedliche Perspektive.

Wenn der christliche Glaube aus orientalischer Sicht betrachtet wird, erschließt sich ein anderer Aspekt der Wahrheit, der in der ursprünglichen Offenbarung beinhaltet ist. Zuerst müßte jedoch der Gebrauch es Wortes ***„Gott“*** hinterfragt werden. Im Kontext semitischen Gedankengutes stellt man sich *„Gott“* als Person vor, aber das Wort *„Person“*, wie alle anderen Begriffe, die für die letzte Wirklichkeit verwendet werden, ist ein Begriff der Analogie. Das heißt nicht, Gott personales Sein abzusprechen, aber es bedeutet zu erkennen, daß er jenseits aller Begriffe ist, die wir formulieren können, und daher auch jenseits von ***„Person-sein“*** ist. In der Geschichte des Christentums wurde die gleiche Perspektive von Dionysos, dem Areopagiten, erreicht, der unter neuplatonischem Einfluß Gott als *„jenseits vom Sein“* beschrieb. Aber für den gewöhnlichen, im biblischen Denken erzogenen Christen bleibt Gott im wesentlichen eine Person, und leider werden die Beschränkungen solchen Sprachgebrauchs nur unzureichend wahrgenommen. Wenn wir die richtige Perspektive behalten wollen, scheint es daher notwendig, einen Ausdruck wie letzte Wirklichkeit, letzte Wahrheit oder, mit **Tillich**, *„das, was uns unbedingt angeht“*, zu gebrauchen, wenn wir von der Gottheit selbst sprechen und nicht vom personalen Aspekt Gottes. Der Orientale bewegt sich gewöhnlich, obwohl auch er Begriffe für

Gottes Personsein hat, jenseits solcher Sprache und spricht von **Brahman, Atman** oder **Tao**, oder, in der extrem negativen Sprache des Buddhismus, vom **Nirvana** oder dem Nichts. Dies alles sind Worte, die auf jene namenlose Wirklichkeit zeigen, die man sich eigentlich nicht vorstellen kann und die genauso sehr jenseits von Personalität ist wie jenseits von jedem anderen menschlichen Begriff. Wenn der Orientale aber in dieser Weise von Gott spricht, geht es ihm nicht um Theorie oder um eine Lehre. Was es an orientalischer Lehre gibt, entstammt der Erfahrung Gottes oder der letzten Wirklichkeit. Im Hinduismus ist **Brahman** der Name, der dieser Wirklichkeit gegeben wird, von der man sich vorstellt, daß sie die Quelle ist, aus der alles kommt, der Grund, in dem alles existiert, das Ziel, nach dem alles sich sehnt. Er ist das Eine, das Ewige, das Unendliche, das Transzendente, oder welchen Namen auch immer wir dem **„Jenseits“** menschlicher Existenz geben wollen.

Wenn der Geist in der Meditation die Bilder und Begriffe übersteigt, jenseits von Vernunft und Willen ist und zum letzten Grund seines Bewußtseins hinfindet, erfährt er sich selbst in dieser zeitlosen und raumlosen Einheit des Seins, und dies wird in den ***„großen Redeweisen“*** der Upanishaden so ausgedrückt: ***„Ich bin Brahman“, „Du bist Jenes“*** … Die letzte Wirklichkeit wird in der Tiefe der Seele erfahren, in der Substanz oder dem Zentrum ihres Bewußtseins, als ihr eigener Grund oder Quell, als ihr wahres Sein oder Selbst **(Atman)**. Diese Gotteserfahrung wird in dem Wort **Saccidananda** zusammengefaßt. Gott oder letzte Wirklichkeit wird erfahren als absolutes Sein **(sat)**, als reines Bewußtsein verstanden **(cit)**, wobei absolute Glückseligkeit empfunden wird **(ananda)**. Dies war die Erfahrung der Seher der Upanishaden, und war seitdem auch Erfahrung unzähliger heiliger Männer in Indien. Es ist eine Erfahrung der Selbsttranszendenz, die eine intuitive Einsicht in die Wirklichkeit gibt. Dieses Wissen muß der westliche Mensch erlangen lernen. Alle ohne Unterschied haben diese andere Dimension menschlichen Bewußtseins zu entdecken, jenes weiblich intuitive Bewußtsein, in der der rationale Geist nicht länger dominiert, sondern sich selbst einem höheren Gesetz seines eigenen Wesens unterwirft und damit seine Beschränkungen transzendiert. Dies ist es, was der Westen vom Osten lernen und der Osten erneut lernen muß, soll die eigene Seele nicht verlorengehen.

Es gibt schon Anzeichen dafür, daß dieses neue Bewußtsein zu dämmern beginnt, da der Westen mit dem Osten in Beziehung kommt. Das Zeitalter des wissenschaftlichen Materialismus der das 19. Jahrhundert dominierte, ist am Schwinden, und ein neues Zeitalter spiritueller Weisheit ist schon im Werden.

Das „wissenschaftliche" Weltbild, das seit **Sokrates** vorherrschte und die Welt als objektive Realität betrachtete, die sich in Zeit und Raum ausdehnt und beobachtbar ist von einem davon losgelösten menschlichen Beobachter, ist unter dem Ansturm der Wissenschaft selbst zusammengebrochen. Das Newtonsche Universum der festen Körper, die sich in absolutem Raum und Zeit bewegen, wich der Lehre der Relativität und der Quanten-Physik.

„In der modernen Physik", so heißt es jetzt, *„wird das Universum als dynamisches unteilbares Ganzes erfahren, das notwendigerweise den Beobachter immer mit einschließt."*[6] Nicht nur erkennt die Wissenschaft nicht länger eine Welt getrennter Körper an, die sich in einem objektiven Raum und Zeit bewegen, sondern spricht vielmehr von einem komplizierten Gewebe aus Beziehung zwischen den verschiedenartigen Teilen eines vereinheitlichten Ganzen.[7] Sie geht sogar weit darüber hinaus und erkennt, daß das menschliche Bewußtsein wesentlich in das Objekt einbezogen ist, das es beobachtet.

„Naturwissenschaft", sagt **Heisenberg**, *„beschreibt nicht einfach die Natur; sie ist Teil des Wechselspiels zwischen Natur und uns."*[8] Mit anderen Worten, die Wissenschaft ergibt kein Wissen über die Realität als solche, sondern über die Realität, wie

sie widergespiegelt ist im menschlichen Bewußtsein. Dies bringt, wie der Autor von **„Das Tao der Physik"** beobachtet, die westliche Wissenschaft sehr nahe an die traditionelle östliche Auffassung über die Realität. Es gibt keine objektive Welt außerhalb von uns, die etwa einer subjektiven inneren gegenübergestellt wäre. Es gibt nur eine Wirklichkeit, die sich objektiv außerhalb und subjektiv in uns manifestiert, die aber selbst jenseits der Unterscheidung von Subjekt und Objekt liegt und erkannt wird, wenn das menschliche Bewußtsein die Sinne transzendiert (mit denen wir die „Außen"-Welt wahrnehmen) und den Verstand (mit dem wir die geistig-innere Welt der Wissenschaft und Philosophie erfassen) und die Wirklichkeit selbst entdeckt, die sowohl Sein und Bewußtsein in einer unteilbaren Einheit ist.

Wie aber sollen wir dann diese neue Schau der Welt beschreiben, die auch die Schau der einstigen Seher ist? Wir nennen sie die eine Wirklichkeit, ***„nur eine ohne eine zweite"***, die unteilbar Sein und Bewußtsein ist (**sat** und **cit**), und sagen, daß diese Wirklichkeit, wird sie in ihrem Ursprung begriffen, als die Quelle unaussprechlicher Freude **(ananda)** erfahren wird. Diese eine Wirklichkeit enthüllt sich unserem geteilten Bewußtsein als ausgedehnt in Zeit und Raum, als „objektive" Welt einerseits, die augenscheinlich mechanischen Gesetzen gehorcht, und andererseits als „subjektive" Welt der Empfindungen, Gefühle, Bilder und Ideen, die in unserem Bewußtsein auftauchen.

Wir finden uns daher geteilt in Bewußtes und Unbewußtes, Psychisches und Physisches, Geist und Materie, oder, in Hindubegriffen, in **Purusha** (Übernatur oder Bewußtsein) und **Prakriti** (Natur oder das Unbewußte). Aber je mehr wir in Geist oder Materie eindringen, desto mehr wird uns deutlich, daß sie sich selbst gegenseitig völlig durchdringen und nicht getrennt werden können. Geist und Materie, Bewußtes und Unbewußtes, Purusha und Prakriti, durchdringen sich gegenseitig vollständig. So verschwindet auf der tiefsten Ebene des

Bewußtseins die Trennung von Verstand und Materie, Geist und Natur werden als Einheit erfahren.

Mit anderen Worten, es gibt drei Welten, die Welten der Materie, des Bewußtseins (mind) und des Geistes (spirit), die wir in uns als Körper, Seele und Geist erfahren. Diese Welten sind aber nicht wirklich getrennt. Der Unwissenheit **(avidya)** und Illusion **(maya)** in Hindubegriffen, der Sünde und dem Abfall von Gott in christlichen Begriffen, ist es zuzuschreiben, daß wir eine Teilung in uns erfahren. Das Ziel aller Religion ist es, das ungeteilte Bewußtsein und die Einheit des Seins im Menschen wieder herzustellen, die im Hinduismus **Moksha** oder Befreiung genannt wird, im Buddhismus **Nirvana** oder So-sein (suchness) und im Christentum Erlösung des Menschen und Wiederherstellung seiner Einheit mit Gott.

Der primitive Mensch erfuhr diese ungeteilte Einheit des Seins und Bewußtseins, und er drückte sie in den Mythen aus. Denn der Mythos ist ursprünglich der symbolische Ausdruck der einen Wirklichkeit, die als lebendige Einheit in einem ungeteilten Bewußtsein erfahren wird.

Der vedische Mensch z. B., in dem das mythische Bewußtsein sehr reich entwickelt ist, hat die Welt und sich selbst in einer ***„kosmotheandrischen Einheit"*** erfahren. Dieser Begriff von **Raimon Panikkar** ist zwar etwas unbeholfen, aber bedeutungsvoll. Er will sagen, daß Gott, Mensch und die Welt ursprünglich in einer totalen Einheit erfahren wurden. Aber in dem Maße, in dem sich die Vernunft entwickelte, begann man auch zu unterscheiden, und so zerbrach die ursprüngliche Einheit. Natürlich war es notwendig, daß sich Vernunft entwickelte und Unterscheidungen gemacht wurden, aber dieser Prozeß teilte den Menschen. Er erfährt sich selbst als von der Natur und von Gott getrennt und in sich selbst geteilt. Dies ist in christlichen Begriffen der Sündenfall des Menschen. Es ist ein Abfall vom Zustand ungeteilten Bewußtseins in einen Zustand geteilten Bewußtseins. Früher wurde diese Teilung in unterschiedlichem Ausmaß erfahren, aber in der Neuzeit ist sie schlimmer denn je. Niemals zuvor hat sich der Mensch so isoliert gefühlt, alleine in einem ungeheuer weiten, unpersönlichen, mechanischen Gesetzen gehorchenden Universum, in sein eigenes individuelles Bewußtsein eingeschlossen und sowohl von Natur als auch von Gott getrennt. Aber dies ist natürlich eine Illusion; das ist die große Maya, die Unwissenheit, die Sünde, die jede religiöse Tradition als Grund für alle menschliche Misere angesehen hat. **Das Universum, das sich außerhalb von uns befindet und mechanischen Gesetzen gehorcht, gibt es nicht. Das gesamte Universum ist von Geist durchdrungen, es gehorcht, recht besehen und verstanden, nicht rein mathematischen Gesetzen, sondern dem Gesetz des Geistes.** *„Der Geist des Herrn hat die Welt erfüllt.“*[9] Ziel aller alten Religionen war es, diese lebendige Einheit zwischen Mensch und Welt zu erfahren, die durchdrungen ist vom Leben des Geistes.

Die Mythen und Rituale primitiver Völker – australischer Eingeborener, afrikanischer Buschmänner, amerikanischer Indianer und sonstiger Stammesangehöriger – waren alle Wege, den Menschen aus seiner Isolation zu befreien und die ursprüngliche Einheit in ihm selbst und mit dem Universum wieder herzustellen. In Indien ist diese urzeitliche Religion auch heute noch lebendige Wirklichkeit, nicht nur in Mythen und Ritualen, wie sie täglich in den Tempeln abgehalten werden, sondern auch in tiefen philosophischen Überlegungen. In den Upanishaden und den nachfolgenden Systemen des Vedanta wurde die mythische Welt der Veden durchdringender philosophischer Prüfung unterworfen, und so haben wir im Vedanta die gründlichste und systematischste Studie der Natur der letzten Wirklichkeit, die sich in der Weltgeschichte finden läßt.

Wie paßt dann die Bibel in dieses Schema menschlicher Entwicklung? Zunächst müssen wir feststellen, daß die Bibel ganz wesentlich zu dieser Welt des Mythos gehört. Der Mythos ist, wie wir gesagt haben, der symbolische Ausdruck der Wirklichkeit in Form von menschlicher Vorstellung. Die Geschichte von Adam und Eva und dem Paradies ist deutlich eine mythologische Erzählung vom Ursprung des Menschen und seinem Abfall von seinem ursprünglichen Zustand der Einheit mit Gott. Die Erzählung von der Erlösung des Menschen, von der Menschwerdung des Sohnes Gottes, von seinem Tod und seiner Auferstehung, von seinem Hinabsteigen in das Reich des Todes und seiner Himmelfahrt, von seiner Wiederkunft in Herrlichkeit am Ende der Zeit, ist eindeutig die Sprache der Mythologie. Dies besagt natürlich nicht, daß es nicht wahr sei, es ist vielmehr so wahr, wie es wahrer nicht ausgesagt werden kann. Eine Illusion ist es anzunehmen, wissenschaftliche Sprache sei *„wahr"* und poetische Sprache sei *„unwahr"*. Wissenschaftliche Sprache namentlich in ihrer typischsten Form der Mathematik ist die am meisten abstrakte und unwirkliche Sprache, d. h. die am weitesten von der ganzen konkreten Wirklichkeit entfernte Sprache. Dichtung oder die Sprache des Symbolismus ist näher an der Wirklichkeit, aber die Wahrheit selbst kann man nur durch reine Intuition begreifen, die jenseits aller Sprache liegt. Die Bibel, wie alle religiöse Literatur, ist reich an dieser Sprache der Symbolik, nur unterscheidet sich die Symbolik der Bibel durch die Tatsache, daß sie einen geschichtlichen Hintergrund hat. Geschichte ist die Aufzeichnung von Ereignissen, nicht nur des physischen Ereignisses in Raum und Zeit, sondern auch des psychischen Ereignisses, nämlich der Bedeutung des physischen Ereignisses im menschlichen Bewußtsein. In dieser Hinsicht ist die Dichtung oft näher an der Realität als die bloße Geschichte. Homers Ilias bringt uns der Realität des Trojanischen Krieges näher, als keine Geschichtsbeschreibung das tun könnte, und Tolstois Krieg und Frieden gibt eine Einsicht in die Realität von Napoleons Rußlandinvasion, wie es keine Geschichtsbeschreibung tun könnte. Aber Homer und Tolstoi geben auch einen Einblick in die kosmische Ordnung, die hinter der menschlichen Erzählung liegt, und helfen uns so, etwas von der Bedeutung der menschlichen Geschichte als ein Ganzes zu verstehen.

Zu dieser Welt des geschichtlichen Symbolismus gehört die Bibel. Die Bibel ist Geschichte, sie ist Aufzeichnung von Ereignissen in der Geschichte eines bestimmten Volkes, das sich in konkreten Umständen der historischen Zeit befindet. Im Neuen Testament insbesondere steht Jesus in einem historischen Kontext, er ist geboren in der Regierungszeit des Kaisers Augustus, ist ein Zeitgenosse von Vergil und gestorben „unter Pontius Pilatus", dem römischen Statthalter Palästinas. Aber diese Geschichte steht im Licht einer imaginativen Schau der menschlichen Geschichte, die als fortschreitende Bewegung auf ein „Ende" zu, ein eschaton, gesehen wird, an dem die volle Bedeutung der menschlichen Geschichte offenbar werden wird.

So gibt es also in der Bibel tiefe psychologische wie auch historische Wahrheit, aber vor allem ist sie eine Aufzeichnung von Ereignissen, die im Licht der letzten Wirklichkeit gesehen werden. Jesus wird als die Person gesehen, in der sich die letzte Bedeutung menschlichen Lebens und menschlicher Geschichte offenbart. Dies wird in der symbolischen Sprache der hebräischen Tradition ausgedrückt, im Kommen des Königreichs Gottes, im Menschensohn, der auch Sohn Gottes ist, in der Geburt von einer Jungfrau, seinem Tod, der Auferstehung und Himmelfahrt. Dies ist zweifelsfrei die Sprache der Mythologie, d. h. der Symbolik, aber sie gründet auf tatsächlichen physischen und psychischen Ereignissen. Es hat keinen Sinn, das Physische vom Psychischen trennen zu wollen, um etwa so bei irgendeiner abstrakten „wissenschaftlichen" Realität anzukommen. Die physischen und psychischen Ereignisse müssen im Licht der ganzen Wirklichkeit gesehen werden, nur so wird ihre wahre Bedeutung klar. Jesus war Mensch in dem Sinne, daß er einen menschlichen Körper und eine menschliche Seele hatte wie jeder andere Mensch auch, und er hat sich durch diesen menschlichen Körper und die Seele erfahren wie andere Menschen auch. Aber in der Tiefe seines Geistes, in jenem Seelengrund oder -zentrum, das in jedem Menschen existiert, erkannte er, daß er eins ist mit jener letzten Wirklichkeit, die er Gott nannte, und in diesem Seinsgrund erfuhr er sich als jemand, der wie ein Sohn zum Vater in Beziehung steht. Diese Beziehungs-Erfahrung, die er in Begriffen wie den Vater kennen und ihn lieben und das Erkannt- und Geliebtsein von ihm ausdrückte, scheint der einzigartige Charakter von Jesu Gotteserfahrung zu sein. Es gibt keinen Grund zu zweifeln, daß Jesus seine Beziehung zu Gott in dieser Weise erfuhr, obwohl die Art, in der das im Neuen Testament ausgedrückt wird, besonders im Johannes-Evangelium, deutlich eine Entwicklung seiner ursprünglichen Lehre ist.

Wenn wir diese symbolische Sprache der Bibel in mehr umfassende Begriffe übersetzen wollen, können wir sagen, daß diese eine Wirklichkeit, Gott, Wahrheit, Geist oder welchen Namen wir auch immer für sie wählen, sich selbst von Anfang an in der gesamten Schöpfung manifestiert hat, in der gesamten menschlichen Geschichte und in jedem menschlichen Bewußtsein. Aber obwohl sich diese eine Wirklichkeit in der Welt manifestiert hat, ist sie auch verborgen. Jeder Mensch und jedes Ding verbirgt und offenbart diese Wirklichkeit. In den Heiligen wird sie gewissermaßen transparent. Die Einheit von Mensch und Universum beginnt durchzuscheinen. Diese Schau der Wirklichkeit zeigt sich in den Mythen und Riten, den Lehren und Sakramenten der verschiedenen Religionen überall auf der Welt. In jeder Religion drückt sich diese göttliche Wirklichkeit unter verschiedenen Zeichen und Symbolen aus, und es ist unsere Aufgabe, diese verborgene Wahrheit zu erkennen, die es in jeder religiösen Tradition gibt. Jede hat etwas zum menschlichen Verständnis und zur menschlichen Erfüllung beizutragen. Im Christentum manifestierte sich die göttliche Wirklichkeit selbst in der Person Jesu, in seinem Leben, seinem Tod und seiner Auferstehung. Dies war eine einmalige historische Offenbarung innerhalb einer einmaligen historischen Tradition, die ihre Werte, aber auch ihre Beschränkungen hat. Jesus kam am Ende eines langen historischen Prozesses, um die Hoffnungen eines bestimmten Volkes zu erfüllen und die letzte Absicht Gottes hinsichtlich der Geschichte dieses Volkes, aber auch der Geschichte der ganzen Menschheit zu offenbaren. Die Geburt Christi von einer Jungfrau war das Zeichen der Geburt einer neuen Menschheit, geboren *„weder aus dem Willen des Fleisches noch aus dem Willen des Mannes, sondern aus Gott“.*[10] Seine Wunder waren Zeichen der *„neuen Schöpfung“*[11], Zeichen dafür, daß der Geist die Materie verwandelt hat und daß sie vom Bewußtsein durchdrungen ist. Sein Tod und seine Auferstehung waren Zeichen für den Weg durch Tod zu neuem Leben im Geist, dem sich der Mensch zu unterziehen hat, um Gott zu „erkennen“. Sein Abstieg in das Reich des Todes und seine Himmelfahrt sind Zeichen dafür, daß der Geist die Tiefen des Unbewußten durchdringt und der Weg zum überbewußten Zustand geöffnet ist, dem „vierten“ Zustand der Hindutradition, der jenseits unseres gegenwärtigen Bewußtseinsstandes in Raum und Zeit ist. Schließlich ist seine Wiederkunft die letzte Manifestation der Wahrheit, der Wirklichkeit selbst, wenn die gesamte Schöpfung und die gesamte Menschheit aus dem derzeitigen Seins- und Bewußtseinszustand in das volle Bewußtsein der Wirklichkeit hinübergehen, die das Sein ist, die Erkenntnis und die Glückseligkeit von **Saccidananda**.

Jesus wußte sich daher selbst in den Tiefen seines Bewußtseins als der Neue Mensch, in dem das Schicksal der Menschheit offenbart ist. Die Sünde, die ein geteiltes Bewußtsein in die Welt brachte, ist überwunden, und Natur und Mensch sind wieder in ihre ursprüngliche Einheit mit Gott gebracht. In der Auferstehung wurden Leib und Seele Jesu durch den Geist in die volle Wirklichkeit Gottes umgewandelt, Mensch und Natur wurden offenbar in ihrer unteilbaren Einheit, eine Einheit, die zugleich physisch, psychisch und geistig ist. Aber sogar darüber hinaus zeigt uns Jesus eine weitere Tiefe im Sein

Gottes. Jesus wußte sich selbst in der Tiefe seines Geistes jenseits von Zeit und Raum als der Sohn des Vaters, der an der Erkenntnis Gottes Anteil hat und seine Glückseligkeit teilt. Dennoch war dies nicht eine reine Identität von Sein und Bewußtsein, sondern eine enge Verbindung der Liebe. Der Vater liebt den Sohn, und der Sohn liebt den Vater, und sie sind in der Liebe des Heiligen Geistes vereint, der der Ausdruck ihrer wechselseitigen Liebe ist.

Dies ist natürlich „mythologische" Sprache, aber sie drückt eine tiefe metaphysische Wahrheit aus, die Wahrheit, daß Sein selbst nicht nur Bewußtsein ist, sondern auch Liebe, daß es Beziehung gibt im Herzen der Wirklichkeit. Indem Jesus seine eigene Beziehung zu Gott als seinem Vater in der Liebe des Geistes offenbart, offenbart er auch, was das Schicksal des Menschen ist. Jedem Menschen ist beschieden, diese Beziehung der Sohnschaft in der Tiefe seines Geistes zu entdecken. Wenn wir unser beschränktes rationales Bewußtsein übersteigen und der Tiefe des Geistes in uns bewußt werden, entdecken wir diese unergründliche Tiefe der Erkenntnis und Liebe, die sich in uns öffnet und uns miteinander und mit der gesamten Schöpfung im Licht Gottes verbindet. Und dies ist nicht eine Identität des Seins ohne Unterscheidung, sondern eine Verbindung der Liebe, bei der jeder „im" anderen ist, wie Jesus es in seinem hohepriesterlichen Gebet ausdrückte: *„Ich in ihnen und du in mir – damit sie vollkommen eins seien."*[12]

Wie haben wir dann die Kirche im Licht dieser Perspektive zu verstehen? Die Kirche ist in diesem Sinne ganz klar die Vereinigung derer, die durch die Liebe des Geistes und in der Kenntnis des Wortes Gottes, der Ewigen Wahrheit, verbunden sind und durch ihn zum Vater, der Quelle, dem Ursprung und Grund aller Schöpfung zurückkehren. Aber die Kirche als historische Institution hat auch einen zeitlichen Beginn. Als der Heilige Geist auf die Jünger an Pfingsten herabstieg, wurde ihnen die Kraft des Geistes mitgeteilt, die Leib und Seele Christi bei der Auferstehung verwandelt hatte. Das war der Beginn eines neuen Bewußtseins, das jenseits des gewöhnlichen rationalen Bewußtseins ist, das die Jünger von den Beschränkungen unserer derzeitigen Weise der Existenz und des Bewußtseins befreite und ihnen die neue Welt der Auferstehung eröffnete. Die Kirche ist die Gemeinschaft derer, die diese neue Geburt *„im Geist"* erfahren haben und deren Leben durch diese Erfahrung verwandelt worden ist. Die Wirkung davon konnte man daran sehen, daß sie alle *„ein Herz und eine Seele"*[13] waren und daß sie alles, was sie besaßen, verkauft haben und *„alles gemeinsam hatten"*.[14] Das neue Leben im Geist durchdrang zwar die ökonomische und soziale Ordnung und war eine Kraft zur Verwandlung der menschlichen Gesellschaft, doch blieb sie im wesentlichen jenseits unserer derzeitigen menschlichen Beschränkungen. Die Kirche war von Anfang an eine „charismatische" Gemeinschaft, eine Gemeinschaft des Geistes.

Sie hatte aber eine einfache Organisation. Jesus hinterließ zwölf „Apostel", die nach seinem Willen Kern des neuen Israel, eines neuen *„Volkes Gottes"* sein sollten. Es gab auch eine Initiationszeremonie in das neue Leben und ein gemeinsames Mahl, in dem das neue Leben mit Christus geteilt wurde. Dies war offensichtlich alles, was er als Organisation hinterlassen hatte. Im Laufe der Zeit kamen andere Zeremonien hinzu, und *„Älteste"* und *„Aufseher"* in verschiedenen Kirchen wurden bestellt, aber sie scheinen nur berufen worden zu sein, weil man sie brauchte. Es gab einen Grund dafür. Jesus verließ seine Jünger mit der Erwartung, daß er zu ihrer eigenen Lebenszeit zurückkommen werde, um dann *„alle Dinge zur Vollendung"* zu bringen. Dies ist die Perspektive des Neuen Testaments. **Jesus ging es nicht um die Kirche als Institution, sondern um ihre transzendente Wirklichkeit.** Jesus selbst erfreute sich des neuen Lebens der Auferstehung, und seine Jünger waren gerufen, dieses neue Leben mit ihm zu teilen.

Die historische Entwicklung der Kirche ist zweitrangig gegenüber dieser großen Wirklichkeit der Erfahrung des Geistes im neuen Leben der Auferstehung. Aus dieser Perspektive ist auch die Zeit der Wiederkunft von geringem Gewicht. Der zweite Petrusbrief bemerkt, als die Wiederkunft Christi in Frage gestellt wurde: *„Beim Herrn sind tausend Jahre wie ein Tag."*[15]

Es möchte scheinen, daß die christlichen Kirchen diese Perspektive wiederentdecken müssen, welche die des Neuen Testaments ist, wenn sie ihre Bedeutung für die Welt heute wiedergewinnen wollen. **Die Kirche hat ihren Platz in der menschlichen Geschichte, aber für die Kirche, wie für Christus selbst, ist die Geschichte der transzendenten Wirklichkeit des Lebens im Geist untergeordnet.** Die Organisation der Kirche als einer menschlichen Gemeinschaft ist notwendig für ihre Entwicklung in der Geschichte, aber sie gehört zu dieser Welt der Zeichen und Erscheinungen, nicht aber zur Welt der letzten Wirklichkeit. Im Lauf der Geschichte ist die Organisation der Kirche auf verschiedene Weise gewachsen, und ihr Glaube hat sich in verschiedenen Glaubensbekenntnissen und Formeln ausgedrückt. Aber diese Entwicklungen sind alle durch geschichtliche Umstände bedingt, von denen keine als endgültig und definitiv betrachtet werden kann.

Ein Katholik mag glauben, daß die Entwicklung des Episkopats und des Papsttums, der Lehre und des sakramentalen Lebens in der Kirche in späterer Zeit Werk des Heiligen Geistes gewesen sei, er darf aber nicht leugnen, daß andere Kirchen ebenso durch denselben Geist geführt worden sind, und er muß sich immer dessen bewußt sein, daß die Kirche ein lebender und wachsender Organismus ist, deren Disziplin und Lehre daher immer reform- und erneuerungsfähig sind. Was allen christlichen Kirchen grundlegend bleibt, ist ein gemeinsamer Glaube an Jesus Christus als Herrn und Erlöser. Dies wurde in der frühen Kirche in der einfachen Form *„Jesus ist der Herr"*[16] ausgedrückt, und in einer gemeinsamen Taufe, bei der alle gleichermaßen Vergebung der Sünden durch das

Geschenk des Heiligen Geistes erlangen und zu Gliedern des einen Leibes Christi gemacht werden. Diese gemeinsame Glaubensbasis für alle Christen wurde vom heiligen Paulus in der Formel zusammengefaßt: *„Ein Herr, ein Glaube, eine Taufe, ein Gott und Vater aller."*[17] Dies alleine ist die ausreichende Basis für die christliche Einheit.

Aber darüber hinaus müssen wir unsere Schau der Kirche erweitern, um nicht nur alle Christen einzuschließen, sondern auch alle jene, die aufrichtig Gott suchen. Wir haben ja gesehen, daß Gott sich zu allen Zeiten allen Menschen in allen Ereignissen offenbart. Gottes Gnade, wie sie in Christus offenbart wurde, kennt keine Grenzen. Christus starb für alle Menschen, vom Anfang bis zum Ende der Zeit, um alle Menschen in den Zustand der Vereinigung mit Gott, mit der ewigen Wahrheit und Wirklichkeit, zu bringen, für die sie geschaffen wurden. Dieses Geschenk des ewigen Lebens ist in gewisser Weise allen Menschen ohne Ausnahme angeboten. Wo immer der Mensch Gott oder der Wahrheit oder der Wirklichkeit oder der Liebe begegnet – oder welchen Namen wir auch immer diesem transzendentalen Geheimnis des Seins Gottes geben – sogar wenn er formell Atheist oder Agnostiker ist, begegnet er der Gnade Gottes in Christus. Denn Christus ist das Wort Gottes, der Ausdruck des Willens Gottes, die ganze Menschheit zu erlösen. Das Wort *„erleuchtet jeden Menschen, der in die Welt kommt"*. Jeder kommt in der einen oder anderen Form entweder im Leben oder im Tod mit diesem Wort, dieser Wahrheit in Berührung und jeder, der auf dieses Wort antwortet, ist ein Glied an diesem Leib der erlösten Menschheit, die die Kirche ist. In einem weiteren Sinn müssen wir daher sagen, daß jedes menschliche Wesen potentiell ein Glied der Kirche ist. Die Kirche ist eine offene Gesellschaft. Jene, die zur sichtbaren Kirche durch Glauben und Taufe gehören, sind nicht eine exklusive Gruppe von „Geretteten", sondern ein Zeichen oder ein Sakrament der Erlösung, das heißt, sie manifestieren Gottes Willen, die gesamte Menschheit zu erlösen. Aber es bleibt die Frage, ob es auch solche gibt, die nicht erlöst werden? Die christlichen Kirchen haben immer behauptet, daß ewige Strafe jene erwartet, die Gott ablehnen. Was sollen wir dazu sagen? Natürlich ist die Sprache, die das Neue Testament über Himmel und Hölle gebraucht, mythologische Sprache. Jesus selbst sprach davon immer in Parabeln, und es kann genaugenommen keine andere Sprache benutzt werden, da Himmel und Hölle Namen für den letzten Zustand jenseits unserer derzeitigen Bewußtseinsweise sind. Aber was wird durch diese Sprache ausgesagt? Wir müssen uns in erster Linie darüber im klaren sein, daß der letzte Zustand jenseits von Zeit und Raum ist.

Es kann daher kein Leid – oder Glück – geben, das in endloser Zeit fortdauert. Ewigkeit ist ein zeitloser Moment und ein raumloser Punkt. Es ist totale Wahrnehmung des Seins in reinem Bewußtsein, von absoluter Glückseligkeit. Außerhalb dieses Zustandes gibt es letztlich überhaupt kein Sein. Sünde und Übel, wie wir sie kennen, sind die Wirkungen eines geteilten Bewußtseins, eines Bewußtseins, das durch Raum und Zeit bedingt ist. Solch ein Bewußtsein kann nicht ewig sein; es gehört wesentlich zu dieser Welt des Werdens und Wandels. Die Hölle kann daher nichts anderes sein als der Verlust Gottes, der Verlust der eigenen Seele, das Scheitern im „Sein". **Letztlich gibt es nur eine Wirklichkeit, ein Sein, ein ewiges Leben und eine Wahrheit. Die Wahrheit zu erkennen ist ewiges Leben**; diese Wahrheit nicht erkennen, die eine Wahrheit des Seins ist, bedeutet im Sein zu scheitern. Es gibt kein Sein außerhalb von Gott. Dies erscheint zumindest eine mögliche Interpretation der Bedeutung von Himmel und Hölle zu sein, aber wenn wir von dem letzten Zustand sprechen, sprechen wir von einem Geheimnis, das nicht angemessen ausgedrückt werden kann. Alle Sprache ist unvollkommen. Aber zumindest können wir alle Gedanken von endloser Leidenszeit aus unserer Vorstellung fallen lassen.

Als meine Freunde und ich begannen, die industrielle Revolution abzulehnen und unser Leben durch eine einfachere und traditionellere Lebensweise zu gestalten versuchten, da wollten wir beinahe blindlings der Welt, in der wir aufgewachsen waren, entfliehen, um von uns aus eine natürliche Lebensweise zu entdecken. Seit jener Zeit hat sich diese Ablehnung des gegenwärtigen Zivilisationssystems in der ganzen Welt ausgebreitet.

Überall finden wir die Suche nach einer *„alternativen Gesellschaft"*, nach einer Lebensweise, die natürlicher und menschlicher ist und sich gleichermaßen den kapitalistischen und kommunistischen Systemen widersetzt.

Ich selbst habe Religion und Christentum als Werte entdeckt, die dem Leben Sinn zu geben vermögen, und das mönchische Leben als alternative Lebensweise. Nichtsdestoweniger ist klar, daß Religion und Christentum und in großem Ausmaß auch das Mönchtum zu sehr im derzeitigen System verfangen sind und daher versagt haben, eine alternative Lebensweise anzubieten, nach der die Menschen auf der Suche sind.

Es scheint, daß wir dem Zustand, in dem das Römische Reich im vierten Jahrhundert nach Christus sich befand, sehr nahe gekommen sind. Damals gab es ein blühendes Christentum. Die Konzile von Nizäa und Konstantinopel hatten die Grundsteine der christlichen Lehre gelegt, die die nächsten tausend Jahre halten sollten, und die Kirche hatte ein Verwaltungssystem erhalten, das sogar bis zum heutigen Tag überlebt hat. Es gab darüber hinaus große Heilige und Kirchenlehrer, die immer noch Beispiele der Weisheit und Heiligkeit sind und auch heute noch eine Quelle der Inspiration darstellen. Und doch konnten das Römische Reich und das ganze Zivilisationssystem, das darauf basierte, nicht überleben. Zu Beginn des folgenden Jahrhunderts zeichnete sich der Zusammenbruch ab, und am Ende des Jahrhunderts war er vollständig. Wahrscheinlich erwartet die gegenwärtige Zivilisation das gleiche Schicksal.

Mit dem Ende des 20. Jahrhunderts wird die Verknappung der natürlichen Ressourcen, von denen das gesamte System abhängt, einen fundamentalen Wandel in der derzeitigen Lebensweise hervorgebracht haben. Je nachdem wie die Suche nach einer alternativen Energieform ausgeht, wird die Zukunft unserer Zivilisation aussehen. **Wenn man sich für nukleare Energie entscheidet, dann kann das zur Zerstörung dieser Welt führen, wird aber der Versuch gemacht, sich mehr auf die natürlichen Energiequellen, wie Sonne, Wasser und Wind zu verlassen, besteht die Chance für ein Überleben der Zivilisation.**

Aber was auch immer das Schicksal der jetzigen Welt sein wird – es ist notwendig, eine Lebensweise zu finden, die solche Katastrophen zu überdauern vermag. Im Römischen Reich war es das mönchische Leben, das die Welt rettete. Es waren die Mönche, die in die Wüsten Ägyptens, Palästinas und Mesopotamiens flohen und eine Lebensweise schufen, die sich auf Gebet und Arbeit gründete, in Lebensumständen von allergrößter Anmut und Einfachheit. Ihre Lebensform allein überlebte den Zusammenbruch des Römischen Reiches, und ihre Lehren und ihr Beispiel führten in ganz Europa zur Gründung von Klöstern, die die Grundlagen für eine neue Zivilisation anboten.

Heute ist die mönchische Lebensform überall in der Welt wieder aufgelebt. Man findet ihre Gemeinschaften in Asien, Afrika und Südamerika genauso wie in Europa und Nordamerika. Viele sind zwar zu sehr in das derzeitige industrielle System verwickelt, um wirklich Hoffnung auf eine alternative Lebensweise zu wecken, aber es gibt auch viele, die sich den Problemen der Dritten Welt anzupassen suchen. Die Hoffnung der Zukunft scheint auf den kleinen Gemeinschaften zu liegen, die manchmal mit einer größeren assoziiert sind und überall in der Welt entstehen. Sie bestehen aus Männern und Frauen, verheiratet und unverheiratet, die nach einem Lebensstil suchen, der in Harmonie mit der Natur und dem inneren

Gesetz des Geistes sein will. Diese Gemeinschaften setzen sich über alle Rassen- und Religionsschranken hinweg und sind Ausdruck des Willens, über die derzeitigen ökonomischen, politischen und religiösen Systeme hinauszugehen, um einen Weg in die Zukunft des Menschen zu öffnen. Man kann sie mit den Klöstern des Mittelalters vergleichen, die Zentren waren, in denen es gärte, und die schrittweise die Gesellschaft transformieren und eine neue Zivilisation möglich machen sollten.

Zu solch einer Gemeinschaft hat mich nun am Ende meines Lebens die goldene Schnur geführt. Sie wurde mir, als ich noch ein Schuljunge war, in die Hand gegeben und ließ mich zuerst Gott entdecken, dann Christus und die Kirche. Damals glaubte ich, am Ende meiner Reise angekommen zu sein, zumindest in dieser Welt, aber dann führte er mich nach Indien, wo sich mir ein ganz neues Verständnis der Welt eröffnete. In jedem Stadium war ich mir bewußt, daß nicht ich es war, der führte, sondern daß mich etwas führte. Jetzt hat es mich zu dem Punkt geführt, wo ich ein **„Sannyasi"** geworden bin. Ein Sannyasi ist einer, der der Welt entsagt, um Gott zu suchen, aber diese Entsagung geht weit über das hinaus, was gewöhnlich unter „Welt" verstanden wird. Ein Sannyasi ist einer, der nicht nur der Welt im biblischen Sinn, nämlich der Welt der Sünde, entsagt, sondern der Welt, die sich heute so klar auf dem Pfad der Zerstörung befindet. Ein Sannyasi entsagt der gesamten Welt der „Zeichen", der Erscheinungsformen.

Die Welt, die von der Wissenschaft erforscht wird, die Welt der Politik und Ökonomie, die Welt des sozialen und kulturellen Lebens, die die meisten als *die* Wirklichkeit ansehen, ist eine Welt der Erscheinungen ohne letzte Wirklichkeit. Das alles vergeht in jedem Augenblick, und alle vergehen mit ihm. Die Kirche gehört auch zu der „Welt der Zeichen". Die Lehren und Sakramente der Kirche sind menschliche Ausdrucksformen oder Zeichen der göttlichen Wirklichkeit, die genauso zu vergehen bestimmt sind. So ist auch Christus selbst das „Sakrament" Gottes; er ist das Zeichen von Gottes Gnade und Erlösung, von Gottes Präsenz unter den Menschen, und dieses Zeichen wird auch vergehen, wenn die Wirklichkeit, für die das Zeichen steht, offenbar wird. Schließlich ist Gott selbst ein Zeichen, insofern er benannt werden kann, entweder Jahwe oder Allah oder einfach Gott, die ja nur Namen sind für die letzte Wirklichkeit, die nicht benannt werden kann. So sieht die Berufung des Sannyasi aus, über alle Religion, jede menschliche Institution hinauszugehen – über jede Schrift und jeden Glauben, bis er zu dem gelangt, was jede Religion, jede Schrift, jedes Ritual andeuten, aber nie benennen kann. In jeder Religion, ob christlich, hinduistisch, buddhistisch oder muslimisch, weiß man, daß die letzte Wirklichkeit nicht benannt werden kann, und es ist Berufung des Sannyasi, über alle Religionen hinauszugehen, um diese letzte Wirklichkeit zu suchen.

Wenn wir jedoch sagen, da der Sannyasi über die Religion hinausgeht, bedeutet das nicht, daß er irgendeine Religion zurückweist. Ich habe mich nicht berufen gefühlt, irgendetwas von dem abzulehnen, was ich über Gott oder Christus oder die Kirche gelernt habe. Über das Zeichen hinauszugehen heißt nicht, das Zeichen selbst abzulehnen, sondern es heißt, das anzustreben, auf das es hinweist. In der Sprache des heiligen **Thomas von Aquin** heißt das, **von „sacramentum" zu „res"** zu kommen. Solange wir in dieser Welt sind, brauchen wir diese Zeichen, und die heutige Welt kann nicht überleben, wenn sie nicht diese „Zeichen" des Glaubens, den „Mythos", das „Symbol" wiederentdeckt, die uns zur Erkenntnis der Wirklichkeit führen können. Aber gleichermaßen fatal ist, bei den Zeichen stehen zu bleiben und das Zeichen fälschlicherweise für die letzte Wirklichkeit zu halten. Das ist es, was die eine Religion der anderen zum Gegner macht, die Christen untereinander entzweit und von Menschen anderer Religionen und vom Rest der Welt trennt. Dies ist im wesentlichen Götzendienst. Gleich ob es sich um die Bibel handelt, die Kirche, irgendein Dogma oder Glaubensbekenntnis, wenn vergessen wird, daß sie zu der Welt der Zeichen und Erscheinungen gehören, zu der vergänglichen Welt, dann werden sie zu Götzen, die weit tödlicher sind als irgendwelche geschnitzte Bildnisse. Der Sannyasi ist gerufen, Zeuge zu sein für diese Wahrheit der Wirklichkeit, die jenseits der Zeichen liegt, er soll Zeichen sein von dem, was jenseits der Zeichen ist.

Aber wenn wir dies sagen, geben wir gleichzeitig zu, daß der Sannyasi, mag er auch die Welt jenseits der Zeichen bezeugen, doch selbst immer noch zu dieser Welt der Zeichen gehört. Um seiner Berufung wahrhaftig zu entsprechen, muß auch er entschwinden, so wie Jesus selbst, der große Sannyasi, nach der Auferstehung entschwand. Er zeigte sich den Jüngern nach seiner Auferstehung und sprach von *„Gottes Reich“*[18], und dann entzog er sich ihnen. Erst als er fortgegangen war, konnte der Geist kommen. Er hat ja selbst gesagt: *„Es ist gut für Euch, daß ich fortgehe. Denn wenn ich nicht fortgehe, wird der Geist nicht zu Euch kommen.“*[19] Wie der Meister, so muß der Schüler fortgehen. *„Wenn das Weizenkorn nicht stirbt, kann es keine Frucht tragen.“*[20] Wir müssen sterben, damit wir leben können. Ein **Ashram** ist nur ein Halteplatz, an dem ein Sannyasi eine Zeitlang lebt – oder für alle „Zeit“ –, aber er befindet sich immer auf einer Reise, die jenseits der Zeit liegt und die ewige Wirklichkeit zum Ziele hat. So ist auch jede Kirche, jede Religion, jede menschliche Gemeinschaft nur ein Halteplatz, ein Zelt, das auf dieser Erde von Pilgern aufgeschlagen wurde, die auf ihrem Weg nach der Stadt Gottes sind.

Ich habe gesagt[21], daß die Dogmen oder Sakramente der Kirche die *„Mauern Jerusalems“*, der Stadt Gottes, sind und daß der Glaube das Tor sei, durch das wir die Stadt betreten. Aber wenn wir die Stadt betreten haben, gibt es keine Tore und Mauern mehr, denn der Glaube selbst muß hinschwinden. Die Stadt selbst ist ohne Umgrenzung in Zeit oder Raum. In ihr ist alles enthalten: sowohl Himmel als auch Erde, sowohl Feuer als auch Luft, sowohl Sonne als auch Mond, und was immer in der Welt ist[22], doch ist es nicht länger durch Sünde und

Unwissenheit geteilt, nicht länger durch Raum und Zeit begrenzt, sondern in der einen Wirklichkeit erkannt, die reines Bewußtsein ist, das Bewußtsein des ewigen Logos[23] und unendliche Glückseligkeit, die Glückseligkeit des Heiligen Geistes, der Liebe, Friede und Freude ist.[24]

Es gibt heute viele Leute, die glauben, daß das Reich Gottes in diese Welt kommen wird, daß dann Friede auf Erden hergestellt und daß die Menschheit sich dauerhaften Glückes erfreuen wird. Aber dies ist eine Illusion. Es ist die große „Maya", die die Welt täuscht und die Wahrheit verschleiert. Sie entspringt der Weigerung, dem Tod ins Gesicht zu sehen. Für jene, die in dieser Welt Erfüllung suchen, ist der Tod ein Ende, eine Grenze, die nicht überschritten werden kann. Aber für jene, die zu sterben gewillt sind, ist der Tod der Weg zu ewigem Leben.

Die neue Welt, die Welt, die wir suchen, ist die Welt der Auferstehung. Aber diese Welt ist schon unter uns gegenwärtig. *„Das Königreich des Himmels ist inwendig."*[25] Der Tod ist der Durchbruch zu einem neuen Bewußtsein, einem Bewußtsein, das jenseits der Sinne ist, den Verstand übersteigt und sich dem Ewigen und Unendlichen öffnet. Wir vermögen jetzt nur einen flüchtigen Blick zu erhaschen, aber es breitet sich in der ganzen Welt aus: *„Das Alte ist vergangen, wahrlich, ich mache alle Dinge neu."*[26]

II.
DIE VEDISCHE OFFENBARUNG

1. Der vedische Mythos: Die kosmische Vision

Ich habe gesagt, daß ich seit meinem Kommen nach Indien auf merkwürdige Weise geführt worden bin, den Weg der goldenen Schnur zurückzuverfolgen. Das Geheimnis des Seins ist mir durch die Erfahrung der Schönheit der Natur bewußt geworden, wie ich sie im Eröffnungskapitel des **„The Golden String“** beschrieben habe. Diese Erfahrung fand ich in den Schriften der romantischen Dichter **Wordsworth, Shelley** und **Keats** ausgedrückt und für mich gedeutet. Wordsworth hat mich gelehrt, in der Natur die Gegenwart einer Kraft zu entdecken, die sowohl das Universum als auch das Bewußtsein des Menschen durchdringt. Durch Shelley wurde mir die platonische Idee einer unendlichen Welt nahegebracht, von der die Welt, die wir sehen, nur eine schwache Widerspiegelung ist. Keats zeigte mir die „Heiligkeit“ der Gemütsbewegungen und die „Wahrheit der bildhaften Vorstellung“. Dies waren für mich nicht nur abstrakte Ideen, sondern lebende Prinzipien, die in mir durch viele Jahre arbeiteten und die ich in einer wohldurchdachten Lebensphilosophie zu verstehen versuchte.

Als ich aber nach Indien kam, bekamen diese Ideen neues Leben. Ich entdeckte, daß das, was in Europa die inspirierte Intuition weniger Dichter gewesen war, in Indien durch zahllose Jahrhunderte der allgemeine Glaube war. Die Kraft, die das Universum und das Bewußtsein des Menschen durchdringt, offenbarte sich mit wunderbarer Einsicht in den Veden, Jahrhunderte vor der Geburt Christi. Die ewige Welt Platos war nur ein Widerschein der tiefen Intuition der Seher der Upanishaden im westlichen Bewußtsein. Darüber hinaus fand ich, daß die *„Wahrheit der bildhaften Vorstellung"*, von der Keats gesprochen hatte, eine Urwahrheit ist, eine Wahrheit, die uns zurückbringt zu den eigentlichen Wurzeln menschlicher Erfahrung. Westliches Bewußtsein hatte sich seit der Zeit Sokrates' und Platos auf die Entwicklung von abstrakten, rationalen Gedanken konzentriert, die zu den großen theologischen Systemen im Mittelalter und zur Verwirklichung der modernen Wissenschaft und Philosophie geführt haben. Aber Indien ist von Anfang an durch die Wahrheit der bildhaften Vorstellung genährt worden, die eine Urwahrheit ist und nicht abstrakt, sondern konkret, nicht logisch, sondern symbolisch, nicht rational, sondern intuitiv. So kam es, daß ich die Wahrheit wiederentdecken durfte, die die westliche Welt verloren hat und jetzt verzweifelt wiederzugewinnen sucht.

Die Veden, die den Keim aller weiteren Entwicklungen des Hindugenius enthalten, nahmen vermutlich ihre jetzige Form im zweiten Jahrtausend vor Christus an, aber ihre Wurzeln reichen in weit ältere Zeiten zurück und bringen uns ganz an den Anfang menschlicher Sprache. Vielleicht nirgendwo sonst kann man den gesamten Prozeß menschlicher Evolution beobachten, angefangen bei ihren Urausdrücken bis zu ihrer höchst entwickelten poetischen Sprache und den tiefsten Gedankengängen der Philosophie. Die Veden sind bekannt als **Sruti**, das, was **„gehört"** worden ist; sie sind nicht nur das Produkt menschlicher Genialität, sondern auch der Offenbarung, die ein Enthüllen der Wahrheit ist. Sie werden auch **Nitya** genannt, das ist **„ewig"**, was sagen will, daß sie nicht von dieser Welt der Zeit und des Wandels abstammen, sondern Widerspiegelungen des Ewigen sind. Schließlich sagt man, sie seien **apauruseya**, „ohne menschliche Verfasserschaft", sie sind Ausdruck des ewigen Wortes, **(Vac)**. Die menschlichen Verfasser sind **rishis**, jene, die die Wahrheit „gesehen" haben, und „Dichter" **(kavi)**, jene, deren Äußerung inspiriert ist. Diese zeigt, wie in alten Zeiten die Sprache – das Wort – für etwas Göttliches gehalten wurde, für ein Geschenk

Gottes, und Dichter für Menschen, die die Gabe der Sprache hatten und von Gott inspiriert waren.

Die menschliche Sprache war ursprünglich poetisch; wie **Vico**[1] schrieb: *„Dichtung ist die erste Aktivität des menschlichen Bewußtseins. Der Mensch formt imaginäre Ideen, bevor er das Stadium der Gestaltung von Allgemeinbegriffen erreicht, er singt, bevor er artikulieren kann, er spricht in Versen, bevor er in Prosa zu sprechen beginnt, er benutzt Metaphern, bevor er technische Begriffe gebraucht."*

Es ist schwierig für den modernen Menschen, der prosaisch denkt, zu verstehen, daß Dichtung dem Menschen naturgemäßer ist als Prosa, und dennoch beweist es die Geschichte. Je weiter wir in der Zeit zurückgehen, desto weniger stoßen wir auf Prosa, sondern auf Dichtung. Die Literatur Indiens beginnt mit den Hymnen der **Rig Veda**, die Griechenlands mit den Gedichten von **Homer**. Die Bibel selbst besteht aus ebensoviel Dichtung wie Prosa, und ihre frühesten Geschichten sind alle poetisch. Die Gründe dafür sind offensichtlich. Dichtung ist der Ausdruck des ganzen Menschen. Sie drückt nicht nur sein Bewußtsein aus, sondern auch seine Empfindungen, seine Gefühle, seine „Gemütsbewegungen". Dies ist auch der Grund dafür, daß die bildliche Vorstellung, wie **Wordsworth, Coleridge und Keats** sie verstanden haben, der Schlüssel zum menschlichen Verständnis ist. Die Vorstellungskraft ist das Bindeglied zwischen dem Verstand und dem Herzen, zwischen Intellekt und Empfindung, zwischen Gedanke und Gefühl. Der moderne Mensch hat dieses Bindeglied zerbrochen; er hat eine Welt der Wissenschaft und Vernunft geschaffen, deren Sprache Prosa ist, und hat sich dadurch von den Quellen des Lebens abgeschnitten, die in der bildlichen Vorstellung liegen und die die Sprache des Herzens ist.

Der Urmensch, das ist der Mensch der allerfrühesten Zeiten bis zum ersten Jahrtausend vor Christus (und sogar danach im größeren Teil der Welt bis zum heutigen Tag), lebte in der Welt der bildhaften Vorstellungen, welche die Welt der integralen Ganzheit ist. Für diese Welt der Vorstellungen war der Mythos der beste Ausdruck.[2] Mythos ist eine symbolische Äußerung, die aus den Tiefen des Unbewußten emporsteigt oder zumindest von den tiefen Ebenen des Bewußtseins, die unter der Ebene des rationalen Bewußtseins liegen. Der rationale Verstand mit seinen abstrakten Konzepten und logischen Konstruktionen ist wie die Spitze eines Eisberges, unter der ausgedehnte Ebenen des Bewußtseins liegen, die unsere menschliche Natur mit dem Universum um uns herum verbinden und mit den Archetypen oder transzendenten Prinzipien, die das Universum beherrschen. Der Mythos ist die Widerspiegelung in der menschlichen Vorstellungskraft von diesen archetypischen Ideen, jenen kosmischen Prinzipien und Kräften, die in der alten Welt als Götter oder Engel bekannt waren.

Durch den Mythos bekam der Urmensch Kontakt mit dieser Welt der Götter und der transzendenten Quelle von beiden, Göttern und Menschen. Zur gleichen Zeit nahm der Mythos Gestalt in seiner Vorstellung an, indem er sich aller Kräfte seines Seins bediente, seines Intellekts und seines Willens, seiner Gefühle und seiner Neigungen, seiner Sinne und seines ganzen physischen Seins. Mit anderen Worten, der Mythos war das Mittel seiner totalen Integration mit dem Universum um ihn herum, mit seiner eigenen inneren Erfahrung und mit der transzendenten Welt des Geistes.

Es mag als Übertreibung erscheinen, den Urmenschen mit diesem erhöhten Bewußtsein versehen zu glauben. Dennoch bestätigt das ganze Zeugnis alter Mythen und der Dichtung aus aller Welt die Tatsache dieser urzeitlichen Weise der Erfahrung. Ich selbst erhielt eine Einsicht darin erst, als ich als Student von **C. S. Lewis** ein Buch geliehen bekam, das von seinem Freund **Owen Barfield** geschrieben worden war und über poetische Ausdrucksweise handelte.[3] Ich habe dieses Buch nie wieder in die Hand genommen, aber es hinterließ einen unauslöschlichen Eindruck in meinem Gedächtnis. Barfield zeigte, wie ein Wort wie **„Geist«** (Lateinisch: **spiritus**, griechisch: **pneuma**. hebräisch: **ruah**, man mag Sanskrit hinzufügen: **atman**) ursprünglich viele Bedeutungen hatte. Es konnte Wind oder Luft oder Atem oder Leben oder Seele oder Geist bedeuten. Allgemein jedoch wird zum Verständnis dieses Phänomens angenommen, daß dieses Wort ursprünglich Wind oder Luft bedeutete, und dann, als die Verbindung zwischen Atem und Luft und zwischen Leben und Atem und zwischen Seele und Leben erkannt wurde, sich auch schrittweise das Verstehen des Menschen vertiefte, bis es schließlich zur Vorstellung eines allerhöchsten universalen Geistes kam.

Barfield bewies, daß diese Ansicht nichts mit der Wirklichkeit zu tun hat. Er sagte, daß diese Worte, so wie sie ursprünglich gebraucht wurden, alle diese Bedeutungen enthielten, ohne daß Unterscheidungen gemacht wurden.

Das ist der Grund, warum urzeitliche Sprache, die Sprache der Veden z. B., so unglaublich reich an Bedeutung ist. Es ist eine Tatsache, daß in urzeitlicher Sprache ein Wort eine Vielzahl von Bedeutungen enthält. Die bildliche Vorstellung, welche die Kraft des urzeitlichen Gedankens ist, drückt sich selbst in Symbolen aus (wörtlich, aus dem Griechischen: das, was „zusammengeworfen“ ist), die diese Vielzahl an Bedeutungen in einem einzigen Wort widerspiegeln. Mit anderen Worten, urzeitlicher Gedanke ist intuitiv: Er erfaßt das Ganze in allen seinen Teilen. Die Vernunft kommt später, um all die unterschiedlichen Aspekte des Wortes zu unterscheiden und ihre Bedeutungen zu trennen. Dieses sind die zwei grundsätzlichen Kräfte des Bewußtseins, die intuitive, die das Ganze erfaßt, aber nicht Teile unterscheidet, und die rationale, die die Teile unterscheidet, aber nicht das Ganze erfassen kann. Diese beiden Kräfte sind zum Funktionieren des menschlichen Bewußtseins notwendig. Intuition ohne rationales Verstehen ist blind; sie ist tief und umfassend, aber verwirrt und obskur. Die Vernunft ohne Intuition ist leer und steril: Sie konstruiert logische Systeme, die wirklichkeitsfremd sind.

In den Veden gibt es ein wunderbares Zusammentreffen des intuitiven und des rationalen Geistes. Sie sind tief verwurzelt in der Welt des Mythos, in ihnen hat aber die Vernunft schon begonnen, die komplexen Bedeutungen der Worte herauszufiltern und sie in eine kosmische Vision zu integrieren. **Sri Aurobindo**, dem Weisen von Pondicherry, verdanken wir das Verständnis des komplexen Symbolismus der Veden.[4] Viele Jahrhunderte lang war ihre tiefere Bedeutung verloren gewesen, und so wurden sie mit einer groben, allzu wörtlichen Auslegung gedeutet. Erst Sri Aurobindo konnte zeigen, daß eine tiefere psychische Bedeutung der äußeren Form unterlag. Den vedischen Sehern war bewußt, daß die Welt physischer, psychischer und spiritueller Natur ist, daß sie also einen dreifachen Aspekt hat. Sie sahen aber auch die untereinander bestehende Abhängigkeit dieser drei Welten. Für sie hat jede physische Wirklichkeit einen psychischen Aspekt, und beide Aspekte, der physische und der psychische, sind in einer geistigen Schau integriert. Die Kühe und Pferde der Veden waren nicht nur physische Kühe und Pferde, sie waren auch die Kühe und Pferde des Bewußtseins, d. h., sie waren auch psychische Kräfte und darüber hinaus waren sie Symbole kosmischer Mächte, Manifestationen des allerhöchsten Geistes.

Dieses Verständnis der dreifaltigen Natur der Welt liegt nicht nur dem der Veden, sondern allem alten Gedankengut zugrunde. In dem urzeitlichen Bewußtsein (das auch das natürliche Bewußtsein ist) gibt es kein ausschließlich physisches Objekt. Jedes materielle Ding hat auch einen psychischen Aspekt, es steht in Beziehung zum menschlichen Bewußtsein, und das wiederum steht in Beziehung zum höchsten Geist, der beide durchdringt, die physische Welt sowohl wie auch das menschliche Bewußtsein. Es ist interessant zu beobachten, wie die westliche Wissenschaft sich nun langsam der orientalischen Vorstellung vom Universum nähert, die in der Tat die Vorstellung der **„Philosophia perennis"** ist, der kosmischen Schau, die allen religiösen Traditionen gemeinsam ist, angefangen bei den allerprimitivsten Stammesreligionen bis hin zu den großen Weltreligionen Hinduismus, Islam und Christentum.

Die Betrachtungsweise des Universums, die der westlichen Wissenschaft zugrunde liegt, daß nämlich Materie solide Substanz ist, die sich in Zeit und Raum ausdehnt, und das menschliche Bewußtsein ein unabhängiger Beobachter, der das Universum untersuchen und beschreiben kann und so Kontrolle über es gewinnt, ist jetzt von der Wissenschaft selbst aufgegeben worden. Das Newtonsche Modell einer Welt fester Körper, die sich in Raum und Zeit bewegen, wurde durch das Relativitätsmodell und die Quantenphysik ersetzt. Dabei wird Materie als Form von Energie angesehen und das Universum als Feld von Energien, die in Raum-Zeit organisiert sind und ein geeinigtes und wechselweise voneinander abhängiges Ganzes bilden.

Dies kommt der buddhistischen Auffassung von der „Unwirklichkeit" **(anatman)** des Universums und vom dynamischen Charakter der Elemente **(dharmas)** als stetig wechselnde Teile eines organisierten Ganzen sehr nahe. Aber die westliche Wissenschaft sah sich gezwungen, sogar darüber hinauszugehen und festzustellen, daß der menschliche Geist als Beobachter schon in das, was er beobachtet, hineingezogen ist. Was wir beobachten, ist nicht die Wirklichkeit selbst, sondern eine Wirklichkeit, die durch menschlichen Geist und Sinne und die mannigfaltigen Instrumente bedingt ist, die er benutzt, um die Sinne zu erweitern. Was wir beobachten, wie **Heisenberg** sagte, ist nicht die Natur selbst, sondern die Natur, die unseren Fragemethoden ausgesetzt ist.[5] Das alte wissenschaftliche Verständnis gibt schrittweise der Ansicht Raum, daß „Bewußtsein und physische Wirklichkeit (oder empirische Wirklichkeit) als komplementäre Aspekte der Wirklichkeit" erwogen werden sollten.[6]

So findet in der westlichen Wissenschaft in aller Stille eine Revolution statt. Langsam beginnt sie das Wissen der Alten wiederzuentdecken, demzufolge Geist und Materie voneinander abhängig und komplementäre Aspekte einer Wirklichkeit sind. Der gleiche Prozeß läßt sich in der westlichen Medizin beobachten, die auch langsam erkennt, daß jede Krankheit psychosomatisch ist und daß man Seele und Leib als Einheit betrachten muß, wenn man sie richtig behandeln will.

Wir gewinnen somit allmählich das Wissen zurück, das Gemeingut der antiken Welt war, daß es nämlich die Materie als Ding getrennt vom Geist oder Bewußtsein nicht gibt. Bewußtsein ist in jedem Materieteilchen verborgen, und die mathematische Ordnung, die die Wissenschaft im Universum entdeckt, ist dem Wirken dieses universalen Bewußtseins in ihm zuzuschreiben. In der menschlichen Natur wird dieses latente Bewußtsein zum aktuellen Bewußtsein, und in dem Maße, in dem das menschliche Bewußtsein sich entwickelt, wird es mehr und mehr des universellen Bewußtseins bewußt, in dem es wurzelt. So beginnen wir die dreifaltige Natur des vedischen Universums zu entdecken. Es gibt im Universum einen physischen Aspekt der Materie **(prakriti)**, das weibliche Prinzip, aus dem sich alles entwickelt, und Bewußtsein **(purusha)**, das männliche Prinzip der Vernunft und Ordnung. Diese entsprechen dem Yin und Yang der chinesischen Tradition und der Materie und Form des Aristoteles. Jenseits des Yin und des Yang, jenseits von Materie und Form befindet sich das höchste Prinzip, der Seinsgrund, das große Tao, aus dem alles kommt und das alle Dinge durchdringt. In der vedischen Tradition stellt man sich die zwei Prinzipien als Himmel und Erde vor, durch deren Vermählung die gesamte Schöpfung ins Leben gerufen wurde.

Diese zwei Prinzipien, die Bestandteil aller alten Philosophien sind, sind auch von großer Bedeutung in der christlichen Lehre. Der heilige Thomas von Aquin, der sein philosophisches System auf der Basis des Aristoteles errichtete, erachtete die „Form" und „Materie" des Aristoteles als die grundlegenden Prinzipien der Natur. Entsprechend dieser Philosophie ist Materie reine „Potentialität", Form ist das Prinzip der Aktualität. Reine Materie oder **„Materia prima"**, wie **Aristoteles** sie nennt, existiert eigentlich nicht. Sie ist ein metaphysisches Prinzip, das allem physischen Sein unterliegt. Materie, wie wir sie kennen, ist eine Kombination von Form und Materie oder von Akt und Potenz. In jedem physischen Objekt gibt es eine Form, eine Struktur, eine organisierende Kraft oder aktive Energie und ein materielles Prinzip, eine passive Energie, eine Potentialität des Seins, das durch die Form aktualisiert wird.

Es ist schwierig, dieses Prinzip der Potentialität präzise zu erfassen, weil es weder Aktualität besitzt noch in sich selbst verständlich ist; denn Form ist das Prinzip sowohl der Verständlichkeit als auch der Aktualität. Es kann nur in Beziehung zu der Form, die es aktualisiert, begriffen werden. Es kann mit einem Mutterschoß, der Dunkelheit oder einer Seinskapazität verglichen werden, die durch Form zu Leben, Licht und Aktualität gebracht werden. Es ist das Chaos, das **„tohu"** und **„bohu"** des Buches der Genesis. Es ist Quelle des Flusses, des Wechsels oder jener Unbestimmtheit, die die Wissenschaft sogar im Atom entdeckt. Das ist es, was in der Hindu-Tradition „maya" genannt wird, und was **Shankara** als *„weder Sein noch Nicht-Sein"*[7] beschrieb. Es ist das irrationale Element des Daseins, das Bedeutungslose, das Absurde. Dennoch ist dieses Prinzip nicht böse in sich. Es ist in sich reine Potenz, reine Seinskapazität und hat als solche die Art der Reinheit, der Unschuld und Einfachheit, die im Herzen der Schöpfung existiert.

Dieses Prinzip ist natürlich nicht nur ein physisches, sondern auch ein psychisches Prinzip, denn das physische und das psychische sind nichts anderes als die zwei Aspekte der einen Wirklichkeit. Es ist der Boden des Unbewußten im Menschen. Jenseits aller Ebenen menschlichen Bewußtseins, der geistigen Ebene, der Ebene der Vorstellung, der emotionalen und physischen Ebene gibt es einen Boden des Unbewußten, eine Ur-Quelle, einen dunklen Mutterschoß, aus dem alles

Leben und Bewußtsein kommt. Es ist die Welt, die wir im Tiefschlaf betreten, die in der Lehre der Hindu **„sushupti"** genannt wird, der Seinszustand jenseits vom Wachen und Träumen. Sie ist die Quelle der Irrationalität, jener gewaltsamen Widersprüche in der menschlichen Natur, der Geisteskrankheit, die uns plagt. Und dennoch ist sie nicht krank oder irrational in sich. Nur in Assoziation mit geistiger Gesundheit und Vernunft entwickelt sie diese Charakteristika. In sich hat sie, wie gesagt, eine gewisse Reinheit und Unschuld. Sie ist reine Empfänglichkeit, die der weibliche Aspekt der menschlichen Seele ist. Der männliche Aspekt ist aktiv und mitteilsam, der weibliche Aspekt ist passiv und empfänglich. Der weibliche hat seine Wurzeln im Unbewußten, in der Dunkelheit des Mutterschoßes und ist die Quelle aller Unbeständigkeit und allen Wandels, wie das Zu- und Abnehmen des Mondes; das männliche ist die Quelle der Beständigkeit und Ordnung und entspringt dem Licht wie der Sonne. Doch sind beide für das Dasein notwendig – ohne das weibliche Prinzip würde die unendliche Mannigfaltigkeit der Natur nicht existieren, das weiße Licht der Sonne würde niemals in die vielfältigen Farben des Regenbogens gebrochen.

Mehr noch, diese zwei Prinzipien sind aus dem allerhöchsten Geist selbst hervorgegangen. Der eine, der über allem Wandel und aller Vielfalt steht, manifestiert sich endlos in diesen zwei Prinzipien. **Purusha** ist das aktive Prinzip in der Gottheit, das sich als Licht, Leben und Intelligenz manifestiert, **Prakriti** ist das weibliche Prinzip, das in der Gottheit **Shakti** heißt und göttliche Kraft oder Energie ist. In der christlichen Tradition wurde dieser weibliche Aspekt wenig wahrgenommen. **Dennoch ist Gott beides – Vater und Mutter –, wie das in der orientalischen Tradition immer verstanden worden ist.**

In der Bibel ist der Name für den Geist **(ruah)** weiblich. Auch in der späteren syrischen Tradition ist der Name für Geist weiblich, und so nannte man in dieser Kirche den Heiligen

Geist Mutter. Die Weisheit hat im Alten Testament auch weiblichen Charakter (hebräisch: **hochmah**, griechisch: **sophia**, lateinisch: **sapientia**) und enthüllt somit einen weiblichen Aspekt Gottes. Man kann daher im Heiligen Geist den weiblichen Aspekt Gottes in der Trinität sehen. Die Quelle der Trinität aber ist sowohl Vater als auch Mutter. Der Sohn oder das Wort ist das aktive Prinzip der Einsichtsfähigkeit, die Quelle der Ordnung im Universum; der Heilige Geist ist das weibliche Prinzip der Empfänglichkeit, ein unendliches Fassungsvermögen für Liebe, das unaufhörlich die durch den Sohn ausfließende Liebe aufnimmt und sie an die Quelle im Vater zurückgibt.

Wie die Veden das Mysterium des Daseins verstanden haben, wird in ihrem Mythos offenbart.[8] Der Kern dieses Mythos ist die Sonne als Quelle des Lichtes. Aber die Sonne in den Veden ist nicht nur ein physischer Körper, eine Quelle des Lichtes für die Augen, sie ist auch eine kosmische Kraft, die den Geist erleuchtet. Die Götter **(devas)** in den Veden sind die *„kosmischen Mächte“*[9] des heiligen Paulus. Sie sind, was die griechische und arabische Tradition die „Verstandeswesen“ nannten, die das Universum beherrschen. Die Theologie des heiligen Thomas von Aquin sieht in ihnen die Engel, durch deren Tätigkeit die Ordnung der Welt aufrechterhalten wird. In den Veden sind diese Götter allesamt Namen und Formen **(nama-rupa)** des „einen Wesens“ **(ekam sat)**, von dem das gesamte Universum stammt, das materielle sowohl wie auch das geistige. So ist also die Sonne in diesem Sinn ein Gott, eine Quelle des Lichtes für den Verstand, aber auch für die Sinne. An sie, unter dem Namen **„savitri“**, ist das **Gayatri Mantra**, der heiligste Vers in den Veden, gerichtet: ***„Laßt uns meditieren über den herrlichen Glanz des göttlichen Lichtes (savitri). Möge er unsere Meditation erleuchten.“***

Im vedischen Mythos stoßen wir ständig auf den Konflikt zwischen dem Licht und der Dunkelheit. Die Dunkelheit wird durch **Vritra**, das Ungeheuer der Urzeit, dargestellt, das die lebensspendenden Wasser zurückhält und das Licht der Sonne versteckt. Es steht für das Urdunkel des Unbewußten. Man stellte es sich als felsige Höhle vor, in der die Kühe der Sonne versteckt gehalten werden. Die Kühe selbst, so fremd es uns auch scheinen mag, sind Symbole des Lichts. Sie werden Kühe der Morgenröte genannt und stellen die Sonnenstrahlen dar. Auch diese Lichtstrahlen sind nicht nur irdisches Licht, sondern auch Licht des Geistes, und die Suche der Rishis in den Veden ist eine Suche nach der Erleuchtung des Geistes. An anderer Stelle werden die Mächte der Dunkelheit **„Panis"** genannt, und ihr Anführer heißt **„Vala"**. Es mag sein, daß mit diesen Quellen der Dunkelheit das Volk der dunkelhäutigen Drawiden gemeint war, die die Feinde der hellhäutigen Arier waren. Möglicherweise meinte man damit auch die dunklen Gewitterwolken, die den Regen zurückhalten. Doch dies weist ja auf den vieldeutigen Symbolismus in den Veden hin. Alles hat eine physische und psychische und soziale Bedeutung, und hinter allen Symbolen steht die eine höchste Wirklichkeit, die sich auf jeder Stufe des Daseins manifestiert.

Dies ist die Schau des Universums, die wir wiedergewinnen müssen. Der westliche Geist hat die Welt in zwei Hälften gespalten – in die bewußte und unbewußte, in Geist und Materie, in Seele und Körper –, und die westliche Philosophie bewegt sich zwischen den zwei Extremen des Materialismus und Idealismus. Dies ist die Folge einer Geisteskrankheit, einer Schizophrenie, die sich im westlichen Menschen seit der Renaissance entwickelt hat, als die Schau der Einheit des Mittelalters verlorenging. Diese Vorstellung des Mittelalters ist aber in vielerlei Hinsicht nicht länger adäquat. Der westliche Mensch muß sein Gleichgewicht wiedergewinnen, indem er zur Schau der alten Welt zurückfindet, der **Philosophia perennis**, die im Vedanta und im Mahayana Buddhismus voll entwickelt ist, die aber allen alten Religionen eigen ist. Sie lehrt, daß die drei Prinzipien: Materie, Bewußtsein und Geist sich gegenseitig durchdringen. Das rationale Bewußtsein ist krank, wenn es uns veranlaßt, diese Prinzipien als voneinander getrennt zu sehen, uns eine Welt außerhalb von uns vorzustellen, die sich in Raum und Zeit ausdehnt, und das Bewußtsein als etwas, das von der äußeren Welt getrennt ist. In Wirklichkeit ist die Welt, die wir sehen, von unserem Bewußtsein durchdrungen. Es ist die Welt, wie sie sich im menschlichen Bewußtsein widerspiegelt. Aber über dem Bewußtsein und der Materie gibt es noch ein weiteres Prinzip, das des Geistes, der Bewußtsein und Materie durchdringt und die Quelle von Energie und Bewußtsein ist.

Daß der Mensch Körper, Seele und Geist sei, ist beim heiligen Paulus[10] und bei den frühen Kirchenvätern zu finden. Später hat sich unglücklicherweise die Auffassung des Aristoteles durchgesetzt, wonach der Mensch nur aus Körper und Seele bestehe. Aber in Indien hat man immer gewußt, daß der Mensch aus Körper, Seele und Geist besteht. Er hat einen Körper, einen physischen Organismus, eine Struktur von Energien, der Teil des physischen Universums ist. Er hat einen psychischen Organismus, der aus Trieben, Sinnen, Gefühlen, Vorstellungskraft, Verstand und Willen besteht, der seine Persönlichkeit formt und im physischen Organismus integriert ist. Aber jenseits von Körper und Seele, mit ihnen jedoch verbunden, ist der Geist, das **pneuma** des heiligen Paulus, der **atman** des Hindu-Gedankengutes. Mit diesem Geist im Menschen verbindet sich der universale Geist, der das gesamte Universum beherrscht und durchdringt. Es ist der Punkt menschlicher Selbst-Transzendenz, der Punkt, an dem sich Endliches und Unendliches, Zeitliches und Ewiges, das Viele und das Eine treffen und berühren. An diesen Punkt gelangen wir durch Meditation, wenn wir über physisches und psychisches Bewußtsein hinausgehen, die Tiefe unseres eigenen inneren Seins erfahren und unsere Verwandtschaft mit dem Geist Gottes entdecken. *„Eben dieser Gott bezeugt samt unserem Geist, daß wir Kinder Gottes sind.“*[11]

Der Mensch wurde in diesem Zustand der Vereinigung mit Gott erschaffen. Jede alte Religion bezeugt das, indem sie an diesen glückseligen Bewußtseinszustand erinnert. Der Sündenfall des Menschen war ein Fall aus diesem spirituellen Bewußtsein, dessen Mitte Gott war. Es war ein Fall auf die Stufe des physischen Bewußtseins mit dem Ego als seiner Mitte. Dieses Ego ist die seiner Mitte beraubte Seele, die von den Gesetzen des physischen Organismus gefesselt ist. Dies ist der Zustand, in dem wir uns heute befinden. Vielen Menschen ist sogar die Erinnerung an jenen höheren Bewußtseinszustand verlorengegangen. Jetzt hält man das psychische Bewußtsein, das vom rationalen Bewußtsein dominiert wird, für die Norm des menschlichen Lebens, und als Folge davon findet sich der Mensch von den Kräften der physischen Welt dominiert, den „elementaren Geistern" des heiligen Paulus, oder, in indischen Begriffen, den Kräften der Dunkelheit, der Unwissenheit **(avidya)** und der Illusion, der **Maya**, die eine von Gott getrennte Welt ist. In Indien hat der Mensch von frühester Zeit an versucht, sich von dieser Bindung an die Materie (oder maya) zu befreien und Erleuchtung zu erlangen, den Zustand des **Buddha**, des Erleuchteten, um so in sich das wahre Selbst zu entdecken, den Geist oder **Atman**, in dem er sich eins weiß mit Gott, dem universalen Geist und Urgrund von allem, was da ist.

2. Die Offenbarung der Upanishaden: Das Erkennen des Selbst

Die Offenbarung in den vedischen Schriften, die in der reichen poetischen Sprache von Mythos und Symbol erfolgte, entwickelte sich in den Upanishaden zu mehr philosophischer Form. Die Upanishaden kommen am Ende der vedischen Periode (500 v. Chr.) und bilden die Basis des Vedanta und das Ende **(anta)** der vedischen Literatur. In ihnen finden wir den Kern der Lehre der Hindus, höchste Weisheit, die ein großes Erbe der Menschheit ist. Sie gehören zu jener Periode in der Mitte des ersten Jahrtausends vor Christus, die auch das Aufkommen des Jainismus und Buddhismus in Indien, des Taoismus und Konfuzianismus in China, des Zoroastrianismus in Persien, der Philosophie in Griechenland und der Prophetie in Israel sah. Von **Karl Jaspers** wurde sie die *„axiale Periode"* in der menschlichen Geschichte genannt. Es ist eine Periode, in der aus der mythischen Vorstellung der alten Welt rationales Verstehen entstand. Vom Anbeginn der Geschichte, oder genauer seit der Zeit, in der zum ersten Male die menschliche Sprache auftauchte, lebte der Mensch in einer Welt der bildlichen Vorstellung, der intuitiven Weisheit, in der Sinn und Gefühl, Wunsch, Gedanke und Wille zusammen sich auf Symbole von Worten und Gesten, von Tanz und Liedern, von Bildern und Gemälden, von Ritualen und Opfern konzentrierten, in denen sich nach menschlicher Vorstellung die Welt der Götter, der kosmischen und psychischen Kräfte widerspiegelte.

Dies war die Welt der Veden. Jetzt aber in dieser Periode der Upanishaden bricht der rationale Geist durch das Bild und das Symbol und zeigt sich im Licht des reinen Gedankens. Der Begriff beginnt nun, den Platz des Bildes einzunehmen.

Dennoch müssen wir betonen, daß jetzt der Verstand nicht einfach die Vorstellungskraft ersetzt. Es ist eher so, daß die *„Wahrheit der bildlichen Vorstellung"*, wie **Keats** das genannt hat, sich in klarerem Licht zeigt. Genau in diesem Zeitabschnitt finden wir die perfekte Verbindung von bildlicher Vorstellung und Vernunft im intuitiven Gedanken. Intuition ist, wie wir gesagt haben, zunächst blind; sie ist ein verworrenes und unklares Begreifen der Wirklichkeit, welche die Keime allen zukünftigen Wissens enthält. Sie ist embryonaler Gedanke, der die zukünftige Struktur des Denkens in sich birgt, so wie die Struktur des reifen menschlichen Wesens im Embryo beinhaltet ist. In dem Maße, in dem die Kraft der Vernunft sich entwickelt, erhellt sie dieses dunkle embryonale Wissen, das das

Wissen der Kindheit ist, und so beginnt sich die Sprache der Bilder und Symbole zu formen, die die weite und reiche Welt des Mythos erschafft, in der der Mensch über Tausende von Jahren gelebt hat. In dieser axialen Periode aber durchdrang der Verstand den Schleier des Symbols, um die Wahrheit zu entdecken, die in ihm eingeschlossen ist.

Es ist unmöglich, die Wichtigkeit dieses Moments in der menschlichen Geschichte zu übertreiben. Es ist der Punkt, an dem der Mensch zur Erkenntnis über sich selbst, den Atman, das Selbst der vedischen Seher, das ***„Erkenne-dich-Selbst"*** des Delphischen Orakels, kommt. Aus der Nacht des Mondes und der Sterne mit all ihrem funkelnden Schein taucht er auf und tritt ein in das Licht der Sonne und des Tages.

An diesem Punkt aber gibt es keinen Bruch in der Kontinuität. Die Kraft des Verstandes, die schon in der Vorstellungskraft am Werk war und Mythos und Symbol erschuf, bricht jetzt durch zu einer reinen Intuition der Wirklichkeit. Die erste Intuition der Seele war dunkel und verworren gewesen. Sie wuchs mit der reichen symbolischen Intuition der Vorstellungskraft; jetzt aber überschreitet sie Bilder und Symbole und taucht ein in das reine Licht des Gedankens. Aber menschliches Verstehen kann niemals auf Bilder und Symbole verzichten. Sogar dann, wenn es in reine Intuition mündet, braucht es immer noch Bilder und Symbole, um seine Gedanken in Worte zu fassen. Das ist der Grund, warum wir in dieser Periode auf den großen blühenden Zeitabschnitt der Poesie stoßen, die Heldengedichte Homers und der griechischen Tragödien, den imaginativen Genius hebräischer Propheten, das Buch der Poesie in China und die beiden Epen Ramayana und Mahabharata in Indien. Dies ist die Zeit, in der sich Verstand und Vorstellungskraft wunderbar verbinden und das männliche und das weibliche sich zum vollständigen Menschen vereinen. Es ist kein Zufall, daß wir am Ende dieser Periode auf die Gestalt des vollkommenen Menschen treffen in der Form von **Rama** und **Krishna** in Indien, des

Bodhisattva im Buddhismus und in Israel auf **Jesus**, den Christus, den Messias, der die Verheißungen und Prophezeiungen bezüglich eines messianischen Priesters und Königs erfüllt.

Die Upanishaden gehören also zu dieser überragenden Periode der menschlichen Geschichte. Sie entstanden auf dem Boden der reichen imaginativen Tradition der Veden und fügen aber das reine Licht des Verstandes hinzu. Wir können dabei beobachten, wie der menschliche Geist sich seiner selbst bewußt wird, wie er klare Begriffe zu formulieren beginnt und wie die physische Welt Objekt wissenschaftlicher Erkenntnis wird. Die Weisheit der Upanishaden ist unerschöpflich. Sie beginnt mit einer tiefen Einsicht in die Natur der letzten Wirklichkeit, erhebt sich über alle äußeren Formen der Natur und der inneren Erfahrung des Menschen und endet in der reinen Intuition des Geistes.

Der Mensch ist Körper, Seele und Geist. Zuerst zeigt sich der Geist in körperlicher Aktivität, in der Suche nach Nahrung, Kleidung und Schutz, in Hochzeit und Familienleben, in religiösem Ritual und Opfer. Aber schon bald sind die Kräfte der Seele, der Psyche, am Werk und schaffen Sprache, ersinnen Mythen und bauen die große Welt der bildlichen Vorstellung auf. Wenn sich aber die Kraft seiner Vernunft entwickelt, beginnt sich der Geist, in rationaler Abhandlung, moralischer Empfindung und im Erwachen des eigenen Selbst zu manifestieren. Wenn er dann schließlich die Grenzen seines Leibes und seiner Seele überschreitet, wird sich der Mensch der Wirklichkeit seines Geistes bewußt, als transzendentes Mysterium, das hinter allen Formen des Universums und hinter aller menschlichen Erfahrung liegt, als einer Wirklichkeit, die von Anfang an gegenwärtig, aber verborgen gewesen war, jetzt aber ins volle Bewußtsein tritt.

In den Upanishaden wurden drei Begriffe benutzt, um diese letzte Wirklichkeit zu beschreiben: **Brahman, Atman** und **Purusha**. Keines dieser Worte ist adäquat, weil Worte nicht beschreiben können, was das letzte Maßgebende menschlicher Existenz ist. Ein buddhistisches Wort drückt das so aus: *„Wir benutzen Worte, um Worte zu überschreiten und das wortlose Wesen zu erreichen."* Die menschliche Sprache entspringt der physischen Natur des Menschen. *„Es waren die Nerven und nicht der Intellekt, die die Sprache hervorbrachten"*, wie **Sri Aurobindo** gesagt hat.[12] Worte drücken ursprünglich lebenswichtige und gefühlsmäßige Erfahrungen aus. Aber diese lebenswichtige und gefühlsmäßige Erfahrung läßt Bilder aufkommen, die die Welt in der menschlichen Vorstellung widerspiegeln. Damit erreichen wir das Stadium der Poesie. Worte sind Symbole, in denen sich die archetypischen Bilder des Unbewußten kristallisiert haben und ins Bewußtsein gestiegen sind. Indem der Mensch sich der Welt um sich herum bewußt wird, wird er sich auch seiner selbst bewußt. Trotzdem ist dieses Bewußtsein noch unklar. Das Symbol ist reich und mannigfaltig; aber es ist noch nicht klar. Denn noch immer lebt der Mensch in der Welt der Vorstellungen. Das Wort wird von Musik und Geste, Tanz und rituellem Tun begleitet. Dadurch erfährt der Mensch sein Einssein mit der Welt. Nur langsam kommt die Vernunft hinzu, um das Selbst klar von der Welt zu unterscheiden und die Welt und das Selbst von ihrem gemeinsamen Grund.

Vom Wort **Brahman** sagt man, daß es von der Wurzel **brh** abgeleitet wird, die schwellen oder wachsen bedeutet. Dies scheint ursprünglich das Auftauchen des Wortes aus den Tiefen des Unbewußten und das Ins-Bewußtsein-Hineinwachsen bedeutet zu haben. Im vedischen Wort oder Mantra, das Sri Aurobindo beschrieben hat, wird es als die *„Stimme des Rhythmus"* benützt. Brahman ist die geheimnisvolle Kraft der Natur, die im Wort zum Bewußtsein kommt. *„Im Anfang"*, so sagen die Upanishaden, *„gab es nur eines, und das war Brahman."*[13] Dies eine ist die Welt, die Wirklichkeit, in der wir uns befinden. Hier nun wird intuitiv verstanden, daß diese Wirklichkeit „eine nur" ist. Dies ist eine immens wichtige Stufe im menschlichen Denken, wenn die Welt, in der wir leben, mit all ihrer verwirrenden Mannigfaltigkeit, als „eine nur" gesehen wird. Dies ist die Intuition, die allem indischen Gedankengut zugrunde liegt. Es ist eine fundamentale menschliche Intuition. In jedem von uns wird das Universum ursprünglich als eine Einheit erfahren. Erst mit der Entwicklung der Vernunft werden die verschiedenen Aspekte dieser Einheit unterschieden, und so gerät die zugrundeliegende Einheit sehr leicht außer Sicht. Dies ist dem modernen Menschen zugestoßen. Die Vernunft hat einen solchen Umfang angenommen, daß es eine immer weiterwachsende Vielfalt an Wissen gibt, doch wird in diesem Prozeß die Schau vom Ganzen verloren, die vereinheitlicht. Der Mensch der Urzeit hatte sehr wenig Wissen von der Vielfalt der Natur, aber er hatte ein tiefes Gespür für das Ganze. Alles in der Natur stand für ihn in Beziehung zu allem anderen in einer kosmischen Ordnung. Dies ist die Schau des vedischen Menschen. In den Upanishaden kommt dieses Prinzip der Einheit, diese Quelle der Schöpfung, ins Bewußtsein und wird **Brahman** genannt.

Kein Wort kann ausdrücken, was Braḥman eigentlich ist. Es ist alles und ist nichts. Es ist die Quelle aller Schöpfung und der ganzen Mannigfaltigkeit der Natur. Es durchdringt alles, angefangen „von **Brahma** (dem Schöpfer) bis hin zu einem Grashalm".[14] Diese gesamte Welt, die Erde, das Wasser, die Luft, die Sonne, der Mond, die Sterne, die Götter (die kosmischen Kräfte) und ihr Schöpfer, sind alle mit diesem Brahman „verwoben". Es ist der „Honig", das subtile Wesen von allem.

In Wirklichkeit ist es alles. *„All dies (Welt) ist Brahman."*[15] Und doch ist es nichts von alledem. *„Es ist ‚nicht dies, nicht dies'* **(neti, neti)**. *Es gibt nichts Höheres, als wenn man sagt, es ist nicht dies."*[16]

Wenn wir daher auf die letzte Wirklichkeit stoßen, treffen wir auf ein Paradoxon, und das muß notwendigerweise so sein. Der menschliche Verstand ist eine unterscheidende Kraft. Er ist eine Kraft, die wahrnimmt, analysiert und objektiviert, d. h. ein Objekt von einem Subjekt auseinanderhält. Er ist der große Teiler, der den Menschen von der Natur und den Menschen von sich selbst trennt. Er erschafft eine Welt der Dualität und zerstört das ursprüngliche Paradies, in dem der Mensch in Harmonie mit der Natur und sich selbst gelebt hat. Wenn aber der Verstand seine Teilungs- und Trennungsarbeit getan hat, kann er zu sich selbst zurückfinden, seine ursprüngliche Einheit wieder-entdecken und das Selbst erkennen lernen.

Die Upanishaden sind die Aufzeichnungen dieser menschlichen Entdeckung des Selbst. Sie suchen eine Antwort auf die Frage: Wer bin ich? Bin ich dieser Körper, dieser physische Organismus, der Teil des physischen Organismus des Universums ist, oder bin ich dieses Bewußtsein, diese Seele, die denkt und fühlt und leidet und sich freut? Oder gibt es da etwas jenseits von Körper und Seele, das mir die wirkliche Bedeutung meiner Existenz zeigen kann? Es gibt da eine Geschichte darüber, wie die Götter und Dämonen (die Kräfte der Natur, sowohl positive und negative) zu Prajapati, dem Schöpfer, kamen und ihn baten, ihnen über das wahre Selbst zu erzählen.[17] Zuerst ließ er sie in einen Wasserteich schauen, und sie schauten in das Wasser und sahen sich selbst „bis aufs Haar genau" und dachten, daß dies, der Körper nämlich, ihr Selbst sei. Aber dann erkannten sie, daß es nicht das war, was sie gesucht hatten, und so kamen sie wieder zu Prajapati, und er sagte zu ihnen, *„das Selbst, das ihr in den Träumen seht, das ist euer wahres Selbst"*. So glaubten sie, daß das innere Selbst, das Selbst der Gedanken, Gefühle und Wünsche, ihr wahres Selbst sei. Aber dann erkannten sie, daß dies nicht das war, was sie suchten, und sie kamen wiederum zu Prajapati, und er sagte, *„das Selbst, das im tiefen Schlaf da ist, wenn der Körper und das Bewußtsein in Ruhe sind, das ist das wahre Selbst"*. So erkannten sie, daß das Selbst, das Körper und Bewußtsein überschreitet, das wahre Selbst ist, aber sie waren immer noch nicht zufrieden, da jenes Selbst ja unbewußt ist. So kamen sie nochmals zu Prajapati, und schließlich offenbarte er ihnen den „vierten" Zustand **(turiya)**, den Zustand jenseits von Wachen und Träumen und Tiefschlaf, den Zustand des erwachten Selbst, in dem der Mensch Selbsterkenntnis erlangt.

Diese Geschichte ist zutiefst bedeutsam. Es gibt drei Bewußtseinszustände in der Hindutradition, das Wachen, das Träumen und den Zustand des tiefen Schlafes. Die meisten Menschen denken, daß die reale Welt nur in der äußeren Welt, die sich den Sinnen darbietet, gefunden werden kann und daß ihr wahres Selbst ihr körperliches Dasein sei – das Ding, das man in einem Spiegel sieht, oder das Gesicht, das man der Welt darbietet. Wenn wir aber reifer werden, fangen wir an zu erkennen, daß das innere Selbst, das Selbst, das denkt und fühlt, das hofft und sich fürchtet, das sich freut und sich ängstigt, das wirkliche Selbst ist. Das ist es, was dem Traumzustand entspricht.

Aber jenseits von Wachen und Träumen gibt es einen Zustand des tiefen Schlafes **(sushupti)**. Vom westlichen Standpunkt aus mag das etwas überraschend sein. Da die meisten Menschen eher meinen, daß der Zustand des Tiefschlafes schlicht ein Zustand der Bewußtlosigkeit ist und keine Bedeutung hat. Aber der Hindu fragt, wenn der Körper bewußtlos ist und seine Sinne nichts mehr wahrnehmen und der Verstand sich seiner nicht länger bewußt ist und frei von Gedanken ist, was ist dann jenes Selbst, das im tiefen Schlaf zurückbleibt? Es ist das Selbst aus Hindusicht, das jenseits von Körper und Seele ist, jenseits aller bewußten Aktivität, das dem wahren Selbst am nächsten kommt. Dies ist die Rückkehr zu der Quelle, zur Wurzel, zum Seinsgrund.

Aber in diesem Zustand gibt es kein Bewußtsein. Es ist daher notwendig, über diesen Zustand hinauszugehen. So erreicht man, was „vierter" Zustand (turiya) genannt wird. Dies ist der Zustand jenseits von Körper und Seele, jenseits von Gefühl und Gedanke, ein Zustand, in dem die Person zu ihrem wahren Sein erwacht, in dem sie ihren Grund, ihre Quelle entdeckt, und das nicht etwa in Bewußtlosigkeit, sondern in reinem Bewußtsein. Dies ist das Ziel, das angestrebt werden muß. In ihm wird Selbstverwirklichung und Selbsterkenntnis gefunden. Dies ist die Erkenntnis des Selbst, des Atman, des Geistes, wo der Geist des Menschen den Geist Gottes erreicht und berührt.

Wir können es auch auf andere Weise ausdrücken. Menschliches Leben entsteht aus der Dunkelheit des Unbewußten im Schoß der Natur, zu dem wir jede Nacht zurückkehren. In jener Dunkelheit sind wir eins mit der Erde und dem Wasser, dem Feuer und der Luft. Wir sind im Mutterschoß. Und doch genauso, wie alle Naturformen, die der Sonne, des Mondes und der Sterne, der Berge, Flüsse und Seen in jener Dunkelheit verborgen sind, sind auch alle zukünftigen Formen des Lebens und Bewußtseins schon in diesem Mutterschoß da. So wie die Lebensorgane des Kindes im Uterus sich zu entwickeln beginnen, beginnen sich auch die Kräfte des Lebens in der Natur zu entwickeln. Die Erde bringt lebendige Dinge hervor, Pflanzen und Bäume und Blumen, alle diese Formen waren verborgen in der Dunkelheit der Erde, und das Licht des Bewußtseins, das in die Dunkelheit scheint, bringt sie an das Licht des Tages. Von Anfang an sind Leben und Bewußtsein in der Materie da, aber es gab keine Organe, durch die sie wirken konnten. Jüngste Experimente haben bewiesen, daß schon in der Pflanze und im Baum ein schwaches Bewußtsein sich regt. Sie beginnen, aus dem Zustand des Tiefschlafs, der die Erde umhüllt, aufzutauchen in den Traumzustand. Das Tier lebt im Traumzustand. Es hat Triebe, Gefühle, Empfindungen, Vorstellung, Gedächtnis und eine rudimentäre Intelligenz. Das Licht des Bewußtseins beginnt in ihm zu dämmern, doch hat das Tier kein Selbstbewußtsein. Es bleibt ein Teil der Natur und wird bestimmt durch ein äußeres Gesetz. In seinen Sinnen spiegelt sich die Welt, und es wird durch seine Triebe beherrscht. Erst im Menschen erwacht die Natur zu Selbst-bewußtsein. In ihm kommt es zum Durchbruch vom Traum- zum Wachzustand. Der Mensch wird sich seiner selbst und der Welt bewußt, was ihm auch eine relative Freiheit beschert. Er kann sich von der Welt um ihn herum, auch von seinen Trieben und Sehnsüchten, loslösen und über sich selbst reflektieren. Jene Vernunft, die von Anfang an in der Materie verborgen war, die die Sterne und Atome ordnet, die lebende Zellen aufbaut und Pflanze und Tier Form gibt, taucht jetzt in das Bewußtsein auf. Dieses Licht der Vernunft ist jedoch immer noch sehr unsicher. Noch ist der Mensch weitgehend von seinen Trieben und Sehnsüchten abhängig, noch immer fühlt er sich als Teil der Natur und ist sich kaum als individuelles Selbst bewußt, und doch gibt es diesen kleinen Funken Vernunft und Bewußtsein des eigenen Selbst.

Hier nun zeigt sich das Drama menschlicher Existenz. Der Mensch kann sich durch Triebe und Sinne beherrschen lassen, er kann sich den Kräften der Natur unterwerfen und ihr Sklave werden. Er kann aber auch aufwachen und sich des „vierten" Zustandes bewußt werden, er kann die Quelle der Vernunft und des Bewußtseins in sich entdecken, sich der Kraft des Geistes öffnen und sich seines wahren Selbst bewußt werden. Dies genau fand in den Upanishaden statt.

Während der gesamten vedischen Periode befand sich das Bewußtsein in einem Prozeß des Wachstums, aber es war nur ein imaginatives Bewußtsein. Die Welt spiegelte sich in der menschlichen Vorstellung wider. Es war eine Welt der Götter und Dämonen, in der die göttliche Kraft geheimnisvoll verborgen war. Jetzt aber bricht das Bewußtsein durch zu einer reinen Intuition der Wirklichkeit. Die Intuition des Menschen war zunächst blind und verworren. Es war jene obskure Intuition unseres Selbst, mit der wir alle unser Leben beginnen. Als aber das Licht der Vernunft stärker wurde, füllte diese Intuition sich mit den Formen der Natur, mit dem Wissen um die Welt und das Selbst, dem Wissen um das physische und psychische Sein, in dem, so nahm man an, göttlicher Geist sich widerspiegelte. Doch es blieb die Intuition eines Ganzen hinter all dieser Verschiedenheit, die Intuition des „einen Sein" **(ekam sat)**, von dem die ausgestaltete Natur und das Selbst nichts anderes als „Namen und Formen" **(nama rupa)** sind.[18] jetzt, in den Upanishaden, bricht diese Intuition hervor ins Licht. Sie wird reines Gewahrsein des Seins, absolutes Bewußtsein des Selbst, Erfahrung des Geistes, des Atman, des Selbst, als Grund des Seins und Bewußtseins und Quelle des Verstandes selbst.

Wir wollen jetzt diese Intuition der Upanishaden zu ergründen versuchen. Sie ist fundamental für alle menschliche Erfahrung, sie ist die letzte Wirklichkeit. Von ihr wird gesagt: *„Wenn man sie hat, hat man alles."* Ihr kamen die Seher der Upanishaden auf die Spur, und sie wurde in Indien von Generation zu Generation weitergegeben; in ihr ist die Weisheit Indiens enthalten. Auch andere Religionen sind auf sie gestoßen: der Buddhismus und Taoismus und die mystischen Traditionen des Islam. Von Anfang an begleitete sie das Christentum und ist das innere Geheimnis des Evangeliums. Doch war sie oftmals verdunkelt und ist heute im Westen beinahe verlorengegangen. In den Upanishaden ist diese Intuition der letzten Wirklichkeit am klarsten ausgedrückt worden, dort können wir sie gewissermaßen aus ihrer Quelle strömen sehen. Aber um sie zu entdecken, müssen wir fähig sein, sie anzunehmen. Sie wird sich nicht bloßem menschlichen Bemühen oder Wissen unterwerfen. *„Nicht durch große Gelehrsamkeit wird dieser Geist erkannt noch durch den Intellekt, noch durch heilige Lehre. Der Auserwählte nur wird ihn erkennen, ihm nur offenbart sich der Geist."*[19] Dies ist der große Stein des Anstoßes. Wenn wir glauben, daß wir die Bedeutung der Upanishaden durch irgendeine Methode der modernen Wissenschaft oder Philosophie, durch Gelehrsamkeit in vedischer Lehre oder linguistische Analyse erfahren können, werden wir scheitern. Um die Upanishaden zu verstehen, wird eine **metanoia** verlangt, ein totaler Bewußtseinswandel, ein Durchgang vom rationalen Erkennen zu intuitiver Weisheit und darauf sind heute nur wenige vorbereitet.

Vielleicht können wir uns am besten diesem inneren Mysterium der Upanishaden mittels der Katha Upanishad nähern. Es ist eine kurze Upanishad, die zu der mittleren Periode (um 500 v. Chr.) gehört und nach der frühen Periode der langen Upanishaden – der Brihadaranyaka und Chandogya – kam, die in Prosa geschrieben sind. Die Katha Upanishad ist in Versen verfaßt und ist eine wirkliche Initiation in die geheime Lehre der Upanishaden. Sie beginnt bezeichnenderweise mit dem Abstieg des jungen Mannes Nachiketas in das Totenreich, um von Yama, dem Gott des Todes, Instruktionen zu erhalten. In jeder großen religiösen Tradition wurde erkannt, daß man durch den Tod hindurch muß, um zur letzten Wirklichkeit zu kommen. Dies ist die Bedeutung von Äneas Abstieg in die Unterwelt bei Vergil und des Abstieges in die Hölle in Dantes Göttlicher Komödie. Das ist natürlich auch die Bedeutung der christlichen Taufe. *„Ihr, die ihr getauft wurdet, wurdet auf den Tod Christi getauft."*[20] Wir müssen dieser Welt und uns selbst sterben, wenn wir die Wahrheit finden wollen. Die Frage des Nachiketas an Yama, *„Was liegt jenseits des Todes?"*, ist die Frage, die der Mensch vom Anbeginn seiner Geschichte an gestellt hat und die Menschen heute immer noch stellen. Doch es gibt keine Antwort auf der Ebene rationaler Betätigung. *„Diese Lehre kann man sich nicht durch gelehrte Rede aneignen"*, sagt Yama.[21] Sie läßt sich nur von einem aneignen, der das Geheimnis selbst erfahren hat, der durch den Tod in ein neues Leben gegangen ist.

Worte, die uns zum Herzen der Lehre der Upanishaden führten, drücken das so aus: *„Der weise Mann erkennt durch Meditation über das Selbst den Uralten, der schwer zu sehen ist. Er nur, der in die Dunkelheit eingetreten ist, der in der Höhle sitzt, der im Abgrund wohnt, wie Gott, läßt tatsächlich sowohl Freude wie Trauer hinter sich."*[22] Dies ist das Sterben, dem wir uns zu unterziehen haben. Es bedeutet über das rationale Verstehen, über die Imagination und die Sinne hinauszugehen in das ursprüngliche Dunkel, wo Gott, das göttliche Mysterium selbst, verborgen ist. Dies ist eine Rückkehr zu dem Mutterschoß, in die ursprüngliche Dunkelheit, aus der wir kamen, zu dem, was die Chinesen den „unbehauenen Block" nennen. Aber jetzt ist jene Dunkelheit mit Licht erfüllt und offenbart sich als Gott. Die Sinne, die Vorstellungskraft und die Vernunft allein können diese Dunkelheit nicht durchdringen, wenn wir aber uns selbst und den Beschränkungen unseres Bewußtseins sterben, die Schatten auf das Licht werfen, dann zeigt sich die Dunkelheit als Licht, und die Seele entdeckt sich im strahlenden Glanz der reinen Intuition; sie kommt zur Selbsterkenntnis.

Damit kommen wir zum dritten Aspekt dieser höchsten Wirklichkeit, zu **Purusha**. Purusha ist der kosmische Mensch, von dem es heißt, daß *„ein Viertel von ihm hier auf Erden, drei Viertel oben im Himmel"*[23] sind. Es ist der archetypische Mensch, der Pol **(qutb)** oder universale Mensch der Muslimtradition, der mit dem **Adam Kadmon** verwandt ist, dem ersten Menschen und Menschensohn der hebräischen Tradition. Dies ist eines der bedeutungsvollsten Symbole der alten Welt. Ihm liegt die Erkenntnis zugrunde, daß der Mensch Himmel und Erde umfaßt. Obwohl sein Körper nur einen geringfügigen Raum auf einem kleinen Planeten einnimmt, umfaßt sein Bewußtsein das Universum. Dies wurde in der **Chandogya-Upanishad** wunderbar ausgedrückt. *„Es gibt diese Stadt Brahmans (den menschlichen Körper), und in ihr gibt es einen kleinen Schrein in der Form eines Lotos, und darin kann man einen kleinen Raum finden. Dieser kleine Raum innerhalb des Herzens ist so groß wie dieses weite Universum. Der Himmel und die Erde sind dort und die Sonne und der Mond und die Sterne; Feuer und Blitz und der Wind sind dort, und alles, was es jetzt gibt und was es noch nicht gibt – all das ist dort drinnen enthalten."*[24] Dies stützt sich auf die Sicht, auf die wir immer wieder zurückkommen müssen, daß nämlich das Universum eine Einheit ist und der Mensch ein Spiegel des Universums. In ihm selbst liegt das Prinzip aller materiellen Elemente und allen psychischen Bewußtseins, so daß er ein „Mikrokosmos" ist, eine kleine Welt. Daher stellte man sich den Makrokosmos, die „große Welt", als einen kosmischen Menschen vor, in dem Materie und das zum Bewußtsein gekommene Leben durch den Geist eine Einheit bilden.

Purusha ist die kosmische Person, die die gesamte Schöpfung in sich enthält und sie auch transzendiert. Er ist das spirituelle Prinzip, das Körper und Seele, Materie und Geist in der Einheit eines transzendenten Bewußtseins vereint. Die Struktur des Universums ist im Detail nach der Damkhya-Philosophie in der **Katha Upanishad** beschrieben. Es heißt dort, *„über den Sinnen stehen ihre Objekte, über ihnen das Bewußtsein (manas), über dem Bewußtsein ist der Intellekt (buddhi), über dem Intellekt ist das große Selbst (mahat), über dem großen Selbst ist das Unmanifestierte (avyakta), über dem Unmanifestierten ist Purusha. Über Purusha gibt es nichts – das ist das Ende, das ist das höchste Ziel."*[25] Dies ist die grundlegende Struktur des Universums gemäß dem **Vedanta**. Zuerst kommen die Sinne **(indriyas)** und ihre Objekte, die **bhuta** oder Elemente. Dann kommt das Bewußtsein, die **manas**, das diskursive Denken, das der Sinne bedarf, was wir heutzutage wissenschaftliches Denken nennen. Es ist die unterste Stufe der Intelligenz, da es völlig von den Sinnen abhängt und folglich bruchstückhaft und zerrissen ist. Über diesem steht **buddhi**, der Intellekt oder die reine Intelligenz, das intuitive Bewußtsein, von dem sich die Prinzipien der Vernunft und Moral ableiten. Es ist der **„nous"** des **Aristoteles** oder der Intellectus des heiligen Thomas, im Vergleich zu Ratio oder Vernunft. Dies ist der Punkt, an dem das menschliche Bewußtsein für das göttliche Licht offen ist. Es ist auch der Punkt der Vereinheitlichung der Person. Genau an diesem Punkt werden wir ganz Mensch. Genau an diesem Punkt findet auch das Drama der menschlichen Existenz statt. Wenn der buddhi sich dem Licht zuwendet, wird er durch göttliches Licht erhellt und überträgt das Licht den manas und den Sinnen. Aber wenn sich der buddhi vom Licht abwendet, dann ist das Bewußtsein verdunkelt und die Person in sich geteilt.

Jenseits von buddhi ist **mahat**, das große Selbst, d. h. die kosmische Ordnung oder das kosmische Bewußtsein. Es handelt sich um einen Begriff, den man in der westlichen Philosophie nur spärlich findet. Trotzdem ist er grundlegend für die Lehre des Vedanta. Durch **buddhi** individualisiert sich das menschliche Wesen, dadurch wird der Mensch zur Person. Aber die menschliche Person ist nicht isoliert; sie ist ein dynamischer Punkt des Austauschs. So wie jedes Element in der physischen Welt ein dynamischer Punkt der Beziehung mit jedem anderen Element ist, so ist jede menschliche Person ein Punkt der engen Zwischenbeziehung und der wechselseitigen Abhängigkeit mit jeder anderen Person. Mahat ist die Bewußtseinssphäre, in der der menschliche Geist sich zum universalen Geist hin öffnet. Im Buddhismus wird das „Bewußtseins-Speicher" **(alaya-vignana)** genannt. Es entspricht der Plato'schen Welt der „Ideen".

Alles in der physischen Welt hat auch einen psychischen Aspekt. Die Idee, die von **Descartes** vertreten wurde, daß es eine materielle Welt in Raum und Zeit gibt, die sich außerhalb des Bewußtseins befindet, ist eine Illusion. Es entspricht genau dem, was im Vedanta **maya** genannt wird. Sie ist eine Erfindung des Denkens. In Wirklichkeit wird die physische Welt vom Bewußtsein durchdrungen; sie ist nur ein Aspekt eines komplexen Ganzen. Man könnte sie eine Widerspiegelung des reinen Bewußtseins in der Materie nennen. In der alten Welt hat man immer verstanden, daß jedes materielle Ding ein geistiges Gegenstück hat. Es sind dies die „Ideen" des **Plato**, die Intelligenzen des **Aristoteles** und der arabischen Philosophen, die „Engel" der griechischen Väter und der scholastischen Theologen und die Götter oder die „devas" in den Veden.

Für den modernen westlichen Menschen sind Götter und Engel Relikte einer beiseitegelegten Mythologie, und natürlich sind sie mythologische Figuren, d. h. symbolische Formen; aber sie sind die Symbole von Wahrheiten. Sie sind die „kosmischen Kräfte" des heiligen Paulus, die Mächte, die das Universum beherrschen. Es sind die Kräfte von Erde und Wasser, Luft und Feuer, von Schwerkraft, Magnetismus und Elektrizität. Aber diese Kräfte befinden sich nicht außerhalb der Sphäre des Bewußtseins. Ebenso wie unsere Körper mit all ihren physischen und chemischen Eigenschaften in unserem menschlichen Bewußtsein mitenthalten sind, so sind all diese Kräfte der Natur in dem universalen Bewußtsein, dem **mahat**, beinhaltet. Nach unserer Erfahrung wirken diese Mächte innerhalb der Sphäre, die man das Unbewußte genannt hat. Aber das Unbewußte ist eigentlich nur eine andere Ebene des Bewußtseins. Unter der Ebene des erwägenden, rationalen Bewußtseins gibt es nämlich andere Bewußtseinsebenen, die imaginative, emotionale, vitale und physische, in denen die kosmischen Kräfte auf uns einwirken. Die Götter und Engel sind Widerspiegelungen der „Archetypen", der ursprünglichen Prinzipien der Schöpfung in der menschlichen Vorstellung, von denen das Universum regiert wird.

Diese Kräfte sind natürlich nicht nur gut, sondern auch böse. Neben den Göttern, den **„devas"**, gibt es auch die **„asuras"**, die Dämonen, und neben den guten Engeln gibt es auch die bösen Geister, die Dämonen des Evangeliums. Es kann gar nicht nachdrücklich genug darauf hingewiesen werden, daß sie wirkliche Kräfte sind, die auf unser Unbewußtes einwirken, wie die Tiefenpsychologie erkannt hat, d. h., daß sie auf den unteren Ebenen des Bewußtseins den Menschen den Kräften der Natur unterwerfen. Die Tatsache, daß der moderne Mensch sie nicht anerkennt, ist eines von vielen Zeichen, daß er unter ihrem Einfluß steht, den nur dann, wenn man sie erkennt, können sie überwunden werden.

Trotzdem dürfen wir nicht glauben, daß diese Kräfte gesonderte Wesen seien und nichts miteinander zu tun hätten. Sie alle sind Teile des kosmischen Ganzen, in dem positive und negative Kräfte zugleich am Werk sind, genauso wie in der physischen Welt. Sie bilden eine geordnete Hierarchie des Seins und stellen unterschiedliche Ebenen des Bewußtseins dar. In der mittelalterlich-christlichen Darstellung des Universums gab es neun Klassen von Engeln, angefangen bei den einfachen Engeln, die sich auf einer Bewußtseinsstufe gerade über der des rationalen menschlichen Bewußtseins befanden. Über ihnen, in **Miltons „Paradise Lost"**, waren die Erzengel, die *„Thronen, Herrschaften, Kräfte, Fürsten und Gewalten"*, die Mächte, die das Schicksal der Nationen gestalten, und zuletzt die Cherubim und Seraphim, die Mächte der Weisheit und Liebe, die dem Allerhöchsten am nächsten sind. Die bösen Engel sind Mächte, die gegen die kosmische Ordnung rebellieren, sie sind Zentren des Konflikts, der Gewalt und der Desintegration, die in der Natur am Werk sind, im individuellen menschlichen Sein und in der menschlichen Gesellschaft. Ihr Anführer heißt Satan in der hebräischen Tradition, der Diabolus, der Verführer, die Quelle der kosmischen Illusion, die Maya in Hindu-Begriffen, das Prinzip der Sünde und des Nichtwissens **(avidya)**.

Aber jenseits von **mahat**, so erzählt uns die Katha Upanishad, gibt es **avyakta**, das Unmanifestierte. Damit kommen wir nach der Samkya-Philosophie, dem frühesten System der Hindu-Philosophie, zu den zwei letzten Prinzipien der kosmischen Ordnung, nämlich zu **Prakriti** und **Purusha**. Die Avyakta ist Mula-Prakriti, es ist die Natur, die man sich als Schoß vorstellt, als Mutter oder Urgrund aller kreativen Kräfte der Welt. Prakriti ist das Prinzip der „Potentialität", der Materia prima des Aristoteles, die, wie wir gesehen haben, kein Sein in sich hat, sondern bloße Potenz ist, eine **dynamis** in Aristoteles' Begriffen, eine Seins-Kapazität; in diesem Mutterschoß der Natur liegen die Keime aller künftigen Formen der Materie und des Bewußtseins verborgen. Die Götter und die Menschen, alle liegen sie in dieser ursprünglichen Dunkelheit verborgen. Es ist die Leere, das Nichts, das in buddhistischen

Begriffen alle Fülle enthält. Es ist der Urgrund des menschlichen Bewußtseins, die Höhle, der Abgrund, von dem die Katha Upanishad spricht, die unversiegelte Tiefe des Bewußtseins, der Tiefschlaf, aus dem Bewußtsein emporsteigt und die Welt ins Sein kommt. Aber über diesen Avyakta, diesem Prakriti ist Purusha, die Person, das Allerhöchste, darüber hinauszugehen unmöglich ist.

Purusha ist reines Bewußtsein, oder eher reines Sein und reines Bewußtsein in einem, weil an diesem Punkt alle Unterscheidung von Subjekt und Objekt verschwindet. Es wurde die *„Lichtgestalt genannt, die aus Erkenntnis"*[26] besteht. Aber wie wissen wir um diese Person? Sie ist durch Meditation erkennbar. Die Katha Upanishad sagt dazu: *„Der Weise sollte sein Reden in sein Bewußtsein einziehen, sein Bewußtsein in seinen Intellekt, seinen Intellekt in das kosmische Bewußtsein und das kosmische Bewußtsein in die gelassene Stille des Selbst."*[27] Hier wird uns der Weg gezeigt, der uns zur Erkenntnis des Selbst führt. Zuerst müssen wir die Stille suchen und die Welt der Sinne ausschließen. Dann im Innersten unseres Bewußtseins, dem buddhi, dem Integrationspunkt der Person, müssen wir das diskursive Denken abschalten. Danach das individuelle Selbst, das Ich, aufgeben zugunsten des großen Selbst, des kosmischen Bewußtseins, der höheren Bereiche des Bewußtseins, die über dem rationalen Verstehen liegen.

Zum Schluß müssen wir dieses kosmische Bewußtsein aufgeben, das ja immer noch zur geschaffenen Welt gehört, zugunsten des Friedens selbst, der alles Verstehen übersteigt. An diesem Punkt gehen wir über die geschaffene Welt hinaus, die physische und psychische, über die Welt der Menschen und der Engel, und treten mit dem Höchsten, dem Purusha, der letzten Wirklichkeit in Verbindung, **Brahman, Atman** und **Purusha** werden jetzt als eins erkannt. Brahman ist der eine ewige Geist, unendlich und transzendent, der die gesamte Schöpfung durchdringt, eins und doch mannigfaltig, der Urgrund aller Schöpfung, *„ungesehen, aber sehend, ungehört, aber* *hörend, nicht wahrgenommen, aber wahrnehmend, unerkannt, aber erkennend".*[28] In ihm ist die ganze Schöpfung, die Götter, die Menschen und die Natur, enthalten. **Atman** ist der gleiche ewige Geist, unendlich und transzendent. Er wird als das Selbst des Menschen, als Urgrund seines Bewußtseins betrachtet. Wenn wir die Grenzen des verstandesmäßigen Bewußtseins überschreiten und uns dem kosmischen universalen Bewußtsein öffnen, dann werden wir über die Grenzen dieser Welt hinausgetragen, sowohl der menschlichen als auch der göttlichen, und nähern uns dem Allerhöchsten, dem *„einen, der ohne ein zweites ist"*. Diesen Sprung schafft nur der Glaube, er kann durch keine menschliche Anstrengung gemacht werden. Dies ist der Flug zu dem Einen des **Plotin**. Eben davon berichtet die Katha Upanishad, wenn sie sagt: *„Der vom Atman Auserwählte, der nur erkennt den Atman."*[29] Das niedere Selbst kann das höhere Selbst nicht erreichen, es kann sich nur in dessen Gegenwart versetzen lassen, sich dem Selbst, dem innewohnenden Geist überlassen.

Dies führt uns zu folgender Frage, welches ist dann die Beziehung des menschlichen Geistes – des **Jivatman** – zum allerhöchsten Geist, dem **Paramatman**? Dazu sagt die Katha Upanishad: *„Zwei gibt es, die im Innersten des Herzens wohnen und den sicheren Lohn ihres Tuns genießen. Die, die Brahman kennen, nennen sie Licht und Schatten."*[30] Die Svetasvatara Upanishad sagt es so: *„Zwei Vögel, untrennbare Freunde, sitzen auf dem gleichen Baum. Der eine von ihnen ißt die süßen Früchte, der andere schaut zu, ohne zu essen."* Dann erklärt sie: *„Auf dem gleichen Baum sitzt der Mensch, er ist betrübt und verwirrt, weil er sich in seinem eigenen Unvermögen verfangen hat (anisa). Sieht er aber den anderen, den verehrungswürdigen Herrn (isa) in seiner Herrlichkeit, vergeht seine Trübsal."*[31] Dies zeigt deutlich den Zustand der menschlichen Seele. Die Seele ist der physischen Welt, der Welt der Sinne und der Welt des Geistes ausgesetzt. Wenn sie sich der materiellen Welt zuwendet und ihr verhaftet wird, wird sie verwirrt und kraftlos, wenn sie aber „aufschaut und den Herrn sieht", dann vergeht ihre Trübsal. Um diese Beziehung zwischen der Seele (dem **Jivatman**) und dem Geist zu verstehen, könnten wir uns die Seele als Glas vorstellen, das gegen das Licht des Geistes gehalten wird. Wenn das Glas durch Sünde und Unwissenheit beschlagen ist, kann das Licht nicht durchscheinen, wenn aber das Glas blank ist, dann wird die Seele durch das göttliche Licht erhellt, und das gesamte Sein, Körper und Seele, wird durch die göttliche Gegenwart erleuchtet.

Der Geist im Menschen ist die **„Seelenspitze"**, wie der heilige **Franz von Sales** es genannt hat, der Punkt, an dem sich Menschliches und Göttliches berühren. Er ist der Widerschein des göttlichen Lichtes in uns. Er ist ein dynamischer Punkt, der Gott zugleich und der Welt zugewandt ist. Dies ist das **„pneuma"**, der „Geist", von dem der heilige Paulus spricht, im Gegensatz zur Psyche, der Seele. Der heilige Paulus spricht davon, wenn er sagt: *„Wir aber haben nicht den Geist der Welt empfangen, sondern den Geist Gottes, damit wir erkennen, was uns von Gott geschenkt worden ist."*[32] Der Geist im Menschen ist ein Geschenk oder Gnade; es ist die Gegenwart des göttlichen Geistes in uns. Wenn Körper und Seele vom Geist ergriffen werden, dann wird das gesamte Sein des Menschen verwandelt. Dies war von Anfang an der eigentliche Sinn der Schöpfung, daß nämlich Körper und Seele, Materie und Bewußtsein, der Mensch und das Universum, vom Geist ergriffen in das göttliche Licht und Leben eingetaucht werden sollten. Die Sünde ist der Abfall von diesem Gnadenzustand in den Zustand des „natürlichen Menschen", den *„Anthropos psychikos"* des heiligen Paulus, im Gegensatz zum *„Anthropos pneumatikos"*, dem spirituellen Menschen.[33]

Es gibt Hindulehrmeinungen, die glauben, daß wenn der Geist des Menschen (der **Jivatman**) solchermaßen mit dem Geist Gottes (dem **Paramatman**) vereint ist, seine Individualität verlorengeht. Aber das ist nicht notwendigerweise so. Es trifft zu, daß es dann die individuelle Seele als separates Sein nicht mehr gibt. Sie wird durch das Licht verwandelt und nimmt an dem tatsächlichen Sein und Bewußtsein Gottes teil. Dies ist der Zustand des Saccidananda, ein Seinszustand **(sat)** reinen Bewußtseins **(cit)**, in dem absolute Glückseligkeit erfahren wird **(ananda)**. Aber die Seele, die in diesen Zustand der Glückseligkeit eintritt, verliert nicht ihr individuelles Sein. Sie nimmt am Zustand universalen Seins und Bewußtseins teil, sie erfreut sich vollkommener Glückseligkeit, aber jenes persönliche Sein, das ihr durch die Schöpfung verliehen wurde, jene einzigartige Weise der Teilhabe am göttlichen Sein, die sie als Person konstituiert, ist ewig. Es mag sein, daß im Stadium der Vereinigung, wie das viele Mystiker bezeugt haben, die Seele nicht länger einen Unterschied zwischen sich selbst und Gott wahrnimmt, aber der Unterschied bleibt. Der eigentliche Sinn der Schöpfung bestand ja darin, daß andere Wesen, sowohl Menschen wie Engel und durch sie die gesamte Schöpfung, jeder in seiner eigenen einzigartigen Weise, an dem einen Sein in Gott teilhaben sollten. Der Zustand der Vereinigung wird oft mit einem Tropfen Wasser verglichen, der in den Ozean fällt, aber es kann gleichermaßen auch gesagt werden, daß dieser Zustand dem Ozean im Tropfen Wasser vergleichbar ist. In der letzten Wirklichkeit ist das Ganze in jedem Teil gegenwärtig, und jeder Teil nimmt am Sein des Ganzen Anteil.

Dieser Zustand der Vereinigung ist in der Svetasvatara Upanishad sehr schön beschrieben worden. Es heißt dort: *„Wie eine Metallscheibe (oder Spiegel), die durch Staub matt wurde, wieder hell strahlt, wenn sie gesäubert worden ist, so wird das verkörperte Sein (der dehi – der Bewohner in dem Körper) von Trauer befreit, wenn es eins wird und so sein Ziel erreicht."* Darauf wird der Endzustand der Seele in unvergeßlichen Worten beschrieben: *„Wenn der Mensch mittels der wahren Natur des Selbst wie mit einer Lampe die wahre Natur Brahmans gesehen und so den ungeborenen ewigen Gott erkannt hat, der jenseits aller Natur ist, dann ist er von aller Gebundenheit frei."*[34] Das ist vielleicht die klarste Aussage über die Natur der letzten Wirklichkeit in den Upanishaden. Sie kann nur durch das gereinigte Selbst erkannt werden, den Geist im Menschen, der von allem Verhaftetsein an Leib oder Seele gereinigt ist. Dann sieht dieser gereinigte Geist die wahre Natur Brahmans, das ewige Sein, widergespiegelt in sich selbst und in der gesamten Schöpfung. Schließlich wird dieser Brahman und dieser Atman als der „ungeborene ewige Gott“, der persönliche Gott, der Purusha, wahrgenommen, der der Herr der Schöpfung ist und über allen erschaffenen Wesen steht.

3. Die Offenbarung des persönlichen Gottes

In den frühen Upanishaden steht im Mittelpunkt des Interesses der **Brahman** und der **Atman**, der ewige Geist, der in der Natur und im Menschen immanent ist. Doch dieser Geist wird auch als transzendent wahrgenommen. Er existiert in allen Dingen, aber er existiert auch außerhalb der Dinge. In den späteren Upanishaden, z. B. Svetasvatara (ca. 300 v. Chr.), wird der transzendente Aspekt der einen Wirklichkeit deutlich. Sogar in der frühesten Upanishad, der Brihadranyaka, gibt es einen Hinweis darauf. Es wird dort gesagt: *„Wenn ein Mensch dieses Selbst deutlich als Gott erkennt und als Herr all dessen, was ist und was sein wird, dann hat er keine Angst mehr.“*[35] Und in der Isa Upanishad heißt es: *„Alles, was sich auf der Erde bewegt, umfängt der Herr.“*[36] Aber erst in der Svetasvatara Upanishad ist die Vorstellung von einem persönlichen Gott vollständig entwickelt. Es heißt dort, daß es im allerhöchsten Brahman eine Dreizahl gibt. Diese Dreizahl besteht zuallererst aus dem **Pradhana**, dem Vergänglichen, d. h. der materiellen Welt. Dann gibt es die Seelen, die **Jivatmas**, und zum Schluß gibt es **Hara**, den Herrn, den Unvergänglichen, der sowohl über die Materie wie über den Seelen steht.[37] Wenn ein Mensch diese drei findet, so sagt man, ist das Brahman. Wie müssen wir das verstehen? Was ist die Beziehung zwischen Gott, Natur und Mensch, und wie sind sie auf Brahman bezogen? Diesbezüglich gibt es verschiedene Hindulehrmeinungen – **Advaita, Visistadvaita** und **Dvaita**[38] –, und die Debatte hält bis zum heutigen Tag an. In gewisser Hinsicht kann es natürlich auf diese Frage keine Antwort geben. Die letzte Wirklichkeit, ob wir sie Brahman, Atman oder Gott nennen, ist jenseits unserer Vorstellung. Es sind ja Worte, die aus dem allgemeinen Sprachgebrauch stammen, die die Wirklichkeit nur widerspiegeln, aber sie niemals ausdrücken können. Das gilt für jede menschliche Sprache. In der Sprache ist die Welt, die Wirklichkeit selbst durch das Medium der menschlichen Sinne, durch bildliche Vorstellung und Begriffe des rationalen Bewußtseins widergespiegelt. Aber die Wirklichkeit selbst ist immer jenseits unserer Bilder und Begriffe. Man kann sie nur erkennen, wenn wir sowohl Körper als auch Seele transzendieren, und wenn wir diese eine Wirklichkeit in der Tiefe unseres Seins erfahren, wo wir eins geworden sind mit dem, worüber wir nachsinnen, wenn Sein und Erkennen eins geworden sind. Dennoch darf man, im Licht dieser inneren Erfahrung, Worte gebrauchen, um die Natur dieser Wirklichkeit anzuzeigen, Worte, die sie, wenn auch schwach, doch widerspiegeln und auf sie hinweisen. Das ist es, was wir in den Upanishaden finden.

Wir wollen nun zur Analogie der drei Welten zurückkommen. Es gibt die materielle Welt, den menschlichen Körper mit einbegriffen, die durch die Sinne erfahren wird. Aber diese Welt ist, wie wir gesehen haben, nicht unabhängig von den Sinnen. Die materielle Welt ist in uns durch unsere Sinne gegenwärtig. Diese materielle Welt, wie sie die moderne Physik beschreibt, ist ein Feld von Energien, und unsere eigenen Körper mit ihren Sinnen und ihren Trieben, mit ihren Vorstellungen und Begriffen sind Teil dieses Energiefeldes. Die Energien, die die Welt, wie wir sie erfahren, ausmachen, sind sowohl physisch als auch psychisch. Zusammen formen sie ein untereinander abhängiges Ganzes. Dies ist es, was in Hindubegriffen **Prakriti** oder Natur genannt wird. Aber jenseits von

Prakriti gibt es **Purusha**, das Prinzip des Bewußtseins. Menschliches Bewußtsein wird normalerweise durch die Sinne und die Vorstellung widergespiegelt. Aber es gibt eine Bewußtseinssphäre jenseits der Sinne und der Vorstellungsebene, die in der Meditation erfahren werden kann, in der, wie wir gesehen haben, die Seele durch reine Beschauung ihrer selbst Selbsterkenntnis erlangt. Diese Bewußtseinssphäre ist Purusha, der Geist das Selbst, das die Quelle allen Bewußtseins, das Prinzip aller wahren Erkenntnis, der Urgrund des persönlichen Seins ist. In diesem Urgrund der Wahrheit und Wirklichkeit, der Quelle des persönlichen Seins, finden alle Seelen die Mitte ihres Einsseins.

Genau wie die physischen und psychischen Welten als wechselseitig voneinander abhängiges Ganzes erkannt werden, so hat in dieser Welt des Geistes jedes Bewußtsein seinen Ursprung in einem Bewußtsein, einem Geist, der alles erfüllt, der das gesamte Feld physischer und psychischer Energien durchdringt und umfaßt und sie zu einem macht. Wird diese Bewußtseinssphäre als Brahman erkannt, kann er als der Urgrund allen Seins erfahren werden, der die gesamte Schöpfung durchdringt. Wird sie als Atman, das Selbst, erkannt, so kann sie als der Urgrund des menschlichen Bewußtseins, als sein innerer Geist erfahren werden, d. h. als das immanente Prinzip von Sein und Erkenntnis. Aber sie kann auch als transzendentes Sein, als Gott, der Herr, erfahren werden und ist dann als Purusha bekannt. So entstand das Konzept des personalen Gottes.

Die Wirklichkeit wird als ein unendliches ewiges Sein erfahren, das zugleich immanent und transzendent ist, das alles durchdringt und alles umschließt.

Aber diese gleiche Wirklichkeit wird auch als Bewußtsein **(cit)** erfahren, als eine reine Intelligenz, als vollständig in sich selbst transparent. Ein Wesen aber, das im Besitz von bewußter Intelligenz ist, ist das, was mit Person **(purusha)** gemeint ist, und so wird der unendliche ewige Geist, der *„eine ohne* *einen zweiten"*, als Person wahrgenommen. Dies ist es, was wir in der Svetasvatara Upanishad finden. Sie ist eine vergleichsweise späte Upanishad, die den Anfang der religiösen Verehrung eines personalen Gottes kennzeichnet. Die Götter in den Veden waren allerdings auch personal, aber dort wurde jeder Gott – **Agni, Mitra, Surya** – als ein Aspekt des „einen Seins" **(ekam sat)** angesehen, aber die letzte Wirklichkeit selbst wird nicht als persönlicher Gott begriffen. Aber jetzt in der Svetasvatara Upanishad wird dieser Schritt gemacht. Die letzte Wirklichkeit, der Brahman, wird als ein persönliches Sein begriffen, wird zum Objekt der Verehrung und Anbetung. Jetzt heißt es: *„Jene, die über dieser (Welt) den höchsten Brahman erkennen, den großen, der in aller Kreatur verborgen ist und der alleine alles als der Herr (Isa) umschließt, diese werden unsterblich."*[39] Jener Herr, von dem gesagt wird, daß er eins ist mit dem allerhöchsten Brahman, ist die Person (Purusha), die das gesamte Universum erfüllt. Er wird **Bhagavan** genannt, eine Bezeichnung für den persönlichen Gott, die man überall heute in Indien gebraucht, und trägt den Namen **Shiva**.[40]

Dieser Name Shiva ist von großem Interesse. In dieser Upanishad wird er mit Rudra, dem Gott des Sturmes und des Donners in den Veden, identifiziert, der in den Bergen wohnt. Aber es scheint, daß er eigentlich weiter zurück, über die Veden hinaus, nachweisbar ist und ursprünglich ein drawidischer Gott gewesen ist. Man hat in Mahanjadaro, der alten indischen Stadt, die von den arischen Eindringlingen zerstört wurde, eine Figur gefunden, die in der Lotosstellung sitzt und **Shiva** als **Pasupati**, den Herrn der Geschöpfe, darzustellen scheint. Shiva wäre demnach einer der Götter der einheimischen Völker und daher ein Feind der Arier gewesen. Er wird dargestellt als Ausgestoßener, der zwischen den Gräbern haust und mit Asche bedeckt ist, als der Zerstörer, der mit Schlangen bekleidet und von Dämonen begleitet ist. Er ist auch der Gott der Fruchtbarkeit, dessen Emblem der Lingam ist, das männliche Geschlechtsorgan, das im inneren Heiligtum (die garbha-griha oder das Mutterschoßhaus, die Quelle des Lebens) der Tempel Shivas überall in Indien heute dargestellt wird. Aber Shiva ist auch der in Meditation versunkene Asket, der auf dem Berge Kailash wohnt. Zerstörer ist er, weil er die Sünde vernichtet und die Welt durch seine Gnade erneuert. Schließlich wird er auch als Gott der Liebe verehrt; sein Name bedeutet: der Freundliche, der Gnadenreiche. In einem berühmten Tamil-Gedicht, dem Tirumandiran, heißt es: Der Unwissende denkt, daß Shiva und Liebe **(anbu)** zwei seien; sie wissen nicht, daß Shiva Liebe ist.[41]

Dies ist ein wunderbares Beispiel für die Evolution eines Mythos. Ein Mythos ist eine symbolische Geschichte, in der viele Elemente sich verbinden können, Elemente, die aus der Natur und der Psychologie, der Geschichte oder aus sozialen und wirtschaftlichen Bedingungen stammen. Im Laufe der Zeit werden diese unterschiedlichen und oft widersprüchlichen Elemente neu interpretiert und erhalten neue Bedeutungen, bis schließlich ein zusammenhängendes Symbol spiritueller Wahrheit entstanden ist. So ist heute der Gott Shiva für den gläubigen Hindu ein Name für die letzte Wirklichkeit jenseits von Name und Form, der eins ist mit dem Brahman, der absoluten Wahrheit und dem letzten Gut, und der sich seinen Verehrern als Gott der unendlichen Gnade und Liebe offenbart, und der Lingam ist das Zeichen der formlosen Göttlichkeit, ein Zeichen für Gott, der jenseits von Name und Form ist.

In der Svetasvatara Upanishad können wir diesen Umformungsprozeß eines alten Mythos in ein tiefes philosophisches Symbol beobachten, das zwar seinen „numinosen" Charakter noch beibehält, sich aber zu einer theologischen Figur, zum personalen Gott entwickelt hat. Gott, der Gott der Svetasvatara Upanishad, ist der große Brahman, der der ganzen Schöpfung immanent ist, aber er ist auch der transzendente Herr **(Isa)**, der die Welt durch seine Kraft erschafft und beherrscht. Man sagt von ihm, er habe seine Hände und Füße, seine Augen und Ohren und das Haupt überall und zur gleichen Zeit, *„er greift zu ohne Hände, bewegt sich vorwärts ohne Füße, sieht ohne Augen und hört ohne Ohren"*.[42] Er ist der Purusha, die kosmische Person mit tausend Häuptern, tausend Augen, tausend Füßen, aber er wohnt auch im Herzen aller Kreatur und umschließt die Welt von allen Seiten. Er *„besitzt die allerreinste Kraft, die überallhin reicht, und er ist das nicht verlöschende Licht"*.[43] Er ist kleiner als das Kleinste, *„die Person nicht größer als ein Daumen"*.[44] Dennoch ist er der Schöpfer von allem, das große Selbst, immer im Herzen des Menschen lebend, der Gott der Unsterblichkeit. Schließlich ist er *„Herr der Herren, Gott der Götter, Meister der Meister"*[45], der eine Gott, bei dem es keinen Raum für einen zweiten gibt. Es wäre sehr schwierig, einen eindrucksvolleren Ausdruck zu finden für den einen höchsten Schöpfer Gott.

Dennoch soll dieser transzendente Gott, der alles erschafft, beherrscht und umgreift, in allem immanent sein und *„alle Formen annehmen"*.[46] Von ihm kann man in gewisser Hinsicht sogar sagen, daß er alle Dinge „wird". Er ist der **Dehi**, der Bewohner des Körpers **(deha)**, das „inkarnierte Selbst", das verschiedene Formen an verschiedenen Orten annimmt. Und doch ist er gleichzeitig „ohne Anfang und Ende"; er hat viele Formen, und doch umschließt er alles. Wie sollen wir das verstehen? Wir müssen hier zurückgreifen auf den Begriff Geist, den Atman, der reines Sein und reines Bewußtsein ist. Er ist es ja, der die gesamte Schöpfung durchdringt als die aktive Kraft der Energie, des Lebens und Bewußtseins in der Natur und im Menschen. Er ist es, der allem, was entsteht, die „Form" gibt. Aber er „gibt" nicht nur Form. In allem ist das aktive Prinzip der Form und ist in jedem Teilchen der Materie präsent. Der heilige **Thomas von Aquin** fragt, in welchem Sinne denn von Gott gesagt werden könne, er sei „in" allen Dingen – und gibt die Antwort, daß er „in" allen ist durch seine Kraft, sein Dasein und sein Wesen.[47] Durch seine Kraft, weil es ausschließlich seine Kraft ist, die jedem Ding Existenz verleiht und es im Sein erhält. Durch sein Dasein, weil diese Kraft nicht aus der Distanz ausgeübt wird, denn bei Gott gibt es keine Distanz. Daher ist er tatsächlich in jedem erschaffenen Sein zugegen. Durch sein Wesen, weil er nicht teilweise da ist, denn es gibt in Gott keinen Teil. Das reine Wesen Gottes in christlichen Begriffen, die heilige Dreieinigkeit, ist in jedem Teilchen der Materie zugegen. Das göttliche Wesen, das ebenso Intelligenz und Bewußtsein ist, ist daher vollständig in jedem erschaffenen Ding zugegen. Genau in diesem Sinn kann der heilige Paulus sagen: *„Denn in ihm leben, bewegen wir uns und sind wir.“*[48]

Verstehen wir jetzt, wie von Gott, dem allerhöchsten Geist, der **Saccidananda** ist, Sein, Bewußtsein und Glückseligkeit, gesagt werden kann, daß er die gesamte Schöpfung „ist“? Die gesamte Schöpfung existiert ewig in Gott; wenn Gott, das unendliche Sein, sich selbst ausdrückt, sich selbst manifestiert, sein Wort spricht, dann fängt die gesamte Schöpfung an, zu sein in diesem einen Wort. Gott erschafft nicht in Zeit. Die Schöpfung ist ein ewiger Akt in Gott; es ist der Akt, durch den Gott selbst existiert. Wie **Meister Eckhart** sagt, Gott spricht nur ein Wort, und in diesem Wort ist die gesamte Schöpfung enthalten. In Gott existiert die gesamte Schöpfung von Ewigkeit und ist mit ihm identisch. Auch der heilige Thomas sagt, die „Ideen“ in Gott, die archetypischen Formen, welche die Prinzipien aller erschaffenen Dinge sind, existieren ewig in Gott und sind mit dem göttlichen Wesen selbst identisch.[49] In Gott existieren du und ich und jeder und alles seit ewigen Zeiten in Identität mit ihm. Dies ist unser ewiges archetypisches Sein. Wenn die Schöpfung in der Zeit zu sein beginnt, dann bekommt jeder von uns seine eigene individuell erschaffene Form, seine besondere Identität, aber der göttliche Archetyp ist weiterhin in jedem von uns zugegen. So verstanden kann man von der Welt sagen, sie sei eine „Manifestation“ Gottes. Sie ist wie ein Spiegel, der vor das Gesicht Gottes gehalten wird. Die erschaffene Welt ist eine „Widerspiegelung“ der ungeschaffenen archetypischen Welt. Wie das Bild in einem Spiegel hat sie nur ein relatives Dasein. Ihre Existenz gründet sich auf diese Beziehung zu Gott. In diesem Sinne wissen wir uns mit der Hinduschule des **Advaita** einig, die sagt, daß Gott und die Welt *„nicht zwei"* sind **(advaita)**. Die erschaffene Welt fügt Gott nichts hinzu und nimmt nichts von ihm weg. Die Schöpfung bewirkt in ihm keinen Wandel; der Wandel findet sich nur im Geschöpf.

Diese Auffassung von der Welt als einer Widerspiegelung, einem Bild Gottes, läßt sich aus christlicher Sicht voll und ganz akzeptieren. Nach biblischer Tradition ist der Mensch ein Ebenbild Gottes. Die griechischen Väter erklärten diese Aussage mit folgendem Bild: Der Mensch (und mit ihm die gesamte Schöpfung), so sagten sie, sei wie ein Spiegel, der vor das Licht Gottes gehalten wird. Jede menschliche Seele ist eine Widerspiegelung dieses ungeschaffenen Lichts. Sie ist der Ort des „Geistes" im Menschen; die Stelle, an der das menschliche Wesen vom Geist Gottes geprägt wird. Sie ist die Dynamik, die Aufnahmebereitschaft im Menschen, die uns entweder für das göttliche Licht öffnet, damit wir wahrhaftig als Person wachsen können, oder aber uns in uns selbst verschließt, uns selbstbezogen macht und verdunkelt durch Unwissenheit und Sünde. **Der Geist im Menschen ist der Treffpunkt zwischen Gott und dem Menschen, dem geschaffenen Sein mit dem ungeschaffenen Licht.** In jedem Menschen ist das ungeschaffene Licht immer gegenwärtig, denn es ist sein ewiges archetypisches Sein. Ob er aber das Licht in seiner Seele empfängt und von ihm umgestaltet wird, oder ob er sich vom Licht abwendet und es in ihm dunkel und finster wird, hängt von der inneren Dynamik des Intellekts und Willens ab, dem erschaffenen Geist im Menschen. In diesem Sinne können wir also sagen, daß Gott „Menschengestalt" annimmt.

Das ungeschaffene Sein, das reines Bewußtsein und Glückseligkeit ist, wohnt im Herzen jedes Menschen und gestaltet sowohl seinen Körper als auch seine Seele. Es bleibt zwar in seinem reinen Bewußtsein und seiner reinen Glückseligkeit immer das gleiche, dringt aber in das Bewußtsein des Menschen ein, in das Leben der Pflanzen und in die Energie der Materie. Überall und in allem ist es anwesend, indem es die Formen von Materie, Leben und Bewußtsein gestaltet, bleibt aber dabei in sich stets das gleiche.

Dieser Begriff eines personalen Gottes wurde in der Bhagavad Gita weiterentwickelt, die vermutlich um die gleiche Zeit wie die Svetasvatara Upanishad entstanden ist. Die Bhagavad Gita ist ein Teil des großen Epos des Mahabharata, in dem statt **Shiva Vishnu** die Figur des allerhöchsten Gottes ist, besonders in seiner „Inkarnation" als **Krishna**. Krishna und Shiva sind schöne Beispiele für die Entwicklung eines Symbols für Gott. Im Gegensatz zu Shiva, der wesentlich eine kosmische Gestalt ist, scheint Krishna ursprünglich eine geschichtliche Figur gewesen zu sein. Das Mahabharata selbst ist die Geschichte eines großen Krieges, der wie der Trojanische Krieg Homers einen Bezug zu einem Geschehen in der Geschichte gehabt haben muß. Aber der historische Charakter Krishnas wurde schon bald durch die Legende bereichert, und so tauchte unter diesem Namen langsam die Figur eines allerhöchsten Gottes auf, der wie Shiva ein Gott der Liebe ist und in der Bhagavad Gita als der eine allerhöchste Herr, der Schöpfer von allem, dargestellt wird. Nirgends ist die entschiedene Transzendenz des Schöpfers Gott so klar ausgedrückt, als wenn Krishna sagt: *„Durch mich, der ich von unsichtbarer Gestalt bin, wird diese ganze Welt durchdrungen; alle Wesen befinden sich in mir, ich aber befinde mich nicht in ihnen."* Und im Fall, daß der Eindruck entstünde, er hänge in irgendeiner Weise von der Welt ab, fährt er fort: *„Dennoch befinden sich die Wesen nicht in mir; siehe an meine souveräne Macht! Ich erhalte die Wesen und schaffe sie, aber ich befinde mich nicht in ihnen."*[50]

Es wäre ein Fehler zu behaupten, wie es einige Hindu-Schulen tun, daß dieser persönliche Schöpfer Gott, dem Allerhöchsten, untergeordnet sei. Immer wieder wird gezeigt, daß

Krishna als Gott identisch ist mit Brahman und Atman. So heißt es z. B., daß *„er, der Brahman kennt, an Brahman festhält (oder auf das ‚Brahman gegründet ist'), daß er starken Geistes ist (buddhi) und unverwirrt"*.[51] Und wiederum: *„Der, dessen Selbst (atman) nicht an äußerlichen Dingen hängt und der sich daran freut, sein Selbst durch Yoga mit Brahman vereinigt zu haben, der besitzt unvergängliches Glück."*[52]

Und dann, etwas später, identifiziert sich Krishna mit diesem Brahman und diesem Atman. *„Der mich kennt, der Opfer und Selbstdisziplin annimmt, den großen Herrn der ganzen Welt und den Freund aller Wesen, erlangt Frieden."*[53] Es ist unbestreitbar klar, daß Brahman, Atman und der „Große Herr" **(Mahesvara)** ein und derselbe sind. Sie sind drei Namen für die gleiche eine Wirklichkeit von verschiedenen Standpunkten aus betrachtet. Das, was die Gita außer Zweifel feststellt, ist, daß das, was in den Upanishaden als Brahman und Atman bekannt ist, auch Purusha, der personale Gott, ist. Dies wird noch deutlicher, wenn gesagt wird: *„Es gibt zwei Arten von Geist (Purushas) in diesem Universum, den vergänglichen und den unvergänglichen – d. h. die Welt der Materie und die Welt des Bewußtseins. Aber es gibt noch einen anderen, den allerhöchsten Geist (Purusha), der das höchste Selbst (Paramatman) ist, der unwandelbare Herr, der in die drei Welten eingetreten ist und sie erhält."*[54] Hier können wir noch einmal klar die Struktur der drei Welten sehen – die Welt der Materie, das Vergängliche; die Welt des Geistes oder Bewußtseins, das Unvergängliche; und über den beiden die Welt des höchsten Geistes, der die drei Welten durchdringt und sich in allem manifestiert. Daher können die Worte **Brahman, Atman** und **Purusha** gebraucht werden, je nachdem von welcher der drei Welten die Rede ist. Aber der höchste Geist selbst steht über Bewußtsein und Materie, über dem Unvergänglichen und dem Vergänglichen und wird daher als **Parabrahman, Paramatman, Purushottaman** – der allerhöchste Brahman, das allerhöchste Selbst, die allerhöchste Person – bezeichnet.

4. Die Lehre von der Nicht-Zweiheit

Diese Erklärungen sind notwendig, weil oft gesagt wird, daß die Lehre des Vedanta „monistisch" oder „pantheistisch" oder „polytheistisch" sei, aber keiner dieser Begriffe (die alle griechischen und nicht indischen Ursprungs sind) trifft die Sache. Es gibt monistische, pantheistische und polytheistische Interpretationen des Vedanta, aber die vedische Lehre selbst, die Lehre in den Upanishaden und der Bhagavad Gita, ist nichts von alledem. Es ist eine Lehre allerhöchster Weisheit, die aus grauer Vorzeit in Form einer göttlichen Offenbarung auf uns übergekommen ist. Sie drückte sich ursprünglich in Mythos und Symbol aus, entwickelte sich aber in tiefer Meditation und gibt nun eine einzigartige Einsicht in die letzte Wirklichkeit, d. h. das tiefste Sein der Natur des Menschen und des Universums.

Obwohl sie uns durch die Hindutradition erreicht hat, gehört sie nicht nur Indien, sondern der ganzen Menschheit. Tatsächlich ist feststellbar, daß diese Überlieferung überall auf der Welt seit frühesten Zeiten bekannt war. Man findet sie unter den primitiven Völkern in Afrika, Australien, Asien und Amerika, die sie als Erbe von ihren Vorfahren bekommen und sie in ihren Mythen und Symbolen, ihren Riten und Zeremonien, ihrem Tanz und Gesang bewahrt haben. Man hat sie auch die kosmische Offenbarung genannt, die Offenbarung der letzten Wirklichkeit, die der ganzen Menschheit durch den Kosmos, d. h. durch die Schöpfung, gegeben wurde. Davon berichtet der heilige Paulus: *„Was an ihm unsichtbar ist, wird in den Geschöpfen durch Nachdenken seit Erschaffung der Welt erkannt."*[55]

In der hebräischen Tradition ist sie in der Geschichte des Bundes mit **Noah** erhalten, der als Vater aller Menschen dargestellt wird. Vom Anfang der Geschichte an, soweit sich das sagen läßt, hat der Mensch hinter allen Phänomenen der Natur und des Bewußtseins eine verborgene Kraft wahrgenommen.

Oder vielmehr, er hat die Phänomene der Natur und sein eigenes Bewußtsein als von einem kosmischen Ganzen „umfangen" betrachtet. In dem Maße, wie seine Unterscheidungskraft sich entwickelte, war er in der Lage, die Kräfte der Natur, der Erde und des Himmels, des Wassers und Feuers und der Macht der Götter von seinen eigenen Kräften, der Sprache und Handlung, des Denkens und Fühlens zu unterscheiden und sich selbst als bewußtes Wesen zu erkennen. Aber ihm blieb das Gefühl für das Ganze, das Bewußtsein, daß die Götter der Erde und des Himmels auch in seinem Herzen und seinen geistigen Kräften waren und daß er in Mythos und Ritual, in Gebet und Opfer, diese Einheit mit der ganzen Schöpfung erfahren konnte.

Es ist dieser Sinn für die Einheit im Kosmos, der hinter der vedischen Tradition liegt, und in den Upanishaden wird der Urgrund dieser kosmischen Einheit beim Namen genannt. Es ist Brahman und Atman, und durch tiefe Meditation wurde schrittweise die Natur dieser Brahman und dieser Atman erfahren. Nicht durch Argumentation oder Nachdenken wird sie erkannt, nicht durch irgendeine Aktivität der Sinne und des rationalen Bewußtseins, sondern nur durch eine plötzlich hereinbrechende Erfahrung des Geistes, des Atman, im Menschen. Diese Erfahrung des Geistes versuchen die Upanishaden mitzuteilen und in Worten wiederzugeben, soweit sie in Worten ausgedrückt werden kann. Sie ist bekannt als **Saccidananda**, Sein oder Wirklichkeit, die in reinem Bewußtsein erfahren wird und vollkommene Glückseligkeit vermittelt. Aber ein solcher Zustand bewußten Seins ist ein Zustand persönlichen Bewußtseins. Es ist irreführend, von Brahman oder Atman als „unpersönlich" zu sprechen. Eine Person ist ein bewußtes Wesen, ein Wesen, das sich selbst bewußt wahrnimmt, und Brahman ist daher die allerhöchste Person, der **Purushottaman**. Jedes menschliche Wesen ist eine Person nur insoweit, als es an diesem allerhöchsten Bewußtsein teilnimmt.

Jeder von uns ist ein bewußtes Wesen insofern, als wir an diesem universalen Bewußtsein teilnehmen. Das neugeborene Kind hat erst einen Funken dieses Bewußtseins in sich, der wächst, wenn es lernt, durch Sprache und Gestik am Bewußtsein seiner Mutter und seines Vaters, seiner Familie und seiner Umgebung teilzuhaben. Wachsende Teilnahme an der Erfahrung der Familie, des Stammes, der Nation, der Rasse bedeutet Wachsen im Bewußtsein. Dieses Bewußtsein kann aber die Grenzen von Zeit und Raum überschreiten und in ein transzendentes Bewußtsein münden, ein Bewußtsein, das die Beschränkungen von Materie und Geist, die Kategorien der Sinne und der Vernunft übersteigt, und des universalen Bewußtseins gewahr werden, das die ganze Schöpfung umfängt. Dies ist die einzige Quelle des Bewußtseins im Menschen und im Universum. *„Es gibt keinen anderen Seher als ihn"*, sagt die Upanishad, *„keinen anderen Hörer als ihn, keinen anderen, der wahrnimmt, als ihn, keinen anderen Wissenden als ihn, nur dieses Selbst, den inneren Lenker, den Unsterblichen."*[56] All unser Sehen und Hören, Wahrnehmen und Wissen ist eine Folge des und eine Teilhabe am Bewußtsein dieses einen universalen Seins.

Was dieses Bewußtsein in vedischer Sprache charakterisiert, ist seine Nichtzweiheit. Es heißt dazu *„wo es Zweiheit gibt, riecht man einander, man sieht einander, man hört einander, man spricht zueinander, man spürt einander, man kennt einander, aber wenn alles das Selbst geworden ist, mit was und wen sollte man riechen und sehen und hören und zu wem sprechen und wen spüren und ihn erkennen? Wie könnte jemand wissen, durch was das alles gewußt wird? Wie könnte jemand den Erkennenden erkennen?"*[57] Das ist die klassische Aussage der Lehre der Nichtzweiheit **(advaita)**, und sie führt uns in die Mitte des Problems. Wie könnte man den Erkennenden erkennen? Das rationale Bewußtsein kann nur durch die Sinne wirken und ein „Objekt" seines Denkens entdecken. Sogar den allerabstraktesten Gedanken gibt es nur deswegen, weil zwischen Subjekt und

Objekt unterschieden wird. Aber wie können wir das Subjekt erkennen, das Ich, ohne es in ein Objekt zu verwandeln? In dem Augenblick, in dem ich von mir spreche, von einem Ich, habe ich es schon in ein Objekt verwandelt. Dies ist die Beschränkung des rationalen Bewußtseins. Es bleibt Gefangener der Kategorien einer objektiven Welt. Wie können wir dem Gefängnis des rationalen Bewußtseins entfliehen?

In allen religiösen Traditionen, denen der Hindus, der Buddhisten, der Moslems und der Christen, hat man erkannt, daß es ein Wissen über der Vernunft gibt, ein Wissen, das sich nicht aus den Sinnen ableitet und nicht durch die Kategorien rationalen Denkens determiniert wird. Es ist ein Wissen nicht über ein Objekt, sondern über das Subjekt, ein Wissen über das Ich, das erkennt, und nicht über das Ich, das erkannt wird. In der Hindutradition wurde das Erkennen des Selbst immer als die allerhöchste Form der Erkenntnis angesehen. Man muß aber wissen, daß dies nicht eine Theorie ist, die ein Produkt des Nachdenkens ist, sondern eine Erfahrung. Das Bewußtsein, das sich auf sich selber richtet, erkennt sich selbst intuitiv. Es ist eine Erfahrung, in der Sein und Erkennen eins sind. Das ist der Grund, warum es **Saccidananda** genannt wird, weil Sein **(sat)** in einem reinen Akt des Erkennens **(cit)** in der Glückseligkeit **(ananda)**, der Einheit und Nichtzweiheit erfahren wird. Der Erkennende, der Erkannte und der Akt des Erkennens sind alle eins. Dennoch haben wir, wenn wir dies gesagt haben, schon begonnen, die Erfahrung durch rationale Kategorien zu interpretieren, während die Erfahrung selbst jenseits des Verstandes ist. Dennoch müssen wir es versuchen, weil diese Erfahrung sehr oft falsch interpretiert worden ist. Diese Erfahrung wurde oft so gedeutet, daß das Wissen, das sich aus den Sinnen und dem Verstand ableitet, eine Illusion **(maya)** sei und daß deswegen die Welt der gewöhnlichen Erfahrung unwirklich sei. Dies ist aber nicht so. Das Wissen, das sich von den Sinnen und dem Verstand ableitet, ist ja selbst Teil des universalen Bewußtseins. Es ist das eine Sein, das in uns sieht und hört und erkennt. Jede einzelne Form menschlichen Bewußtseins ist ein Widerschein des einen Bewußtseins.

Aber wie sollen wir dann dieses Erkennen der Nichtzweiheit, dieses Erkennen des Selbst beschreiben? Wir stellen fest, daß das eine Selbst, das universale Bewußtsein, in all unserer Erfahrung gegenwärtig ist, daß aber sein Wirken durch Sinne und Verstand beschränkt ist. Was wir erfahren, ist die reine Wirklichkeit, die durch die Sinne und die Vernunft widergespiegelt wird. Wenn wir aber in der Meditation die Kategorien von Raum, Zeit und die des rationalen Bewußtseins transzendieren, erfahren wir diese eine Wirklichkeit in sich selbst. Die endliche, wechselvolle, zeitliche Welt unserer Erfahrung wird in ihrem unendlichen, unwandelbaren Urgrund erkannt. Die ganze Mannigfaltigkeit der Schöpfung wird in der schlichten Einheit ihres Ursprungs erkannt.

Wir dürfen aber nicht meinen, daß die Mannigfaltigkeit und die Verschiedenheit der Welt in dieser Schau der Einheit verlorengehe, so als ob ihr die letzte Wirklichkeit fehlte. Im Gegenteil ist es so, wie anderswo gesagt wird: *„Alles, was hier ist, ist da, und alles, was da ist, ist hier."* Es gibt kein Materieteilchen im Universum, nicht ein Sandkorn, kein Blatt, keine Blume, weder ein einzelnes Tier noch ein menschliches Wesen, das nicht sein ewiges Sein in dem Einen hätte oder das in der einsmachenden Schau des Einen übersehen würde. Was wir sehen, ist die Widerspiegelung der ganzen Schönheit der Schöpfung im Spiegel unserer Sinne und unserer Vorstellung. Aber dort in der Schau des Einen ist die ganze Mannigfaltigkeit der Schöpfung enthalten, nicht in der Unvollständigkeit ihres Werdens, sondern in der Einheit ihres Seins. Davon hat **Shankaracharya**, der große Gelehrte der **Advaita Vedanta**, gesagt: *„Wer Brahman erkennt, freut sich ohne Ausnahme über alle Wünsche, alle Wonnen, die herrliche Gegenstände in ihm wecken können. Erfreut er sich aller wünschenswerter Dinge, abwechselnd, so wie wir das tun? Nein, er erfreut sich an all den wünschenswerten Dingen gleichzeitig, sie sind gleichsam verdichtet durch eine* *einzige Wahrnehmung in einen einzigen Augenblick gefaßt. Diese Wahrnehmung ist ewig … und ist nicht vom Wesen Brahmans verschieden, das wir als Wahrheit, Erkenntnis, Unendlichkeit (satyam, jnanam, anatam) beschrieben haben.“*[58] Es ist eine Beschränktheit unseres Bewußtseinsvermögens, daß wir nur Punkt um Punkt, ein Ding nach dem anderen erfassen können in einer sich ständig verändernden Welt. Hätten wir ein vollkommenes Erkenntnisvermögen, könnten wir das Ganze in all seinen Teilen und alle dem Wechsel unterworfenen Phänomene der Natur in einer unveränderlichen Schau vollkommener Einheit erkennen.

Aber die Frage bleibt, was wird aus dem individuellen Selbst, wenn es dieses eine Selbst wahrnimmt? Verschwindet es einfach? Hier ist es wieder leicht, die Erfahrung der Nichtzweiheit zu mißdeuten. Es gibt keinen Zweifel darüber, daß das Individuum jedes Gefühl des Getrenntseins vom Einen verliert und eine totale Einheit erfährt, das heißt aber nicht, daß das Individuum nicht länger existierte. So wie jedes Element in der Natur ein einzigartiger Ausdruck der einen Wirklichkeit ist, so ist jedes menschliche Wesen ein einmaliges Bewußtseinszentrum im universalen Bewußtsein. Ebenso wie kein Naturelement in dieser letzten Wirklichkeit verlorengeht, verliert auch kein individuelles Bewußtseinszentrum seinen einzigartigen Charakter. Es nimmt teil an dem universalen Bewußtsein; es erkennt sich selbst in der Einheit des einen Seins; es entdeckt sich als eine Person in der einen Person. Eine Person ist nicht ein geschlossenes, sondern ein offenes Zentrum des Bewußtseins. Person ist Beziehung. Jede Person wächst, indem sie sich der Totalität personalen Seins öffnet, die in der allerhöchsten Person, dem **Purushottaman**, gefunden wird. Es ist das gleiche, was auch die christliche Lehre vom mystischen Leib Christi enthält. Dieser Leib umfaßt die ganze Menschheit in der Einheit der einen Person Christi, und, wie der heilige **Augustinus** sagt, gibt es letztendlich nur *„einen Christus, der sich selber liebt“.*[59]

Dieses Sich-Öffnen des individuellen Bewußtseins zum universalen Bewußtsein ist eine Bewegung des Sich-selbst-Überschreitens. Jedes Wachstum im menschlichen Bewußtsein ist eine solche Bewegung der Selbsttranszendenz. Das individuelle Selbst wächst durch Kontakt mit anderen, es transzendiert die Beschränkungen des eigenen Bewußtseins durch den Kontakt mit einer anderen Form des Bewußtseins. Die menschliche Natur, so wird behauptet, besteht in der Eigenschaft zur Selbsttranszendenz.[60] **Die letzte Stufe menschlichen Wachsens ist dann erreicht, wenn das menschliche Bewußtsein seine natürlichen Grenzen überschreitet, wenn es über die Kategorien von Zeit und Raum hinausgeht und auf das allerhöchste Bewußtsein, das Bewußtsein des Einen, stößt. Das wird in der religiösen Sprache als „Gnade" bezeichnet.** Die Katha Upanishad drückt es so aus: *„Der von Atman Auserwählte, der nur erkennt den Atman."*[61] Der Atman ist das allerhöchste Bewußtsein, das eine Selbst, das die Quelle allen Bewußtseins im Menschen und im Tier ist. Das menschliche Bewußtsein hat eine ihm innewohnende Kapazität für Freiheit, die eine Kraft ist, von dem auszuwählen, was ihm die Vernunft vorlegt. Wenn aber das menschliche Bewußtsein, das von den Sinnen und vom Verstand abhängt, die Grenze seiner Fähigkeit erreicht, dann bewirkt die „Gnade", die Kraft des Geistes, in dem allerhöchstes Bewußtsein wirkt, daß er die Grenzen seiner Person zu transzendieren vermag, um am göttlichen Bewußtsein, dem Bewußtsein des allerhöchsten Selbst, teilzuhaben. Es ist dies, was in der Hindutradition der „vierte" Zustand genannt wird, der Zustand jenseits des Physischen, Psychischen und Geistigen, der Übergang in den Zustand von **Ananda**, dem glückseligen Bewußtsein.[62]

5. Das allerhöchste Geheimnis

Hier nun führt die Gita in einen anderen Aspekt der göttlichen Natur ein – die Dynamik der Liebe. Der Höhepunkt der Offenbarung der Gita ist die Offenbarung göttlicher Liebe. *„Der Weise hat mich über alles gern"*, sagt Krishna, *„und teuer ist er auch mir."* Bisher haben wir gesehen, daß der Mensch Gott lieben und allerhöchstes Glück in dieser Liebe oder Verehrung **(Bhakti)** finden kann. Jetzt aber sehen wir, daß Gott diese Liebe beantwortet. Dies verdichtet sich im letzten Buch der Gita, wo Krishna sein „allerhöchstes Wort" spricht, das „allergeheimste" von allen, wenn er sagt: *„Sei mit dem Geist bei mir, liebe mich, opfere mir und verneige dich vor mir, und ich verspreche dir wahrhaftig, daß du zu mir dann kommen wirst, denn ich habe dich lieb."*[63] Dies eröffnet einen neuen Horizont, es offenbart eine Bewegung der Liebe im göttlichen Sein.

Man ist immer versucht, sich das göttliche Sein oder die absolute Wirklichkeit in statischen Begriffen vorzustellen. Es ist unendlich, ewig, unwandelbar, außerhalb des Zeitflusses und der Unterteilung des Raums, jenseits aller Vorstellung und aller Gedanken. Es ist Wahrheit, Erkenntnis, Unendlichkeit – **satyam, jnanam, anatam**.[64] Es ist Sein, Erkennen und Glückseligkeit – **Saccidananda** –, und dieser Begriff der Glückseligkeit kann bedeuten, daß es Bewegung im göttlichen Sein gibt. Aber oft ist sie einfach als die Glückseligkeit reinen Bewußtseins interpretiert worden und daher auch die Vorstellung einer statischen Weise göttlichen Seins. Wenn aber der Begriff Liebe in die göttliche Natur eingeführt wird, dann kann man **Ananda** als die Glückseligkeit der Liebe interpretieren.

Aber wie ist dies zu verstehen? In der Hindutradition hat man sich die göttliche Natur immer als „ohne Dualität" **(advaita)** vorgestellt: Sie ist **ekam eva advitya**, d. h. „eins nur ohne ein zweites". Was ist dann das Verhältnis der Welt zu dieser einen Wirklichkeit? Ist sie eine reine Illusion ohne jegliche letzte Wirklichkeit oder ist sie, so wie wir angedeutet haben, ein Widerschein, ein Bild der Wirklichkeit, dieses ewigen, unendlichen, unwandelbaren Eins, das sich in der zeitlichen, begrenzten, wechselnden Welt spiegelt? Wenn dies so ist, dann muß alles, was sich hier in dieser Welt widerspiegelt, alle die Bewegungen, die sich in Raum und Zeit abspielen, in igendeiner Weise in diesem ewigen Einen existieren. Dies wäre dann auch auf menschliche Beziehung anwendbar. Die Liebe zwischen Mann und Frau, Eltern und Kindern, Freund und Freund ist dann ein Bild, ein Widerschein der Liebe, die in Gott ist, und hat daher einen ewigen Aspekt. Sexualität selbst ist eine Reflexion göttlicher Liebe und wurde daher immer als etwas „Heiliges" angesehen. Sie ist Mittel, durch das das menschliche Wesen etwas vom Geheimnis göttlicher Liebe begreift. Wir haben daher anzunehmen, daß es in Gott eine Dynamik der Liebe gibt.

Die ganze Energie in der Natur, Licht und Wärme, Ton, Magnetismus und Elektrizität, sind ein Widerschein der Energie – der Shakti –, die ewig in Gott existiert. Die ganze Lebenskraft in der Natur, die der lebenden Zelle und des Organismus von Pflanze und Tier ist ein Widerschein des Lebens, das es in Gott gibt. Und genauso ist die ganze Liebe in der menschlichen Natur, sind alle Kräfte der Zuneigung und Verehrung, die ganze Freude der Intimität und der Selbsthingabe Manifestationen einer Liebe, die in den Tiefen der Gottheit verborgen ist.

Wir können darüber auch in Begriffen des Bewußtseins nachdenken. In der Intimität der sexuellen Vereinigung können wir Liebe in unseren Körpern erfahren. Wir können Liebe in unseren Seelen erfahren, in der gefühlsmäßigen Erfahrung des Miteinanderverschmelzens, der imaginativen Erfahrung ekstatischer Liebe oder der Erfahrung habitueller Zuneigung, die den Charakter des Menschen transformiert. All das sind Teilerfahrungen göttlicher Liebe. Aber darüber hinaus gibt es die Möglichkeit, Liebe in ihrer ganzen Tiefe zu erfahren, die

Möglichkeit, Sinne, Gefühle und Zuneigung zu überschreiten und die Kraft einer unendlichen Liebe zu entdecken, dann nämlich, wenn wir unsere menschlichen Möglichkeiten übersteigen und der Präsenz des göttlichen Seins in uns gewahr werden. Dies ist mystische Liebe, in der Menschliches und Göttliches sich treffen.

Im Licht dieser Liebeserfahrung, die die Mystiker aller Zeiten gemacht haben, beginnen wir zu begreifen, warum es in der göttlichen Natur selbst Liebe gibt, oder aber, wie die göttliche Natur selbst Liebe sein kann. Die göttliche Natur ist Wirklichkeit an sich, totale Wirklichkeit, die alles Sein enthält und aus der alles Sein einer jeden Stufe der Existenz kommt. Dieses Sein, diese Wirklichkeit, ist reines Bewußtsein, das in sich selbst total transparent ist, sich nicht nur in der Welt von Raum und Zeit und menschlichem Bewußtsein widerspiegelt, sondern auch in seinem eigenen Sein als reine Spiegelung des Seins an sich, sich selbst besitzend in vollkommenem Bewußtsein, sich selbst erkennend in einer vollkommenen Einheit von Sein und Erkennen, die „ohne Zweiheit" ist. Aber dieses göttliche Sein, diese absolute Wirklichkeit, ist auch Liebe; es ist eine Gemeinschaft, eine Selbsthingabe in Liebe. Durch Erkennen spiegeln wir uns in uns selbst wider und widerspiegeln auch die gesamte Schöpfung im Spiegel unserer selbst. Wenn wir aber lieben, geben wir uns hin, tauschen wir uns mit jemandem aus, transzendieren uns in Selbsthingabe. So ist es auch im Göttlichen, in der absoluten Wirklichkeit. Es gibt dort eine Bewegung der Liebe, eine Selbsthingabe, ein Sich-selbst-Ausliefern. Gott gibt sich selbst dem Menschen hin, teilt seinen eigenen Geist, sein inneres Selbst dem Menschen mit. Das ist aber auch gleichzeitig der Widerschein der Bewegung der Selbsthingabe, des Sich-selbst-Auslieferns in der Gottheit selbst; die Bewegung der Selbsterkenntnis, des Sich-selbst-Widerspiegelns, des Selbstbewußtseins in Gott, wird von einer anderen Bewegung der Selbsthingabe des Sich-selbst-Auslieferns der ekstatischen Liebe begleitet.

Wir wollen nun wieder zum Begriff der drei Welten zurückkommen. Die physische Welt, so weiß man jetzt, ist ein Feld von Energien, ein „Netz" wechselseitig voneinander abhängender Beziehungen, in dem jedes Objekt zu jedem anderen Objekt in Beziehung steht und das Ganze in jedem Teil gegenwärtig ist. In der gleichen Weise ist in der psychischen Welt jede Person ein Zentrum, und jede nimmt je nach ihrem Vermögen am universalen Bewußtsein teil, das all diese Zentren umgreift. Dieses universale Bewußtsein ist mit einem Punkt verglichen worden, der Zentrum eines Kreises ist, von dem Radien in alle Richtungen ausgehen. Alle diese Radien sind in diesem Punkt enthalten, sind auf ihn bezogen und existieren nur in Beziehung zu ihm. Ein anderes Bild dafür ist das der Sonne, die ihre Strahlen in alle Richtungen aussendet. Jedes erschaffene Ding ist ein Strahl dieses Lichtes, das in alle Farben des Regenbogens aufgefächert ist, je nach der Natur des Objektes, das dieses Licht aufnimmt. Es bleibt aber in sich immer das gleiche reine weiße Licht. Dies alles sind nur Bilder, aber sie helfen uns zu verstehen, wie die physische und psychische Welt aus dem allerhöchsten Sein entsteht und es widerspiegelt je nach der Verschiedenheit der Naturen darin, während das allerhöchste Sein immer das gleiche bleibt, und wie dieses Sein in der Einfachheit seines Seins in sich als Ideen oder Prinzipien die ganze Vielfalt der Geschöpfe enthält. In diesem Sinne kann man von dem allerhöchsten Sein behaupten, es sei „ohne Zweiheit". Es gibt nichts in der gesamten Schöpfung, das nicht in ihm enthalten wäre, keine Form, keine Energie, kein Leben, kein Bewußtsein. Dabei ist es nicht in Raum und Zeit verstreut, sondern konzentriert in den zeitlosen Augenblick und raumlosen Punkt seines eigenen unendlichen und ewigen Seins.

Aber hier taucht die Frage auf, ob die individuelle Seele oder das individuelle Bewußtsein in diesem letzten Zustand des Seins überlebt. Dazu muß man sagen, daß jede individuelle Seele ein Zentrum des Bewußtseins ist, das für alle anderen und für das universale Bewußtsein selbst offen ist. In ihrer letzten Erfüllung nimmt sie am Bewußtsein des allerhöchsten Seins teil und spiegelt die anderen Zentren des Bewußtseins in sich selbst wider, hört aber dennoch nicht auf, ein einmaliges Zentrum des Bewußtseins zu sein. Der eigentliche Sinn der Schöpfung war ja, den Austausch des Einen mit den vielen möglich zu machen, endliche und zeitliche Wesen am unendlichen und ewigen Sein und Bewußtsein des Einen teilhaben zu lassen und die Glückseligkeit – **Saccidananda** – des Allerhöchsten erfahren zu lassen. Und diese Glückseligkeit ist eine Glückseligkeit der Liebe. Liebe sucht sich selbst mitzuteilen, und der Sinn der Liebe wäre nicht erfüllt, gäbe es niemanden, an den sich diese Liebe richten könnte.

Heißt das aber, daß es Zweiheit in der Gottheit gibt? Hier brauchen wir den Begriff der Relation und gegenseitigen Einwohnung **(„Koinhärenz")** der christlichen Lehre der Trinität. Obwohl es keine Zweiheit in der Gottheit gibt, gibt es Beziehung – Beziehung der Erkenntnis und Liebe. Durch Erkennen nehmen wir die Form eines anderen Seins in uns auf, und durch gegenseitige Einwohnung (Koinhärenz) werden wir jenes andere Sein. Dies ist vornehmlich in personaler Beziehung feststellbar. In Liebe teilen wir uns anderen Personen mit, und sie teilen sich uns mit. In der sexuellen Vereinigung gibt es eine wechselseitige Selbsthingabe, die sich aber auf einer tieferen Bewußtseinsebene abspielt, wo sie zum vollständigen Innesein wird, ich in dir und du in mir. Im menschlichen Leben wird diese Vereinigung niemals voll verwirklicht, wohl aber im göttlichen Leben. Dies wurde im Johannes-Evangelium offenbart, als Jesus sagte: *„Ich bin im Vater und der Vater ist in mir."*[65] Dies ist nicht einfach eine Identität – er sagt nicht: *„Ich bin der Vater"* –, sondern eine Beziehung der Erkenntnis und Liebe. Aber gleichzeitig besteht eine völlige gegenseitige Einwohnung (Koinhärenz). Der Vater ist in dem Sohn und der Sohn in dem Vater, auf solche Weise, daß sie nur eine Natur besitzen, die ganz in jedem ist ohne jede Zweiheit. Es gibt keinen Unterschied zwischen dem Vater und dem Sohn außer dem der Beziehung. Ihre Natur oder ihr Wesen ist eines ohne „Zweiheit", ohne irgendeinen wie auch immer gearteten Unterschied.

Diese Lehre erleichtert es uns zu verstehen, wie es Erkenntnis und Liebe in der Gottheit, d. h. in der letzten Wirklichkeit, geben kann, während sie immer „ohne Zweiheit" bleibt. Aber sie zeigt auch, wie geschaffene Wesen an dieser nichtzweiheitlichen Weise von Sein und Bewußtsein teilhaben können.

Jesus bittet dann für seine Jünger, *„daß sie eins seien, so wie du in mir bist und ich in dir bin, daß sie in uns eins seien"*.[66] Durch die Geistesgabe, welche die nichtzweiheitliche Natur der Gottheit kundtut, nimmt das menschliche Bewußtsein am göttlichen Bewußtsein teil. Der Geist ist der weibliche oder rezeptive Aspekt der Gottheit, und der Sohn ist der männliche oder expressive Aspekt. Der Vater erkennt sich im Sohn und teilt sich selbst im Geist mit. Der Geist ist die rezeptive Kraft in der Gottheit, die im Wort und in der Liebe, die vom Vater zum Sohn und vom Sohn zum Vater fließt, die Prägung des Sohnes erfährt und sie wieder an sie zurückgibt. Aber diese Liebe unterscheidet sich nicht von dem nichtzweiheitlichen Sein der Gottheit. Es ist ein Aspekt jenes Seins und im Wesen mit ihm identisch. Dieser Geist ist es, der sich unserem menschlichen Geist mitteilt, so daß wir an jener Liebe teilhaben, die das eigentliche Wesen der Gottheit ist. Das drückt der heilige Paulus aus, wenn er sagt: *„Gottes Geist bezeugt zusammen mit unserem Geiste, daß wir Kinder Gottes sind."*[67] Durch den Geist erhalten wir daher jene rezeptive Kraft, die uns an der inneren Natur der Gottheit teilhaben läßt. Wir nehmen teil an des Sohnes eigenem Erkennen des Vaters und an der Liebe, die vom Vater zum Sohn und über die gesamte Schöpfung fließt.

Dieser Begriff der „Koinhärenz", der gegenseitigen Einwohnung des Vaters im Sohn und des Sohnes im Vater durch den Geist der Liebe hilft uns, nicht nur die Natur der Gottheit selbst, sondern auch die Natur menschlicher Beziehungen innerhalb der Gottheit zu verstehen: Wenn die menschliche Natur durch den Geist in das Erkennen und die Liebe des Vaters und Sohnes hineingenommen wird, wird das menschliche Bewußtsein der göttlichen Weise des Bewußtseins geöffnet. So wird jedes menschliche Bewußtsein erweitert und enthält nun alle anderen Sphären des Bewußtseins, sowohl das der Götter, wie der Engel und Menschen. Es besteht eine wechselseitige innige Durchdringung auf jeder Ebene. Jedes Wesen wird jedem anderen Wesen gegenüber transparent; jedes ist Widerschein des anderen und des Ganzen. **Plotin** hat das schön ausgedrückt, als er sagte: *„Alles ist transparent, nichts dunkel, nichts widersteht, jedes Wesen ist durchlässig jedem anderen gegenüber in Breite und Tiefe; Licht durchdringt Licht, und jedes von ihnen enthält alles in sich selbst und sieht gleichzeitig alles in jedem anderen, so daß überall alles ist und alles alles ist und jedes alles und unendlich die Herrlichkeit."*[68] Dies ist die Schau der letzten Wirklichkeit, die wir in der Philosophia perennis bekommen. Sie ist Griechenland und Indien, China und Arabien gemeinsam. Sie wird auch in der christlichen Lehre vom mystischen Leibe Christi gefunden, wo jede Kreatur durch die innewohnende Präsenz des Geistes am inneren Leben der Gottheit teilhat und jeder Widerschein der Herrlichkeit im anderen ist, *„indem er durch den Geist des Herrn zu immer größerer Herrlichkeit umgestaltet wird"*.[69]

III.
DIE JÜDISCHE OFFENBARUNG

1. Die Mythologie des Alten Testaments

Wenn wir von Gott, der letzten oder der absoluten Wirklichkeit sprechen, sollten wir uns immer daran erinnern, daß wir uns der Analogie bedienen. Das ist Gesetz einer jeden religiösen Abhandlung. **Worte können niemals ausdrücken, was Gott oder was die Natur der letzten Wirklichkeit ist.** Wir können nur Bilder und Begriffe benutzen, die aus unserer menschlichen Erfahrung stammen, die aber niemals adäquat die letzte Wirklichkeit beschreiben können. Unsere Bilder und Begriffe stammen aus der Welt der Materie und, wie verfeinert durch den Verstand sie auch immer sein mögen, sie bleiben immer inadäquat, um das zu beschreiben, was jenseits der materiellen Welt liegt. Selbst die menschliche Seele kann man eigentlich nicht richtig beschreiben. Durch Erfahrung weiß man zwar, daß sie im Körper ist, doch werden wir normalerweise niemals erkennen, wer wir wirklich sind.

Dennoch gibt es eine Erfahrungsweise, die sowohl Körper und Seele transzendiert, eine Erfahrung des Geistes, die nicht nur rational und daher abhängig von den Sinnen ist, sondern intuitiv, direkte Einsicht ist, die nicht von der Seele und ihren Fähigkeiten kommt, sondern vom Geist selbst, dem absoluten, der im Grund der Seele jedes Menschen ist und sich denen offenbart, die ihn suchen. Doch wir müssen uns der Sprache der Sinne und der Vernunft bedienen, wenn wir von dieser Erfahrung sprechen wollen, können so aber die Wirklichkeit dessen, was wir erfahren haben, nie genau wiedergeben.

Diese Beschränkung ist jeder menschlichen Sprache eigen. Wie wir uns erinnern, zielt die Sprache in den Veden, den Upanishaden und der Bhagavad Gita, darauf, diese Schranke niederzureißen, soweit das möglich ist. Brahman, Atman und Purusha sind Worte, die im Feuer mystischer Erfahrung gereinigt wurden, und sie zeigen mit außergewöhnlicher Kraft und Präzision die Natur dieser letzten Wirklichkeit an, von der sie zeugen; aber nur ein Glaubenssprung, ein Erwachen intuitiver Einsicht kann uns über Worte hinaus zu der Wahrheit führen, für die sie stehen. Das gleiche gilt für die Sprache der Bibel. Die Bibel entwickelte sich in der semitischen Welt des Mittleren Ostens, die von der Welt des alten Indien und des Fernen Ostens sehr verschieden ist. Sie hat ihre eigenen Bilder, Begriffe und Symbole, die aus der einzigartigen Erfahrung des israelitischen Volkes kommen, doch alle ihre Worte und Symbole haben einen historischen Hintergrund. Die Bibel, so wird oft gesagt, ist das Wort Gottes, doch sie ist das Wort Gottes in menschliche Worte gekleidet mit den unvermeidlichen Beschränkungen, die allen menschlichen Worten anhaften. Nur im Glauben, das heißt durch intuitives Verstehen, das über den Buchstaben zum Geist hin verstößt, der uns an den Erfahrungen der Propheten und Weisen des Alten Testaments teilhaben läßt, können wir etwas von der Wahrheit und der Wirklichkeit erfahren, die sie bezeugten.

Als ich zum ersten Mal die Bibel zu lesen begann, war es die Literatur, das Produkt der Vorstellungskraft, die mich fesselte. Aber jetzt, wenn ich sie heute wieder aufschlage, gefällt sie mir immer noch als ein hervorragendes Werk menschlicher Vorstellungskraft. Geschichte und Moral, etwas Philosophie und Theologie finden sich in der Bibel, aber im wesentlichen ist sie ein Werk der Vorstellungskraft des Menschen, und zwar in dem tiefen Sinn, der dem Wort Vorstellungskraft (Imagination) durch **Wordsworth** und **Coleridge** gegeben wurde. Für sie bedeutet Vorstellung Einblick nehmen in die letzte Wirklichkeit. **Blake** hat das in poetischer Sprache ausgedrückt. Für ihn ist das *„der göttliche Leib des Herrn Jesus, der ewig gesegnet ist"*. Mit anderen Worten, die Sprache der bildlichen Vorstellung ist Teil des Inkarnationsprozesses. Gott, die allerhöchste Wirklichkeit, manifestiert sich selbst in der gesamten Schöpfung.

Jedes materielle Ding ist eine Art Inkarnation, ein Ausdruck der einen allerhöchsten Wirklichkeit in Materie, Energie und Leben. Diese eine Wirklichkeit, die allerhöchste Wahrheit, spiegelt sich in der menschlichen Seele zunächst in der Vorstellung wider, in jenen archetypischen Bildern, die unser Bewußtsein strukturieren. Durch diese Urbilder, die sich in Symbolen ausdrücken, offenbart sich schrittweise diese Wahrheit und wird Gott vom Menschen erkannt. Bevor sie als Logos oder Vernunft offenbar wird, macht sie sich durch den Mythos, das Bild, bekannt. In diesem Sinne können wir von einer Mythologie des Alten Testaments sprechen. Die Bibel benutzt gewöhnlich die Sprache des Mythos und des Symbols. Selbst wenn einer Geschichte eine historische Begebenheit zugrunde liegt, wird sie mit Elementen der bildlichen Vorstellung überarbeitet und in einen Mythos verwandelt, d. h., sie wird zum symbolischen Ausdruck letzter Wirklichkeit.

Es ist ein Fehler, sich vorzustellen, daß die Sprache der abstrakten Vernunft uns näher an Gott oder an die Wirklichkeit heranbringt als jene der konkreten Vorstellung. Goethe hat recht, wenn er schreibt, daß *„ein Mann, der mit den sogenannten exakten Wissenschaften geboren und aufgewachsen ist, auf der Höhe seiner analytischen Vernunft nicht leicht verstehen wird, daß es so etwas wie eine exakte, konkrete Vorstellung gibt"*.[1] Die westliche Welt wurde über Jahrhunderte vom „analytischen Verstand" dominiert, der sich in den „sogenannten exakten Wissenschaften" manifestierte, so daß sie beinahe unfähig geworden ist, die Sprache der bildlichen Vorstellung zu verstehen.

Und doch wurden alle großen heiligen Schriften der Welt, die Bibel, die Veden, der Koran, in poetischer, d. h. symbolischer Sprache, geschrieben, und nur durch sie läßt sich wirkliches Erkennen, im Unterschied zu, nach **Newman**, „rein gedanklichem" Erkennen, der letzten Wirklichkeit gewinnen.

Die Sprache von Mythos und Dichtung, der konkreten Vorstellung, benützt die Sinne, die Gefühle, die Affekte und den Willen genauso wie den Verstand und führt so zur Umwandlung des ganzen Menschen. In diesem Sinne kann man sagen, daß die Sprache der bildlichen Vorstellung eine Art der Inkarnation ist.

Der heilige **Thomas von Aquin** übersetzte die biblische Offenbarung in die formalen Begriffe des analytischen Verstandes. Das war eine überragende Leistung und hat dauerhaften Wert, aber diese abstrakten Begriffe können niemals den Platz der vorstellungsreichen Sprache der Bibel einnehmen, genau wie die „Dogmen" oder abstrakten Glaubensformeln armer Ersatz für die lebendigen Symbole des Neuen Testaments sind.

Wir müssen uns daher der biblischen Botschaft als Werk eines an Vorstellungskraft reichen Geistes oder mit anderen Worten, als einer Mythologie nähern. Das Wort **„Mythos"** hat heute seine abschätzige Bedeutung verloren, und es wird überall anerkannt, daß der Mythos die Sprache ist, die Einsicht in letzte Wirklichkeit gibt und die Wahrheit nicht nur durch Symbole offenbart, sondern auch jene, an die der Mythos gerichtet ist, befähigt, an den Erfahrungen des Dichters oder des Propheten teilzuhaben, der sie mitteilt.

Einen Mythos im eigentlichen Sinne zu verstehen, heißt in eine einzigartige Erfahrung der Wirklichkeit eingeführt zu werden. Wir wissen, wie das Leben primitiver Stämme durch den Mythos beherrscht wird, der aus vergangenen Zeiten stammt und von Sehern übermittelt wurde, die selbst das Geheimnis erfahren haben, das sich im Mythos verbirgt. In gleicher Weise wurde der Mythos des Alten Testaments den Patriarchen und Propheten offenbart und durch die heiligen Schriften übermittelt, damit jeder Israelit am göttlichen Geheimnis teilhaben konnte, das seinen Vorfahren offenbart worden war. Dies ist ein organischer Prozeß. Im Prozeß der Übermittlung wächst der Mythos in dem Maße, in dem der Prophet oder Seher neue Einsichten bekommt, und seine eigentliche Bedeutung wird nur schrittweise erkannt. Dieser Prozeß hörte nicht mit dem Alten Testament auf, ganz im Gegenteil, denn der Mythos des Alten Testaments bekam nach christlichem Glauben erst in Jesus von Nazareth seinen letzten und definitiven Sinn.

Ein Mythos hat immer eine dreifache Bedeutung. Zunächst ist die phänomenale Welt der Natur oder der Geschichte Grund für sein Entstehen. Zweitens hat er eine psychologische Bedeutung, d. h., er hat einen Bezug zur menschlichen Erfahrung, sowohl im individuellen wie sozialen Bereich. Drittens hat er eine spirituelle Bedeutung, indem er einen Aspekt der letzten Wahrheit oder Wirklichkeit widerspiegelt. Es gibt Naturmythen im Alten Testament, vor allem den der Schöpfung im ersten Kapitel der Genesis, der zum Mythos der neuen Schöpfung wird, die in dem neuen Himmel und der neuen Erde der Offenbarung des heiligen Johannes gipfelt.

In Israel gründet sich der Mythos meist auf ein geschichtliches Ereignis, und, im Gegensatz zur indischen Tradition, dieses grundlegende historische Ereignis wächst stetig in seiner Bedeutung. Sogar der Geschichte von **Adam** und **Eva**, der natürlich kein geschichtliches Ereignis zugrunde liegt, die reiner Mythos ist, symbolische Geschichte, die etwas über den ursprünglichen Zustand des Menschen und seinen Fall in den derzeitigen Zustand aussagt, wird eine pseudo-historische Basis gegeben und mit den folgenden Generationen verbunden, wie sie in der hebräischen Volkskunde aufgezählt wurden. Die Geschichte der Sintflut und des Turms zu Babel, obwohl im wesentlichen mythologisch, bezieht sich möglicherweise auf ein geschichtliches Ereignis. Aber wenn wir zu den Patriarchen, zu den Gründungsvätern Israels kommen, betreten wir entschieden mehr geschichtlichen Boden.

Obwohl die Geschichten, die von den Patriarchen handeln, sich aus verschiedenen legendären Quellen zusammenzusetzen scheinen[2], beziehen sie sich doch ziemlich sicher auf Ereignisse in der Geschichte, wie das bei den Geschichten der

Ramayana und der Mahabharata in Indien, der Ilias und der Odyssee des Homer in Griechenland auch der Fall ist. Aber was hier bemerkenswert ist, ist, wie diese Geschichten durch die bildliche Vorstellung ausgeformt werden. Wir sehen in ihnen die schöpferische Vorstellungskraft des hebräischen Volkes am Werk, die den Geschichten einen tiefen psychologischen Charakter gibt, sie aber vor allem als Offenbarung der göttlichen Führung in der Geschichte Israels sieht. In der Geschichte von Moses und dem Exodus befinden wir uns zwar immer noch in der Welt des Mythos, aber die historische Basis ist stärker. Inspiriert durch die großen Propheten, hat der Genius des hebräischen Volkes darin ein Zeugnis der Offenbarung Jahwes als Gott Israels hinterlassen und ein Zeugnis vom Erwachen der Hebräer zu ihrer Identität als ein Volk mit einem ihm von Gott gegebenen eigenen Gesetz.

Jahwe ist wie der ältere **Elohim** natürlich ursprünglich eine mythologische Figur. Daß er mit Wolken und Donner am Berg Sinai in Verbindung gebracht wird, deutet darauf hin, daß er zuerst ein Donnergott war, wie Indra in Indien und Zeus und Jupiter in Griechenland und Rom. Später wurde er der Stammesgott Israels und war einer unter vielen anderen Göttern. Aber sehr bald wurde Jahwe mit Elohim identifiziert. Elohim ist ein Wort, das sich mit dem hinduistischen Brahman vergleichen läßt. Es bezeichnet das heilige Geheimnis, die Sphäre des „Heiligen", wie **Rudolf Otto** es genannt hat, oder die Welt der Götter. Es ist bedeutsam, daß das Wort „Elohim" ein Plural ist und ganz eindeutig auf eine Zeit zurückgeht, in der Israel viele Götter hatte. Dieses Wort läßt sich sogar für einen Geist benutzen, wie es z. B. die Wahrsagerin von Endor tat, als sie den Geist Samuels rief.[3] Mit anderen Worten, es bezeichnete ursprünglich die übernatürliche Welt, die Welt der Geister. Israel erkannte nur schrittweise, daß Jahwe der eine Gott war und der Name Elohim, jetzt als Singular benutzt, nur ihm alleine gegeben werden konnte. Diesbezüglich entwickelte sich die Religion in Israel in eine andere Richtung als in Indien. In Indien hatte man erkannt, daß alle Götter **(devas)** Namen und Formen des einen Gottes, der höchsten Wirklichkeit, waren, der keinen Namen und keine Form hat. In Israel wurde der Name Jahwe dem einen Gott gegeben, und alle anderen Götter wurden zunächst als ihm untergeordnet betrachtet[4] und dann als Nichts im Vergleich mit ihm.[5] Man nahm auch an, daß es eine Welt der Geister gebe, eine Welt der Engel und Dänomen, vergleichbar den Devas und Asuras der indischen Tradition, die vermutlich aus persischem Einfluß während der babylonischen Gefangenschaft stammen.

Was die jüdische Offenbarung von der vedischen Offenbarung unterscheidet, ist die Betonung des moralischen Charakters Jahwes. Der **Brahman** im Hinduismus wurde als **Saccidananda** beschrieben – als Sein, Bewußtsein und Glückseligkeit, und die Betonung lag immer auf Bewußtsein. Für den Hindu ist der Aufstieg zu Gott ein Aufstieg zu einer höheren Ebene des Bewußtseins, ja sogar zum allerhöchsten Bewußtsein, das auch vollkommene Glückseligkeit ist. Dies hatte natürlich ein Wachsen der Moral zur Folge, und **Dharma** oder Rechtschaffenheit wurde als notwendige Bedingung eines höheren Bewußtseins angesehen. Krishna in der Bhagavad Gita, die Gestalt des persönlichen Gottes, der auch der „allerhöchste Brahman" genannt wird, wird als der „Hüter des ewigen Gesetzes" **(sanatana dharma)** bezeichnet. Aber das Absolute stellte man sich normalerweise eher im Sinne von Sein, Wahrheit, Glückseligkeit und Nichtzweiheit vor und weniger als Rechtschaffenheit.

Der Gott Israels aber ist wesentlich ein „heiliger" Gott, dessen Eigenschaften Rechtschaffenheit **(sahiq)** und liebende Güte **(hesed)** sind. Es ist zutreffend, daß man sich Jahwe ursprünglich als moralisch unvollkommenes Wesen vorstellte, je nach dem moralischen Standard des hebräischen Volkes. Es gibt einen dämonischen Aspekt Jahwes, der sich in der ungewöhnlichen Geschichte seines „Versuchs, Moses zu töten"[6] zeigt und der tatsächlich Uzzah in seinem Zorn umbringt, weil dieser die Bundeslade berührte.[7] Noch viel ernster ist die Geschichte des Passahfestes, wo es von Jahwe heißt, daß er an den Häusern der Israeliten vorbeigeht, weil sie Blut an ihren Torpfosten haben, während er erbarmungslos die Erstgeborenen der Ägypter erschlägt.[8] Schließlich und am schockierendsten von allem ist das Befolgen des Herem, das als Akt der Ergebenheit gegenüber Jahwe verlangte, eine ganze Stadt zu zerstören und deren Männer, Frauen und Kinder niederzumetzeln.[9]

Im Laufe der Zeit wurde der Zorn Jahwes mehr und mehr als Sündenstrafe gesehen, aber selbst bei den großen Propheten kann man noch sehen, wie die Strafe Gottes ohne Unterschied auf ganze Nationen und Völker fällt. Diese Auffassung ist sogar noch im Neuen Testament zu finden, besonders im Buch der Offenbarung.

Auf diese Weise haben Judentum und Christentum, zusammen mit dem Islam, der die gleiche Tradition geerbt hat, immer mit dem Begriff einer grimmigen Gottheit zu ringen gehabt, deren Taten oft nicht in Übereinstimmung mit elementarer Moral gebracht werden konnten und deren Strafen von den Erfordernissen der Liebe sehr weit entfernt zu sein schienen. Der „furchtbare" Aspekt Gottes ist auch Problem im Hinduismus. Es gibt dort **Shiva**, den Zerstörer, und **Kali**, die Göttin des Zorns, deren Gesicht mit Blut verschmiert, mit Schlangen umgeben ist und die vollbehängt ist mit menschlichen Häuptern und Totenschädeln. Doch Shiva ist auch der „Zerstörer der Sünde" und der Gott unendlicher Gnade, und Kali ist auch die Mutter, die Liebe und Glückseligkeit verkörpert. So ringt jede Religion mit diesem Problem der Gerechtigkeit und Barmherzigkeit, dem Zorn und der Liebe, dem Gesetz und der Gnade, und in gewissem Sinne wird der Konflikt nie zu lösen sein, solange wir auf der Ebene der Dualität bleiben.

Nur wenn wir über die Ebene der Dualität hinausgehen, können wir letztlich diese Gegensätze versöhnen. Dieses Problem ist vielleicht am größten in der christlichen Lehre von der ewigen Höllenstrafe. Sowohl im Hinduismus als auch im Buddhismus ist Hölle ein Zustand, der zeitlich begrenzt ist, und niemand wird zu ewiger Strafe verdammt. Aber die christliche Lehre von der Hölle ist fest eingebettet im Neuen Testament und in Jesu Lehre selbst, vor allem in der sonst herrlichen Parabel vom letzten Gericht.[10] Der Grund dafür scheint der Hebräer selbst zu sein, der sich die Ewigkeit nicht als einen Zustand jenseits der Zeit vorstellen konnte. Ewigkeit war für ihn immer eine Ausdehnung der Zeit („für immer und immer"). Dies ist ein Mangel des hebräischen Geistes. Seine Vorstellungskraft war bestens entwickelt und konnte zu den tiefsten Ebenen der Wirklichkeit vordringen, aber das metaphysische Vermögen, das bei den Hindus und den Griechen so stark ausgeprägt ist, die Fähigkeit, sowohl Bilder als auch Begriffe zu überschreiten, um das zeitlose, raumlose Sein zu erfahren, das jenseits davon liegt, fehlte den Hebräern und möglicherweise überhaupt dem semitischen Bewußtsein. Und deswegen stellte man sich Himmel und Hölle in räumlichen und zeitlichen Begriffen vor. Jesus sprach natürlich bewußt in Parabeln, und seine Sprache war durchaus symbolisch, aber im Laufe der Zeit setzte sich eine allzu wörtliche Auslegung seiner Lehre durch. Das Ergebnis war die Lehre von der ewigwährenden Strafe, die sicherlich die schrecklichste Lehre ist, die je von einer Religion gepredigt wurde.

Daran können wir verstehen, wie wichtig es ist, an die jüdische Offenbarung im Sinne einer Mythologie heranzugehen. Ein Mythos ist eine symbolische Geschichte, die aus den Tiefen menschlicher Erfahrung der Natur und der Geschichte kommt, in die der Mensch verwickelt ist. Als solche besitzt sie eine Kraft organischen Wachstums, die von der Entwicklung des rationalen und emotionalen Bewußtseins im Menschen abhängt und unter der Führung oder der Inspiration des Geistes im Menschen steht. In dem Maße, wie menschliches

Bewußtsein sich entwickelt, wird der Mythos umgeformt und reinterpretiert; oft werden dabei neue Elemente assimiliert und alte fallengelassen, so wie der Geist führt. Wir können diesen Prozeß in der Entwicklung des Alten Testaments beobachten, wie nämlich die epische Geschichte Israels, sein Auszug aus Ägypten, sein Durchzug durch die Wüste, sein Einzug ins Gelobte Land durch die nachfolgenden Generationen neugeschrieben und uminterpretiert wurde. Von der Zeit Salomons (900 v. Chr.) bis zur Zeit der Rückkehr aus dem Exil in Babylon (500 v. Chr.) wurde die Geschichte nicht weniger als viermal bearbeitet, jedesmal, wenn durch inspirierte Propheten neue Einsichten in die Bedeutung der Geschichte Israels und seines Platzes im Plan Gottes gegeben wurden.[11] Zur Zeit Davids und Salomons ist Israel in das Licht der Geschichte gerückt, und der Mythos hat jetzt einen klaren historischen Bezug, verliert deswegen aber nicht seinen mythischen Charakter.

Ein neuer Mythos vom Messias und seinem Königreich entstand aus den historischen Gegebenheiten Israels zur Zeit Davids, als David als König, als Messias gesalbt war, der „Gesalbte" war und das Königreich Israel unangefochten etabliert war.[12] Denn als das Königreich nach dem Tod Salomons geteilt und Israel wieder fremder Herrschaft unterworfen war, entstand der Mythos vom Messias und seinem Königreich, der sich nicht in die Vergangenheit, wie beim Mythos des Exodus, sondern in die Zukunft richtete. Ein neuer König würde kommen wie David und das Königreich Israels wieder aufrichten.[13] Und dieser Mythos reicht bis ins Neue Testament hinein im Versprechen an Maria, daß ihr Sohn den Thron seines Vaters David bekommen und über das Haus Jakobs herrschen werde.[14]

Wenn wir einmal den mythologischen Charakter der biblischen Geschichte begriffen haben, ordnet sich alles am richtigen Platz ein. Vom Anfang bis zum Ende, von der Geschichte der Schöpfung der Welt und dem Sündenfall des Menschen in der Genesis, über die Geschichte von Noah und der Sintflut, der Patriarchen Abraham, Isaak und Jakob, dem Exodus unter Moses und dem Zug durch die Wüste, der Ankunft im Gelobten Land und der Festigung des Königreiches unter David und schließlich der Erbauung des Tempels unter Salomon. Als Israel den Gipfel seiner Größe erreicht, zeigt sich die Geschichte Israels als epische Erzählung, welche die Absicht Gottes für den Menschen seit seiner Schöpfung offenbart. Die Geschichte hat eine historische Basis, die mit fortschreitender Zeit immer stärker wird. Immer ist es aber die symbolische Bedeutung, die Offenbarung des Handelns von Gottes Geist in menschlicher Geschichte, die von primärer Bedeutung ist.

So haben die Kirchenväter die „allegorische" Bedeutung der Bibel verstanden. Die wörtliche oder historische Bedeutung wurde immer für wesentlich erachtet, und manchen Erzählungen, wie z. B. dem Buch der Genesis, wurde oft ein historischer Wert gegeben, der nicht zu ihrem wahren Charakter gehörte – aber die moralische oder psychologische Bedeutung, die Anwendung der Erzählung auf das moralische und spirituelle Leben des Menschen, war ihnen wichtiger. Über allem stand für sie die allegorische und analoge Bedeutung, das was die Erzählung für den letzten Sinn menschlicher Geschichte und das letzte Ziel des Menschen hergab. Wir verdanken **Origenes**, dem großen Bibelexegeten des dritten Jahrhunderts, ein großartiges Werk, das diese universale Bedeutung der Heiligen Schrift vertritt; doch in neuerer Zeit mit dem Aufkommen es Rationalismus in Europa hatte sich ein plumpes Verhaftetsein an der buchstäblich historischen Bedeutung der biblischen Erzählung durchgesetzt. Erst jetzt, nachdem die Bedeutung und der Wert der Mythen und das organische Wachstum des religiösen Bewußtseins tiefer verstanden wurden, können wir die Bibel und andere heilige Schriften und Traditionen gründlicher verstehen. Nun sehen wir die großen Themen des Alten Testaments als die Elemente eines großen Mythos, einer symbolischen Erzählung, deren Bezug zur Geschichte unterschiedlich stark ist, aber immer den letzten Sinn menschlicher Geschichte und die letzte Bedeutung des Menschen und des Universums zu offenbaren versucht.

2. Der Mythos: Die neue Schöpfung

Die Bibel beginnt mit der Erzählung von der Erschaffung der Welt im Buche Genesis, als Gott Himmel und Erde erschuf, und endet mit der Erzählung von der neuen Schöpfung im Buch der Offenbarung des heiligen Johannes, wo er sagt: *„Und ich sah einen neuen Himmel und eine neue Erde."*[15] Die gesamte Geschichte der Bibel steht somit im Kontext des kosmischen Mythos der Schöpfung, Zerstörung und Neu-Schöpfung. Aber dies ist nicht so wie im alten Mythos vom „ewigen Kreislauf" einer zyklischen Bewegung von Entstehen und Vergehen, der eine weitere Periode des Entstehens und Vergehens folgt, sondern ist eine fortschreitende Bewegung auf ein Endstadium hin. Die neue Schöpfung der Offenbarung ist nicht ein Zustand, dem ein anderer Zustand der Auflösung folgt, sondern die letztendliche Vollendung aller Dinge, in der die gesamte Schöpfung in das göttliche Leben eingegangen ist. Sie überschreitet dabei ihre derzeitige Seinsweise im Raum und Zeit und erreicht ihren Endzustand der Erfüllung, wenn, wie der heilige Paulus sagt, *„alles wieder unter einem Haupte sein wird, was in den Himmeln und was auf Erden ist"*.[16] Dies ist der Plan Gottes, der nach und nach im Alten Testament offenbart wurde und im Neuen voll verwirklicht ist. Es ist nicht nur die ganze Menschheit, um die es in diesem Plan geht, sondern es geht um die gesamte Schöpfung, den Himmel als auch die Erde. Die Bibel aber meint mit Himmel nicht einfach das Firmament. Wir haben ja gesehen, daß man sich in der Alten Welt Materie niemals als vom Bewußtsein getrennt vorstellte. Für sie wurde Bewußtes und Unbewußtes durch die Kraft des höchsten Geistes in einer organischen Einheit zusammengehalten. Der Himmel war daher nicht einfach das Firmament, sondern der

Aufenthaltsort Gottes. Als Jesus seine Jünger lehrte, *„Vater unser im Himmel"* zu beten, sprach er nicht von dem materiellen, sondern dem spirituellen Himmel, oder genauer gesagt, er benutzte das Wort in seinem ursprünglichen Sinn für den Wohnort Gottes, den allerhöchsten Geist, der die materielle und spirituelle Welt in einer organischen Einheit umschließt.

Die sieben Tage der Schöpfung wurden in der frühen Kirche unterschiedlich interpretiert. Die Schule von Antiochien, repräsentiert vor allem durch den heiligen **Johannes Chrysostomos**, hielt an der wörtlichen Interpretation fest, die annimmt, daß die gesamte Welt wörtlich genommen in sieben Tagen erschaffen worden sei; aber die Schule von Alexandrien mit **Klemens** und **Origines** an der Spitze glaubte, daß die Aussage der Heiligen Schrift hauptsächlich in ihrer „allegorischen" oder symbolischen Bedeutung liege. Sie lehrte, daß die gesamte Schöpfung von Gott in einem einzigen Akt göttlicher Kraft hervorgebracht sei und daß die sieben Tage lediglich eine Hilfe für den Menschen darstellen, um das Geheimnis der Schöpfung ein wenig verstehen zu können. Aber es gab noch eine andere Schule, deren Vertreter der heilige **Gregor von Nyssa** im Osten und der heilige **Augustinus** im Westen waren. Diese Schule stimmte mit der von Alexandrien überein, daß nämlich die Welt in einem einzigen Augenblick und durch einen einzigen Akt göttlicher Kraft erschaffen wurde, daß sie aber nicht in der Form, in der wir sie jetzt kennen, erschaffen wurde, sondern als „Potentialität". Dem heiligen Gregor von Nyssa zufolge erschuf Gott nicht die Formen der Dinge, wie sie jetzt existieren, sondern gewisse „Kräfte" oder „Energien", die dazu bestimmt waren, sich im Laufe der Zeit in die derzeitigen Formen der Natur zu entwickeln. Die sieben Tage der Schöpfung hat er nur als die Stufen der Evolution dieser ursprünglichen Energien gesehen, die in einer, wie er es nannte, „notwendigen Ordnung" vor sich ging. In gleicher Weise sprach der heilige Augustinus davon, daß die Welt in ihren „Ursachen" oder „keimtragenden Prinzipien" **(rationales**

seminales) geschaffen wurde, d. h. daß gewisse Prinzipien wie Samen von Anfang an in die Natur eingepflanzt seien, die dazu bestimmt waren, ihre spezifischen Formen entsprechend der Gesetze oder Neigungen in ihnen zu entwickeln. Man kann sehen, wie nahe dies der modernen Ansicht über die Evolution des Universums kommt.[17]

Nach dieser Ansicht entwickelte sich die gesamte Schöpfung aus gewissen elementaren Prinzipien, Kräften oder Ursachen, die von Gott im Anfang erschaffen wurden und dazu bestimmt waren, sich entsprechend dem ihnen innewohnenden eigenen Gesetz in die Naturformen zu entwickeln, die wir kennen. Der ganze Prozeß wurde durch göttliche Kraft in Bewegung gebracht und durch göttliche Weisheit im Verlauf der Evolution gesteuert, damit entsprechend den innewohnenden Gesetzen ein organisches Ganzes entstehe. In diesem Prozeß wurde der Mensch als letztes Glied der Evolution angesehen. Denn der Leib des Menschen ist mit dem gesamten Ablauf der Evolution verbunden und ist die Grenze der Entfaltung dieser ursprünglichen Naturkräfte.

Aber zur gleichen Zeit erhält dieser Leib eine vernunftbegabte Seele, die ihn über die Ordnung der Natur erhebt und ihm eine unmittelbare Beziehung zu Gott gibt. So steht der Mensch zwischen den materiellen und geistigen Welten, da er an der Natur beider teilhat und so das Bindeglied zwischen ihnen ist. Dies ist nach christlicher Ansicht im wesentlichen die Position des Menschen. Er steht an der Spitze der Natur, indem er alle ursprünglichen Kräfte der Natur zu ihrer höchsten Entwicklung bringt; denn in ihm kommen alle jene Energien zu Bewußtsein, die von Anbeginn unbewußt im Herzen der Materie gewirkt haben. Die Natur bekommt in ihm eine neue Richtung und öffnet sich der Welt des Geistes. Natur, so dürfen wir also sagen, kommt im Menschen zu Bewußtsein. Was ist aber das Ende dieses Prozesses, was ist das Ziel dieser Entwicklung? Diese Frage kann weder die Wissenschaft noch die Philosophie beantworten. Die Philosophen mögen mit der

Idee eines „Supermannes“ spielen, doch Antwort auf die Frage nach der zukünftigen Natur des Menschen zu geben, übersteigt ihr Vermögen. Denn eine neue Stufe in der Evolution wird unseren derzeitigen Bewußtseinszustand transzendieren, genauso wie die derzeitige Stufe des Menschen höher ist als die des Tieres oder die des Tieres höher als jene der Pflanze.

Wenn es eine höhere Seinsstufe gibt als die des Menschen, dann kann uns das nur eine höhere Bewußtseinsstufe offenbaren. Jede religiöse Tradition offenbart etwas von dieser transzendenten Stufe des Seins, und die biblische Offenbarung kann man als eine schrittweise Entfaltung des Geheimnisses einer „neuen Schöpfung“ ansehen, als Weg, der über diese gegenwärtige Welt hinausführt hinein in einen neuen Seins- und Bewußtseinszustand.

Dieser Übergang von der Zeit zur Ewigkeit, von der Schöpfung zu einer neuen Schöpfung, wurde in der Schöpfungsgeschichte durch die „Ruhe“ Gottes symbolisiert. *„Und Gott ruhte am siebenten Tage von all seinen Werken.“*[18] Die sechs Tage der Schöpfung stehen für Zeit und diesseitige Aktivität, während der siebte Tag der Tag der Ewigkeit ist, wenn alle Arbeit aufhört. Der Sabbath war als ständige Erinnerung der Ruhe gedacht, die uns am Ende unserer Arbeit in dieser Welt erwartet. Er sollte das Volk Israel auch an die Ruhe erinnern, die es im Gelobten Land erwartete. Aber dieses Land, das zunächst das Land Kanaan war, das Palästina, das bis auf den heutigen Tag in der Welt eine Quelle der Unruhe geblieben ist, zeigte schrittweise seine tiefere Bedeutung. In der alten Welt hat man unter dem Land niemals nur eine materielle Sache verstanden. Das Land ist ein Heim, ein Wohnort, an dem man seine tiefe Beziehung mit der kosmischen Ordnung entdeckt. Es ist auch der Ort, an dem man Gott entdeckt, wie Jakob es tat, als er sich niederlegte, schlief und eine Leiter sah, die bis in den Himmel reichte, auf der Engel auf- und niederstiegen, und sagte, als er erwachte, *„fürwahr, der Herr ist an diesem Ort und ich wußte es nicht“*.[19] So wird das „Land“ zum Symbol der

Hoffnung des Menschen auf einen letzten Ruheplatz, zum Land der Sehnsucht des Herzens. So kam es, daß es als „himmlisches Land" gesehen wurde, wo sich die Stadt Gottes finden läßt.[20]

Aber dieses Land der Verheißung ist mehr als nur die Erfüllung menschlicher Bestimmung, es ist die Erfüllung der ganzen Schöpfung. Schon in der letzten Phase hebräischer Prophezeiung wurde gesagt: *„Siehe, ich schaffe einen neuen Himmel und eine neue Erde; man wird der früheren Dinge nicht mehr gedenken, und niemand wird sich ihrer mehr erinnern, sondern man wird frohlocken und jubeln auf ewig über das, was ich schaffe. Denn siehe, ich wandle Jerusalem zu Jubel um und sein Volk zu Frohlocken."*[21] Hier beginnen wir, die volle Bedeutung der neuen Schöpfung zu sehen. Sie bedeutet Umwandlung von „Himmel und Erde", d. h. der gesamten kosmischen Ordnung, wie wir sie jetzt mit unserem beschränkten räumlichen und zeitlichen Bewußtsein wahrnehmen. Der heilige Paulus gibt uns im Römerbrief ein wunderbares Bild der gesamten Schöpfung, *„wie sie in Wehen stöhnt"*, während sie *„auf das Offenbarwerden der Söhne Gottes wartet"*. *„Denn die Schöpfung selbst wird von der Knechtschaft des Verderbens befreit werden zur herrlichen Freiheit der Kinder Gottes."*[22] Aus dieser Sicht ist die ganze Schöpfung, das ist die materielle Welt, dazu bestimmt, sich einer radikalen Umwandlung zu unterziehen, da sie an der Umwandlung des menschlichen Bewußtseins und der menschlichen Gesellschaft teilhat, für die Jerusalem, die Stadt Gottes, als Symbol steht.

Diese Umwandlung wird stattfinden, wenn Körper und Seele des Menschen durch den innewohnenden Geist gewandelt worden sind. Der Mensch ist eine psychosomatische Einheit, eine Leib-Seele, und wie die Seele, d. h. menschliches Bewußtsein, von der Kraft des Geistes umgewandelt wird, so wird auch der Körper umgewandelt werden. Jene Energiestruktur, die unsere derzeitige Seinsweise ausmacht, wird verändert werden und mit ihr das gesamte Energiefeld, von dem der menschliche Körper nur ein Teil ist. Genauso wie der Mensch ein psychosomatisches Wesen ist, ein Körper, der von Bewußtsein durchdrungen wird, so ist der gesamte Kosmos eine psychosomatische Einheit, ein Feld von Energien, das von Bewußtsein durchdrungen wird. In der Natur ist das Bewußtsein derzeit noch verborgen, genauso wie das Bewußtsein sich in unseren Körpern verbirgt und unvollständig ist. Aber im Endzustand wird der Leib des Menschen vollständig von Bewußtsein durchdrungen und ein „geistiger Leib" werden; und zur gleichen Zeit wird das Bewußtsein die materielle Welt mit all ihren Energien durchdringen, und so wird sie zur „neuen Schöpfung".

Dies ist die Vision des Sehers der Offenbarung des heiligen Johannes, wenn er schreibt: *„Und ich sah einen neuen Himmel und eine neue Erde; denn der erste Himmel und die erste Erde sind verschwunden ..."*, und der auf dem Throne saß, sprach: *„Siehe, ich mach alles neu."*[23] Der „auf dem Throne saß" ist natürlich der Herr oder der Geist, der im Menschen wohnt und unser derzeitiges Bewußtsein überragt. Dieser Geist war in der Natur von Anbeginn, er baute die Welt der Materie und durchdrang sie zunächst mit Lebenskraft und dann mit Bewußtsein. Jetzt aber, da er in der Mitte des Kosmos Platz nimmt, läßt er unser menschliches Bewußtsein und unseren Willen an seiner eigenen unbegrenzten und ewigen Weise des Seins teilhaben, und mit den Menschen nimmt er auch die gesamte materielle Welt hinein in die bewußte Teilhabe an der göttlichen Seinsweise. Das Ziel des gesamten Schöpfungsprozesses ist dieses Übersteigen der derzeitigen räumlichen und zeitlichen Ordnung. In diesem Prozeß geht nichts verloren. **Die gegenwärtige Schöpfung wird nicht etwa aufgelöst, sondern neu geschaffen. Alle verborgenen Kräfte in der Natur und im Menschen, die in der gegenwärtigen Weltordnung unterdrückt sind, kommen ganz zum Vorschein.** Unsere derzeitige Bewußtseinsweise ist letztlich vorübergehender Natur. Sie ist ein zeitweiliger Zustand zwischen tierischem und göttlichem Bewußtsein. **Im Endzustand werden alle Beschränkungen und Behinderungen dieses gegenwärtigen Lebens überwunden sein, und die ganze Schöpfung wird in einen Zustand göttlicher Glückseligkeit treten.** In diesem Zustand *„wird der Tod nicht mehr sein, und kein Leid, weder Klage noch Schmerz; denn das erste ist vergangen"*.[24] Dies ist die Rückkehr zum Paradies, aus dem der Mensch am Anfang vertrieben wurde, es ist die Wiederherstellung des ursprünglichen Zustandes von Mensch und Universum, von dem der zweite Brief des heiligen Paulus berichtet: *„Wir aber erwarten nach seiner Verheißung einen neuen Himmel und eine neue Erde, wo die Gerechtigkeit wohnt."*[25]

3. *Der Mythos: Das verlorene Paradies*

„Gott, der Herr, pflanzte im Osten einen Garten Eden."[26] Der Mythos vom Garten Eden ist einer der allerschönsten und bedeutsamsten in der Bibel, ja der ganzen menschlichen Geschichte. Er hat alle Elemente eines archetypischen Mythos, den Garten und den Baum, die Schlange, den Mann und die Frau. Die Bedeutung dieses Mythos ist unerschöpflich, wir wollen aber nur darauf hinweisen, was er für den heutigen Menschen bedeuten kann. Zuallererst ist da der Garten, Symbol für die ursprüngliche Harmonie in der Umgebung des Menschen. Der Mensch war ursprünglich ein Kind der Natur. Er wurde „aus Staub vom Boden" gestaltet, dem gleichen Boden, aus dem *„Gott, der Herr (Jahwe, Elohim) allerlei Bäume wachsen ließ, lieblich anzusehen und gut zur Nahrung"*.[27] Der Mensch ist so Teil der Natur und hat eine innere Bindung zu ihr. Der antike Mensch strebte immer danach, diese Bindung zu wahren. Die Erde war seine Mutter, und in allem mußte diese Harmonie mit der Natur gewahrt werden. Der moderne Mensch hat diese Beziehung zerbrochen und versucht, die Natur mit allen ihm zur Verfügung stehenden Mitteln auszubeuten. Die verheerenden Auswirkungen auf die Ökologie

unserer Umwelt sind der Preis, den wir für diese Sünde zahlen, der Ursünde der Auflehnung des Menschen gegen die Natur.

Der Mensch durfte von allen Früchten der Bäume im Garten essen, nur die Frucht vom Baum der Erkenntnis von Gut und Böse durfte er nicht essen. Was bedeutet das? Der Baum der Erkenntnis von Gut und Böse ist der Baum der Weisheit und steht nahe beim Baum des Lebens, welcher der Baum der Unsterblichkeit ist. Weisheit und Unsterblichkeit waren zwei Geschenke, die Gott dem Menschen angeboten hat, aber sie sollten Geschenke sein; in dem Augenblick, in dem der Mensch versuchte, sie für sich zu nehmen, würde er sterben. Dies ist das Drama der menschlichen Existenz. Der Mensch hat einen Körper, der „aus Staub vom Boden" gestaltet ist, und eine Seele, die er von Gott bekam. *„Und Gott, der Herr, hauchte ihm Lebensodem in die Nase; so ward der Mensch ein lebendes Wesen."*[28] Die Seele des Menschen ist ein „Hauch" oder „Geist" von Gott. Durch sie wird der Mensch über die tierische Welt erhoben und kann am Geist Gottes teilnehmen. Aber er darf diesen Geist, dieses Leben, nur als Geschenk empfangen. Es ist nicht unter seiner Kontrolle. Die anderen Fähigkeiten der Seele, die Sinne, die Gefühle, die Vorstellungskraft sind unter seiner Kontrolle, und er kann von ihren Früchten essen, aber der Geist ist von Gott, und er kann ihn sich nicht aneignen.

Daß er sich aneignen wollte, was Geschenk sein sollte, ist die Ursünde des Menschen, die täglich in der menschlichen Erfahrung neu begangen wird. In der heutigen Zeit ist sie in größerem Ausmaß begangen worden als je zuvor. Niemals zuvor hat sich der Mensch entschlossener darum bemüht, Meister seines eigenen Geschicks zu werden und die Zukunft der Entwicklung, wie sie sagen, in die Hand zu nehmen. Er ist gerade dabei, die Kräfte der Natur zu „meistern", und versucht, die Kontrolle über die menschliche Psyche durch Gentechnik zu gewinnen. Schon sieht er sich als Meister des Universums. Dies ist die Sünde des Prometheus, der das

Feuer vom Himmel gestohlen hat. Es ist die Hybris, die Überheblichkeit, die den Griechen als Ursache des Unglücks bekannt war. Die Gefahr eines nuklearen Krieges, der die Erde zerstören könnte, ist das unvermeidliche Ergebnis dieser Sünde. Der Grund dafür liegt in dem Versuch, die menschliche Seele aus ihrer Bindung zu Natur und Geist herauszulösen. Die menschliche Seele mit ihren Kräften der Vernunft und freiem Willen ist eine Widerspiegelung des Geistes Gottes im Menschen. **Der Geist ist die Quelle, der Urgrund allen Seins.** Alles kommt aus dem Geist und ist Widerschein seiner Kraft und seines Lichtes. Die Energie der Materie, das Leben in Pflanzen und Tieren, die Seele im Menschen sind alles Widerschein, Wirkungen der Kraft, des Lebens und der Kenntnis des einen Geistes. **Die Abhängigkeit der gesamten Schöpfung vom inneren Licht und der Kraft des Geistes anerkennen, heißt an des Geistes Weisheit und Unsterblichkeit teilhaben. Diese Abhängigkeit aber nicht anerkennen, zu versuchen, autonom zu sein und die Welt zu kontrollieren, heißt den Pfad des Todes beschreiten.** Die Erzählung der Genesis ist nur ein Beispiel eines Mythos, der allen alten Völkern bekannt war. Das Bild der Svetasvatara Upanishad von den zwei Vögeln auf dem Baum erzählt die gleiche Geschichte. Der eine Vogel, die menschliche Seele, ißt von den Früchten des Baumes und wird zunehmend traurig und verwirrt, aber wenn er aufschaut und den anderen sieht, den Herrn, den Geist im Inneren, vergeht sein Kummer.

Aber es gibt noch zwei andere Darsteller in diesem Drama: Die Schlange und die Frau. Wer sind sie? Die Schlange bedeutet die animalische Klugheit, die Weisheit der Erde. Dies ist die Weisheit der modernen Wissenschaft. Es ist eine Weisheit, die nicht von oben, sondern von unten kommt. Sie kommt aus der menschlichen Verstrickung in die materielle Welt, der er ihre Geheimnisse zu entlocken versucht, um seine eigene Macht zu vergrößern. Das hat sehr viel mit der Magie der alten Welt zu tun, und man weiß nun, daß die westliche Wissenschaft sich zusammen mit der Magie in der Renaissance entwickelt hat.[29] Ihr wesentlicher Charakter ist in jedem Fall der gleiche, nämlich Kontrolle über die Naturkräfte zu gewinnen und sie zum Nutzen des Menschen, aber auch zu dessen Unheil auszubeuten. In beidem jedoch, in Magie und Wissenschaft, gibt es eine Ambivalenz. Kontrolle über die Kräfte der Natur zu bekommen, um sowohl Mensch wie Natur unter die Führung und die Kontrolle des Geistes in ihm zu bringen, kann die Wissenschaft wie die Magie zu Instrumenten des menschlichen Fortschritts machen, aber immer besteht auch die Versuchung, Gott gleich zu werden: *„Und ihr werdet wie Gott sein und wissen, was gut und böse ist."*[30] Aber auch dies ist ambivalent. Der wahre Zweck der Schöpfung bestand doch darin, daß der Mensch wie Gott werden sollte, Anteil haben sollte an seiner Weisheit und Unsterblichkeit. Dies jedoch kann nur geschehen, wenn der Mensch alle Kräfte seines Seins, von Leib und Seele, der Kraft des Geistes unterwirft, den er in sich hat. Dann steht er im Einklang mit der Natur, dann sind Leib und Seele, Bewußtes und Unbewußtes vereint und integriert, und Mensch und Natur kooperieren mit dem innewohnenden Geist, der alles von innen her lenkt. Dies ist das ursprüngliche Paradies, der Zustand, in den der Mensch zuerst berufen wurde und nach dem er heute noch strebt.

Schließlich kommen wir zu der Frau. *„Die Frau hat mir von dem Baume gegeben; da habe ich gegessen"*, sagt der Mann in der Erzählung der Genesis.[31] Wer und was ist diese Frau? Frau steht für die intuitive Kraft der menschlichen Natur, während „Mann" die Vernunft darstellt. Es sind dies zwei sich ergänzende Aspekte der menschlichen Natur, und ein menschliches Wesen ist nur vollständig, wenn diese beiden Funktionen der menschlichen Natur sich „vermählt" haben. Es ist wichtig zu erkennen, daß diese Funktionen sich einander ergänzen; sie sind beide gleichermaßen notwendig. Mann und Frau sind gleichwertig und gegensätzlich. Eine Frau wird nicht dem Mann ebenbürtiger, indem sie versucht, wie ein Mann zu leben, sondern indem sie entsprechend ihrem ihr eigenen Charakter lebt. **Dennoch muß man wissen, daß jeder Mann und jede Frau sowohl männlich als auch weiblich ist. Vernunft und Intuition existieren gleichermaßen in jedem menschlichen Wesen, aber im Mann ist die Vernunft dominierend und die Intuition untergeordnet, wohingegen bei der Frau die Vernunft der Intuition untergeordnet ist. In einem vollkommenen Mann oder einer vollkommenen Frau hat die „Vermählung" dieser Gegensätze stattgefunden, und der eigentliche Sinn einer Ehe besteht darin, Mann und Frau durch eine innere Vermählung zu vervollkommnen.** Wenn aber Vernunft und Intuition, der Mann und die Frau getrennt sind, dann gibt es Unglück. Vernunft ohne Intuition ist intelligent, aber unfruchtbar, Intuition ohne Vernunft ist fruchtbar, aber blind. Die Frau, die den Mann verführt, ist die blinde Intuition, die der Stimme der Schlange lauscht, der animalischen Klugheit oder Sexualität. Dies ist der normale Verlauf der Sünde. Das weibliche Bewußtsein, anstatt durch Vernunft geführt, um so offen zu sein für den Geist, um so die Vermählung von Intuition und Vernunft und die Integration der Persönlichkeit zu erreichen, unterwirft sich dem animalischen Instinkt und unterdrückt die Vernunft. Die Schlange hat sicherlich eine sexuelle Bedeutung, aber das heißt nicht, daß Sexualität schlecht sei. Sexualität ist ein animalischer Instinkt, der, wenn sich die Frau dem Mann hingibt und der Mann der Frau, zum Mittel einer engen Verbindung im Geist wird. So gesehen wird die Schlange zum Erlöser, wie es im Johannesevangelium geschrieben steht: *„Und wie Moses in der Wüste die Schlange erhöhte, so muß der Sohn des Menschen erhöht werden, damit jeder, der an ihn glaubt, ewiges Leben habe."*[32] Jene Trennung der Sexualität von der Intuition oder Gefühl oder von Vernunft und Verstand ist es, die zur Sünde führt, während die Integration sexueller Instinkte mit Gefühl und Vorstellungskraft – das heißt dem intuitiven Bewußtsein – und mit Vernunft und Willen – das heißt dem rationalen Bewußtsein – die Erfüllung für Mann und Frau bringt, da so ihr Leben vom Geist bestimmt ist. Auf diese Weise wird der Mensch wirklich wie Gott oder genauer gesagt, hat wirklich am Leben Gottes teil.

Wir können jetzt damit beginnen, uns der ursprünglichen Struktur der menschlichen Natur zuzuwenden, oder anders gesagt, ihrem Zustand ursprünglicher Gerechtigkeit. Zunächst ist der Mensch, d. h. das menschliche Wesen, in Harmonie mit der Natur erschaffen, als ein Element im weitreichenden Energiesystem, das sich von dieser Erde zu den weitesten Sternen spannt. Aber der Mensch hat auch den Hauch des Geistes in sich, er hat ein Verstandesvermögen und einen freien Willen, ein spezifisch menschliches Bewußtsein, das ihn über die gesamte materielle Welt erhebt und ihn befähigt, sich selbst zu erkennen und die Welt, in der er lebt. Erst diese Fähigkeit macht den Menschen zum Ebenbild Gottes und ermöglicht ihm, „wie Gott zu werden". Aber dieser Mensch ist sowohl Mann als auch Frau. Es heißt ja:

„Und Gott schuf den Menschen nach seinem Bilde, nach dem Bilde Gottes schuf er ihn; als Mann und Weib schuf er sie."[33] Jeder Mensch ist beides, Mann und Frau, wobei der geschlechtliche Unterschied es ihm ermöglicht, in einer charakteristisch unterschiedlichen Weise Mensch zu sein. Die moderne Bewegung in Richtung **„Women's liberation"** ist nur insoweit gut, als sie versucht, den Frauen zu helfen, ganz Mensch zu werden in einer spezifisch weiblichen Weise. Sie wäre aber schlecht, wenn durch sie der Unterschied der Geschlechter verwischt würde. Eine Frau ist Mensch in einer spezifisch weiblichen Weise und ein Mann in einer spezifisch männlichen Weise. Aber schließlich sind Natur und Mensch dazu geschaffen, durch das ihnen Innesein des Geistes Gott gleich zu werden. Der Mensch ist, wie wir gesehen haben, Seele und Geist. Sowohl Körper als auch Seele, sowohl Mensch als auch Natur brauchen, um existieren zu können, die Kraft des Geistes, der Mensch und Natur, Materie und menschliches Bewußtsein

transzendiert. **Diesem ewigen Geist, der Quelle der Materie, des Lebens und des Bewußtseins ist, gibt die Bibel den Namen „Gott".**

Mensch und Natur entwickeln sich beide in Raum und Zeit, und der Zweck des gesamten evolutionären Prozesses ist die Teilhabe des Menschen und der Natur am unendlichen und ewigen Sein des einen allerhöchsten Geistes oder Gott. Die Sünde, die in diesen evolutionären Prozeß gekommen ist, hat ein Prinzip der Unordnung eingebracht, eine Trennung zwischen Mensch und Natur, zwischen Mann und Frau und zwischen Mensch und Gott. Der Mythos des Garten Eden ist eine symbolische Geschichte, die wohl den ursprünglichen Zustand des Menschen offenbart, das ist die ursprüngliche Struktur der menschlichen Natur, als auch den „Sündenfall" des Menschen, das heißt sein Versagen, dem Ruf seiner Natur entsprechend zu leben, eins zu werden mit Gott und ein Leben aus dem Geist zu führen. Die Bibel fährt fort, die Konsequenzen dieses Sündenfalls zu erzählen, daß Mensch und Natur sich entfremdet haben – *„so ist um deinetwillen der Erdboden verflucht. Mit Mühsal sollst du dich von ihm ernähren dein Leben lang"*[34], die Frau nun dem Manne untergeordnet sei und daß sie bei der Geburt Schmerzen haben werde: *„Mit Schmerzen sollst du Kinder gebären!"*[35] Aber an dieser Stelle beginnt auch der große Mythos der Erlösung, die Geschichte der Befreiung des Menschen von der Sünde und die Wiedereinsetzung ins Paradies, der Mythos des wiedergewonnenen Paradieses.

4. Der Mythos: Das Gelobte Land

Die Geschichte beginnt mit der Verheißung des Landes. *„Zieh hinweg aus deinem Vaterlande und aus deiner Verwandtschaft und aus deines Vaters Haus in das Land, das ich dir zeigen werde."*[36] Der Mensch wurde aus dem Garten Eden vertrieben, und ein Engel mit seinem flammenden Schwert bewachte den

Weg zum Baume des Lebens.[37] Es gab keinen Weg zurück zur verlorenen Unschuld, der Weg ging nach vorne durch die Anfechtungen und Konflikte dieser Welt in ein anderes Land. Wir dürfen niemals vergessen, daß die Bibel die Geschichte der Menschheit in ihrer Beziehung zu Gott darstellt. Sie fängt an mit dem ersten Menschen, Adam, und endet mit dem zweiten Adam, dem neuen Menschen.

Der Name Adam steht für die ganze Menschheit. Der heilige Paulus nennt ihn den Typos **tou mellontos**, das Vorbild des Kommenden[38], und der Bericht vom Weg des Menschen von seinem ursprünglichen Zustand der Unschuld zum Endzustand seiner Vollkommenheit, zum „vollendeten Mann", ist die Geschichte des Menschen.[39]

Dieser Weg wird als eine Reise zu einem gelobten Land dargestellt, und es ist bezeichnend, daß Israel ein Hirtenvolk war, ein Nomadenstamm, der stets von Ort zu Ort wanderte auf der Suche nach Weideland. Darauf wird schon am Anfang in der Geschichte von Kain und Abel hingewiesen, die im Konflikt zwischen den Hirten und Ackerbauern eine erste Folge der Sünde sieht. Denn Abel, so wird berichtet, *„ward ein Schafhirte, aber Kain war ein Ackerbauer"*.[40]

Mit den Ackerbauvölkern sind die großen Zivilisationen der Antike gemeint, besonders Babylon und Ägypten, die in den Flußtälern entstanden sind. Ihnen verdanken wir nicht nur den Ackerbau, sondern auch Töpferkunst und Weberei, Metallverarbeitung und Ingenieurkunst, Handel und Bankwesen, aber auch die Mathematik und die Astronomie. Da ihr Wohlstand von der Erde und ihrem eigenen Fleiß abhing, verehrten sie die Erde, die große Mutter, und alle Naturkräfte. Sie sind die Vorläufer der „Großmächte" der modernen Welt. Aber Israel war ein Hirtenvolk, das in Zelten lebte und von Ort zu Ort zog.[41] Da sie auf den Regen vom Himmel für ihren Lebensunterhalt angewiesen waren, verehrten sie den Gott des Himmels und wußten sich völlig von ihm abhängig.

So lernten die Hebräer, ihr Leben als Hirtenvolk, »das in Zelten wohnte", symbolisch zu sehen für ihre Stellung als „Volk Gottes", das keine „Wohnstatt" in dieser Welt hat, sondern als „Pilger und Fremdlinge" auf Erden lebt, weil es die Stadt Gottes sucht.[42] So hat die große Teilung der Menschheit angefangen, wie der heilige Augustinus sie in seinem Gottes-Staat beschrieben hat, eine Teilung zwischen denen, die sich in dieser Welt einrichten und Erlösung durch die Kräfte der Natur suchen, d. h. durch Wissenschaft und Technologie, und jenen, die auf der Suche nach einem anderen Land sind, einer anderen Welt, zu der uns der Geist führt, wo vor allem menschliche Erfüllung gefunden werden kann. Dies ist die Bedeutung der Verheißung, die Abraham gemacht wurde. Er soll sein Vaterland und seines Vaters Haus verlassen und ein Land suchen, wo er zu einem großen Volk werden wird. So werden in ihm „alle Geschlechter der Erde gesegnet werden".[43]

Wichtig ist es zu beachten, daß von Anfang an die Verheißung „allen Geschlechtern der Erde" galt. Obwohl Israel als „Volk Gottes" auserwählt war, gab es nie einen Zweifel daran, daß es zur Quelle der Erlösung für die gesamte Menschheit werden solle. Der heilige Paulus legt in seinem Römerbrief großen Wert darauf, wenn er sagt, daß die Verheißung Abraham gemacht wurde, bevor er beschnitten war, d. h. bevor er Jude war, damit er „Vater aller, die glauben" sein konnte. So ist Abraham nicht nur Vater der Juden, der Christen und der Moslems, die ihn alle als Vater ihres Glaubens anerkennen, sondern auch all derer, die Gott oder irgendeinen transzendenten Zustand oder Wert suchen, den nur der Glaube erkennen kann. Die Universalität der göttlichen Verheißung war so von Anfang an deutlich. Abraham ist der Vertreter der Menschheit, die in ihm die Verheißung der Erlösung erhält, und er wird zum Volke, durch das das Menschengeschlecht mit Gott ausgesöhnt werden wird. Das Gesetz wird dieses Volk bilden, und die Propheten werden es lehren, damit es bereit sei, Gottes Geist zu empfangen. Aber in all dem ist die Menschheit gemeint, die belehrt, eingewiesen und vorbereitet wird für ihre Bestimmung. Somit stellt die Geschichte Israels die Geschichte der Menschheit dar.

Israel ist daher ein Volk, das herausgerufen wurde aus der Welt, um ein Land zu suchen. Die Verheißung Abrahams erging erneut an Isaak[44], darauf an Jakob.[45] Dann beginnt das Drama mit Josef und dem Zug nach Ägypten. Israel wird noch einmal von Kräften dieser Welt unterworfen. Aber dann wird die Verheißung Moses erneut gegeben: *„Ich will euch von der Last der Fronarbeit Ägyptens freimachen und euch aus eurer Knechtschaft erretten … Ich will euch als mein Volk annehmen, … und ich will euch in das Land bringen, das ich Abraham, Isaak und Jakob zu geben geschworen habe; das will ich euch zu eigen geben.“*[46] So macht sich Israel erneut auf die Reise nach dem Gelobten Land, und nach all den Prüfungen auf dem Weg durch die Wüste wird die Verheißung Josua gegenüber erneuert: *„Sei fest und unentwegt, denn du sollst dieses Volk in das Land führen, das ich ihm geben will, wie ich seinen Vätern geschworen habe.“*[47] Dies ist das Drama der menschlichen Befreiung. Der Mensch wird versklavt durch die Kräfte dieser Welt. Es sind die ökonomischen und sozialen Systeme, seien sie nun kapitalistisch oder kommunistisch, die die Menschheit versklaven, indem sie sie der Macht der materiellen Welt unterwerfen. Der lange Zug durch die Wüste hat die Trennung von diesen Kräften zur Folge und schließlich den Einzug in das Gelobte Land.

Aber jetzt bekommt die Geschichte eine neue Wendung. Israel erobert das Land und wird seßhaft in ihm, errichtet Häuser und pflanzt Weingärten. Es bekommt einen König und ein Gesetz, damit es regiert werden kann, und für seinen Gott wird ein Tempel gebaut. Scheinbar sind nun alle Verheißungen erfüllt worden. Sie haben sich das Land zu eigen gemacht, haben die Feinde besiegt und sind ein großes Volk geworden, und sie haben einen Tempel erbaut, worin Gott für immer unter ihnen wohnen kann. Aber jetzt beginnt das, was **Aristoteles** die **peripateia** in einer Tragödie genannt hat, ein Schicksalsschlag, der Verderben bringt. Die Assyrer kommen und erobern das nördliche Israel (heute ist das die West-Bank), und die Menschen werden als Gefangene weggeschleppt. Dann kommen die Babylonier und erobern Jerusalem. Der Tempel wird zerstört, der König und das Volk werden gefangen genommen und müssen ins Exil. Das Land liegt verwüstet da. Alle Verheißungen scheinen sich nicht erfüllt zu haben, und Israel findet sich in einer schlimmeren Form der Sklaverei als je zuvor. Hier rühren wir an die Mitte des Geheimnisses menschlicher Existenz. Warum ist alles menschliche Tun und alle menschliche Zivilisation dem Untergang geweiht? Warum dieser fortwährende Zusammenbruch, dem wir auf jeder Ebene des Lebens ausgesetzt sind, der individuellen und sozialen, politischen und religiösen? Dies ist die Frage, der wir uns heute gegenübersehen, so wie vor uns jede Zivilisation.

Die Geschichte Israels gibt uns Antwort darauf. Die Besiedelung des Landes unter Josua und die Errichtung des Königreiches unter David und Salomon – und das gleiche gilt von der Besiedlung Israels heute – konnten nie etwas anderes als ein vorübergehendes Phänomen sein. Das menschliche Geschick liegt nicht in der zeitlichen oder materiellen Ordnung, und jedes gelungene Werk in dieser zeitlichen Ordnung kann nur eine Vorbereitung auf das sein, was Ziel in der Ewigkeit ist.

In diese Zeit der Trostlosigkeit nun, als Gott sein Volk verlassen zu haben schien, kamen die großen Propheten, die verkündeten, daß Israel wieder in das Land zurückkehren werde; es würde einen anderen König geben wie David, und einen anderen Tempel wie den von Salomon. Aber wieder wurde die Erfüllung der Prophezeiung in dieser zeitlichen Ordnung erwartet. Es gab die Rückkehr in das Land. Das Königreich wurde zwar nicht wieder errichtet, aber ein neuer Tempel wurde erbaut und die alte Religion beibehalten. Aber die Propheten meinten mehr als nur das. Sie sprachen von einem neuen Gesetz und einem neuen Bund, einem Gesetz, das „ins Herz geschrieben“[48] sein würde. Ein Leben sollte es geben über den Tod hinaus, und das Volk ein „neues Herz und einen neuen Geist“[49] erhalten. Dies war die tiefe Umwandlung, die in Israel und zur gleichen Zeit in Indien stattfand, wie wir das in den Upanishaden sehen können. **Eine äußerliche Religion, die Riten und Zeremonien, Priesterschaft und Opfer nötig hatte, ging in eine innere Religion, eine Religion des Geistes über, in der Gott nicht mehr in den von Händen gemachten Tempeln wohnte, sondern im menschlichen Herzen.** *„Ich werde meinen Geist in euer Inneres legen“*, so heißt es, *„und ihr werdet leben.“* Doch wieder wird die Verheißung des Landes erneuert, *„ich werde euch wieder euer Land geben“.*[50] Aber was ist dieses Land, das der Mensch erben soll? Dies wird in der späteren Prophezeiung Jesajas deutlich, in der gesagt wird: *„Denn siehe, ich schaffe einen neuen Himmel und eine neue Erde, denn siehe, ich wandle Jerusalem zu Jubel um und sein Volk zu Frohlocken.“*[51]

Das Ziel des Menschen liegt nicht in dieser Welt. Es liegt jenseits von Zeit und Raum in einer Erfahrung des Seins, die unsere derzeitigen menschlichen Bedingungen transzendiert. Dies wurde in Indien in der Zeit Buddhas und der Upanishaden offenbart, und es wurde deutlich in Israel in der Zeit der großen Propheten. Dies war der Moment des Durchbruchs für die Menschheit, auf den die vorausgegangene Zeit vorbereitet hatte. Von Anfang an war es schon da, weil ja der Geist der ganzen Schöpfung innewohnt und als aktive Kraft in jeder Religion gegenwärtig ist. Aber die Formen der Natur und die Gestalten der Mythologie haben diesen Geist verdeckt. Jetzt aber bricht er durch und beginnt, im eigenen Licht zu strahlen. Doch das Problem bleibt. Obwohl der Geist einen Namen bekommt und als jenseits aller äußeren Form begriffen wird, müssen wir immer noch Worte gebrauchen und Bilder, wenn wir von ihm sprechen wollen. Der Mensch braucht nach wie vor Riten und Opfer, Tempel und Bilder, damit das göttliche Geheimnis wirklich für ihn wird. Dennoch hat ein

Wandel stattgefunden. Jetzt weiß er, daß all diese Worte und Bilder nichts anderes sind als äußere Zeichen eines verborgenen Geheimnisses, und erkennt den Mythos und das Symbol als das, was sie sind. So müssen auch wir heute alle Mythen und Symbole der Religion als Zeichen eines Geheimnisses betrachten, das jenseits von Wort und Gedanken ist, sich aber offenbart und durch diese Symbole gegenwärtig wird.

Was bedeutet dann das Gelobte Land als Symbol? Sicher steht es für die Suche nach einem „Zurück zur Natur", zu jenem ursprünglichen Zustand der Harmonie zwischen Mensch und Natur. Wir alle waren einmal, als wir noch im Mutterschoß waren, in vollkommener Harmonie mit der Natur, wir waren Teil der großen Mutter selbst. Jedes menschliche Wesen trägt in sich die Erinnerung an diese ursprüngliche Einheit, diese totale Harmonie. Nach seiner Geburt, wenn das Kind geliebt und hingebungsvoll gehegt wird, mag es noch etwas von dieser ursprünglichen Ganzheit erfahren. Viele primitive Völker, wie die Pygmäen in Zentralafrika, die sehr nahe an der Natur leben, fühlen sich noch eins mit ihr. Intuitiv wissen sie um das, was sie mit den Pflanzen und Tieren verbindet, und leben in der kosmischen Harmonie von Tag und Nacht, Sommer und Winter, Geburt, Hochzeit und Tod. Entwickelt sich aber die Vernunft und sie essen vom Baum der Erkenntnis, kommt es zur Trennung zwischen Mensch und Natur. Der Mensch fühlt sich von der Natur getrennt, die Welt wird sein Feind, Gewalt und Streit verdrängen den ursprünglichen Frieden. Aber es gibt kein Zurück nach Eden; er kann nicht mehr zurück zu jenem Zustand der Unschuld, als sein Bewußtsein noch nicht geteilt war. Er muß vorwärts gehen durch Prüfung und Konflikt, bis es auf einer tieferen Ebene des Bewußtseins wieder zu einer engen Verbindung mit der Natur kommt. Dabei besteht die Gefahr, daß der Mensch, wenn sich sein rationales Bewußtsein entwickelt und er die Kräfte der Natur zu kontrollieren vermag, auch versucht, die Natur zu beherrschen und sie für seine eigenen Zwecke zu gebrauchen. Dies war der Lauf der Geschichte im westlichen Europa und in Amerika, und dies hat zum gegenwärtigen Konflikt geführt, indem die menschliche Existenz durch die Kräfte bedroht wird, die er selbst freigesetzt hat.

Aber es gibt auch einen anderen Weg, durch den er in eine neue harmonische Beziehung zur Natur treten kann, wenn sich die Vernunft entwickelt und wissenschaftliche Erkenntnis dem Menschen die Fähigkeit gegeben hat, die Kräfte der Natur zu kontrollieren. Es ist der Weg der engen Verbindung von rationalem und intuitivem Bewußtsein, der Weg der „Vermählung" von Mensch und Natur. Das Männliche hört auf, das Weibliche zu beherrschen oder von ihm verführt zu werden, und es vermählen sich Gleichwertige. Sowohl der Mann als auch die Frau werden durch diese Vermählung ganz. Die objektive Welt ist nicht länger ein Feind, der unterdrückt werden muß, sondern ein Ehepartner. In einem der apokryphen Evangelien gibt es das Wort: *„Wann wird das Reich Gottes kommen?"* und darauf die Antwort: *„Wenn die beiden eins werden, wenn das, was außen ist, wie das ist, was innen ist, wenn das Männliche und das Weibliche vereint sind."*[52] Dies ist die Rückkehr ins Paradies, die Aufhebung der Wirkungen des Sündenfalls.

Im Paradies war der Mensch in Harmonie mit der Natur, mit sich selbst und mit Gott. Die Sünde brachte die Trennung zwischen Mensch und Natur, zwischen Mann und Frau und zwischen Mensch und Gott. Im Plan der Erlösung wird diese dreifache Harmonie wieder hergestellt. Daher wird Abraham die Verheißung von einem Land gemacht, wo er sicher wohnen werde, was die Aussöhnung von Mensch und Natur bedeutet. Dann, so heißt es, wird er ein großes Volk werden, in dem alle Geschlechter der Erde gesegnet sein werden, und das bedeutet das Wieder-Ganzwerden der Menschheit, so wie es ursprünglich war. Schließlich wird Gott kommen, um in diesem Volk zu wohnen: *„Ihr werdet mein Volk sein, und ich werde euer Gott sein."*[53]

Die Symbolik des Landes wird am deutlichsten im Brief an die Hebräer. Dieser Brief stammt ja nicht vom heiligen Paulus, sondern wurde vermutlich in Alexandria geschrieben, wo die Tradition des Platonismus mit seinem Gefühl für Symbolik erhalten geblieben war. Es heißt in diesem Brief, daß die Geschenke und Opfer, die im Tempel dargebracht werden, nur ein Abbild und Schatten der himmlischen Dinge sind.[54] Alle irdischen Riten und Zeremonien sind nach **Plato** „Abbilder" der ewigen Wirklichkeiten. So kam es, daß das Land der Verheißung in einem neuen Licht gesehen wurde. Als Abraham auszog, so wird berichtet, um an einen Ort zu gehen, den er zum Erbteil empfangen sollte, wußte er nicht, wohin er kommen würde. Er zog umher auf der Suche nach einem unbekannten Land, nach einer Heimat. Das Land, das er sucht, war nicht so geartet wie jenes, von dem er kam, sondern war *„ein besseres, das heißt ein himmlisches Land"*.[55] Hier sehen wir den Übergang von wörtlicher zu symbolischer Bedeutung, von einer Religion des Diesseits zu einer Religion des Jenseits.

Unsere Sehnsucht nach einer Heimat kann niemals von irgendetwas in dieser Welt zufriedengestellt werden. Die leidenschaftliche Sehnsucht so vieler Menschen nach einer Heimat ist Zeichen dafür, daß sie nach irgendetwas suchen, das jenseits der Erfahrbarkeit dieser Welt liegt. Und doch ist dieses Verlangen in einem tiefen Sinne echt, denn wir sehnen uns nicht nach einem Zustand, in dem es weder Erde noch körperliche Natur gibt. Wir ersehnen uns die Befriedigung der Verlangen unseres Leibes. Wir wollen in enger Verbindung mit der Natur sein, die das tiefe Wissen um unser Einssein mit der Natur verwirklicht, und wir wollen Einheit miteinander, die in der tiefsten Intimität der sexuellen Vereinigung erfahrbar wird. Der Prophet Jesaja hat das wunderbar ausgedrückt, wenn er sagt: *„Du wirst nicht mehr ‚Verlassener' heißen, noch dein Land ‚einsam', sondern du wirst heißen ‚meine Lust' und dein Land ‚vermählt'; denn der Herr hat seine Lust an dir und dein Land wird vermählt sein. Denn wie der Jüngling die Jungfrau freit, so wird* *dein Erbauer dich freien, und wie der Bräutigam der Braut sich erfreut, so wird dein Gott sich deiner erfreuen."*[56]

All dieses findet erst in der neuen Schöpfung statt, wenn der innewohnende Geist Seele und Körper umgestaltet hat, wenn das „Land" nicht länger ein äußeres Objekt ist, sondern als der Seele ewiger Urgrund erfahren wird. Wenn Mann und Frau sich nicht länger äußerlich, sondern in innerer Vermählung verbunden haben, die in Gott stattfindet, das heißt, in der inneren Tiefe des Geistes, jenseits von Zeit und Raum.

5. Der Mythos: Exodus

Der Mensch macht sich auf die Reise ins Land der Verheißung und beginnt eine Stadt zu bauen, eine zivilisierte Welt zu schaffen, aber stets wird sein Mühen vom Verderben heimgesucht. Das dauernde Mißlingen jeder menschlichen Anstrengung, das Verhängnis, das dem Menschen auf dem Fuße folgt, ist eines der Hauptthemen der Bibel. Ein Beispiel dafür ist vor allem die Geschichte der Sintflut im Buche Genesis. Gerade hatten die Menschen angefangen, sich zu vermehren und die Erde zu bevölkern, als die Flut kam und sie alle vernichtete. Diese Flut ist zweifellos eine historische Erinnerung an eine Flut, die im Tal des Tigris und Euphrat in Mesopotamien stattgefunden hat. Aber sie steht symbolisch für jene Naturkatastrophen, die so oft über die Welt hereinbrechen. Die Bibel sieht sie als Strafe für die Sünde der Menschen, zugleich aber auch als Zeichen der Erlösung.

Wasser hat immer diesen zweifachen Charakter. Auf der einen Seite stellt es das „Chaos" dar, die Mächte des Todes und der Zerstörung, die immer die Welt zu überwältigen drohen. Andererseits steht es für die Kräfte des Lebens und der Erneuerung, auf die die Erde angewiesen ist. Psychologisch gesehen stellt es die Kräfte des „Unbewußten" dar, die elementaren Leidenschaften, die unter der Oberfläche des Bewußtseins liegen. Kommen diese Kräfte aber unter den

Einfluß des Geistes, werden sie zu Kräften des Lebens und der Erneuerung. Die „Wasser unter dem Firmament“ steigen „über das Firmament“ hinauf und fallen wieder herab in lebensspendenden Schauern göttlicher Gnade. So sieht man in der Geschichte der Sintflut das Wasser nicht nur als etwas, das die Welt zerstört, sondern auch als ein Symbol der Taufe, ein Symbol also von Tod und Auferstehung. **Wir müssen sterben, müssen in die Wasser des Unbewußten eintauchen, um wieder geboren zu werden und die Kraft eines neuen Lebens zu erfahren.**

Man sieht dies in der Geschichte von Noah. Noah ist der rechtschaffene Mensch, der mit seinem Weib und seinen Kindern gerettet wird, indem er die Arche betritt. Die Arche steht für die neue Schöpfung. Noah ist der neue Adam, der neue Vater der Menschheit, durch den das Menschengeschlecht gerettet wird und mit dem Menschengeschlecht die gesamte Tierwelt, die mit ihm die Arche teilt. Es heißt ja: *„Gott hat die alte Welt nicht verschont, er rettete nur Noah, den Verkünder der Gerechtigkeit, dazu noch 7 andere, als er die Sintflut auf die Welt der Gottlosen sich ergießen ließ.“*[57] Dies Geheimnis des Wasser als Symbol der Zerstörung und der Erneuerung ist eines der Hauptthemen der Bibel. An jedem wichtigen Abschnitt, in der Geschichte der Sintflut, dem Auszug aus Ägypten und der Ankunft im Gelobten Land gibt es einen Durchgang durch das Wasser, Tod und Gericht müssen ausgestanden werden, erst muß der „alte Mensch“ sterben, damit der „neue Mensch“ entstehen kann.

Dieser Übergang vom Tod zum Leben ist das Hauptthema des Exodus. Die Kinder Israels ziehen nach einem kurzen Aufenthalt im Land der Verheißung nach Ägypten und bleiben dort vierhundert Jahre in der Sklaverei der Mächte dieser Welt. Dann kommt Moses, der Retter, der im brennenden Busch eine Vision Gottes hat und berufen wird, Israel aus Ägypten zurück in das Gelobte Land zu führen. Aber das wird nur möglich durch Tod und Vernichtung. Über Ägypten fallen

Plagen her, und schließlich werden die Erstgeborenen der Ägypter erschlagen, doch der Todesengel zieht an den Israeliten vorbei, die das Blut eines Lammes an ihre Türpfosten gestrichen haben.

Das alles ist natürlich reich an Symbolik. Ägypten steht für die Mächte dieser Welt, für die großen Städte, die die Umwelt und die menschliche Natur verderben, aber auch für die dämonischen Mächte, die in allen großen Zivilisationen am Werk sind und die Menschen blind machen für das Leben des Geistes. Das Erschlagen der Erstgeborenen stellt die Unterwerfung dieser üblen Mächte dar, und das Blut des Lammes ist Symbol für das Leben des Geistes, das sich eines Tages als das Blut Christi erweisen sollte, das am Kreuz vergossen wurde, um dem Menschen neues Leben zu bringen. Israels Flucht aus Ägypten und sein Durchgang durch das Rote Meer stehen für die Befreiung des Menschen von der Bindung an diese Welt. Der Durchzug durch das Wasser ertränkt die Feinde der Seele, die sie verfolgen, ebnet aber auch der Menschheit den Weg in ein neues Leben. Man kann dies also als Befreiung der Menschheit sehen von den Mächten dieser Welt, die sie bedrängen, ob kapitalistisch oder kommunistisch, und als Weg zur Freiheit, die dem Menschen seine wahre Natur wiedergewinnen hilft und eine enge Verbindung mit Gott ermöglicht.

Aber dieser Weg zur Freiheit braucht die Erfahrung der Wüste. Man kann die Welt nicht durch irgendwelche ökonomische oder politische Manipulationen retten. Wenn sich die Menschheit ihrer gegenwärtigen Fesseln entledigen will, muß sie sich von dieser Welt abwenden und sich dem transzendenten Geheimnis des Seins öffnen. Dies wird durch die Geschichte des Durchzugs durch die Wüste bildhaft dargestellt. Zu Beginn jeder großen, durch den Geist bewirkten Entwicklung gibt es einen Aufbruch in die Wüste. Zur Zeit der Upanishaden zogen sich die vedischen Rishis in den Wald zurück, um zu meditieren. **Buddha** verließ Haus und Familie, um Asket zu werden, bis er die Erleuchtung unter dem Bodhi-Baum fand. **Mahavira**, der Gründer des Jainismus, verließ alles und wanderte auf seiner Suche nach Befreiung nackt umher. **Johannes der Täufer** lebte in der Wüste und bereitete so das Kommen Jesu vor. Jesus selbst verbrachte sechs Wochen in der Wüste, bevor er sein Amt antrat. Der heilige Paulus zog sich nach seiner Bekehrung drei Jahre in die Wüste Arabiens zurück. So mußte auch Israel als Vorbereitung zum Einzug in das Gelobte Land 40 Jahre in der Wildnis zubringen. Die Kirchenväter **Origines** und **Gregor von Nyssa** sahen den Zug durch die Wüste als Symbol für den Weg der Seele zu Gott. Origines verstand darunter einfach einen Durchgang durch die Prüfungen und Versuchungen dieses derzeitigen Lebens auf dem Wege zum Land der Verheißung. Aber Gregor von Nyssa, der darin **Philo** dem Juden folgte, hatte ein tieferes Verständnis davon. Der heilige Paulus hatte gesagt, die Israeliten seien *„durch Moses in der Wolke und im Meer getauft worden"*.[58] Dies ist eines der klarsten Beispiele im Neuen Testament für eine symbolische Interpretation des Alten Testaments. Der heilige Paulus sah im Durchgang durch das Meer ein Symbol der Taufe und die Wolke als ein Zeichen der Gegenwart des Heiligen Geistes.

Diese Wolke hat eine lange Geschichte in der Bibel. Immer, wenn die Israeliten in der Wüste Rast machten, bedeckte sie das Zelt, wo die Bundeslade aufbewahrt wurde: *„Denn die Wolke des Herrn war bei Tage über der Wohnung; des Nachts aber wurde sie feurig vor den Augen des ganzen Hauses Israel, solange sie auf der Wanderung waren."*[59] Und als der Tempel von Salomon gebaut worden war und die Bundeslade, welche die Gesetzestafeln enthielt, in das Allerheiligste gestellt war, *„erfüllte die Wolke den Tempel des Herrn", und „die Herrlichkeit des Herrn erfüllte den Tempel"*.[60]

Später, als dann der Tempel zerstört war, schaute Ezechiel in einem Gesicht einen neuen Tempel und sah die „Herrlichkeit des Herrn" auf ihn herniedersteigen.[61] Diese Symbolik erscheint wieder im neuen Testament, und zwar bei der Verklärung Jesu, als das göttliche Licht durch ihn hindurch scheint, kam *„eine Wolke und überschattete sie, und aus der Wolke kam eine Stimme"*.[62]

Schließlich kann man noch die Himmelfahrt erwähnen; der heilige Lukas berichtet, daß *„eine Wolke ihn aufnahm, so daß er ihren Blicken entschwand"*.[63] Diese Wolke ist sicherlich keine gewöhnliche Wolke, sondern ein Symbol der göttlichen Gegenwart oder „Herrlichkeit". Für das Volk Israel war sie ein Zeichen, daß Gottes Gegenwart sie auf ihrer gesamten Reise begleite. Und so trifft jeder, der die Wanderung durch die Wüste beginnt, zuerst auf Gott im brennenden Busch; er erwacht für das Geheimnis des „Heiligen", des göttlichen Lichts, das sich ihm offenbart. Aber dieses Licht kommt zu ihm in einer Wolke. Der Autor einer alten englischen mystischen Abhandlung nannte sie die **„Wolke des Nichtwissens".**

Der Aufbruch in die Suche nach Gott gleicht einem Gang in die Wüste, die ja eigentlich ein Platz ist, in dem die Quellen des ewigen Lebens liegen, und die Erfahrung der Gegenwart Gottes während der Reise ist mit dem Unter-einer-Wolke-Sein oder In-der-Dunkelheit-Sein vergleichbar, obwohl es sich in Wirklichkeit um ein blendendes Licht handelt. Je näher man zu Gott kommt, desto tiefer wird die Dunkelheit. Hier unterscheidet sich Gregor von Nyssa von Origines. Er sieht den Höhepunkt der Wüstenerfahrung im Aufstieg zum Berge Sinai, als Moses auf den Berg Sinai steigt und Gott in der Dunkelheit begegnet. *„Und die Herrlichkeit des Herrn thronte auf dem Berge Sinai, und die Wolke bedeckte den Berg sechs Tage lang; dann, am siebenten Tag, rief Gott Mose mitten aus der Wolke an …, da ging Mose mitten in die Wolke hinein …, und Mose blieb vierzig Tage und vierzig Nächte in der Wolke."*[64]

Der heilige Gregor von Nyssa[65] vergleicht den Durchgang durch das Rote Meer mit der Taufe und einem Weg der Reinigung. Er sieht ihn als Durchgang von der Welt der Sünde, mit Ägypten als Symbol, zum neuen Leben, wenn wir *„wiedergeboren sind aus Wasser und Geist"*.[66] Der Zug durch die Wüste unter der Führung der Wolke, womit die Gegenwart des Heiligen Geistes gemeint ist, wird mit dem Sakrament der Firmung verglichen und dem Weg der Erleuchtung. Dieser Weg der Erleuchtung ist ein Leben, das durch die Gegenwart des Geistes erhellt wird, durch Manna, das „Brot vom Himmel" genährt wird und getränkt mit dem „Wasser aus dem Felsen", dem Wasser, „das in das ewige Leben weiterfließt".[67] Schließlich wird der Aufstieg auf den Berg Sinai mit der Eucharistie verglichen und dem Weg der Vereinigung, der Begegnung mit Gott in der Dunkelheit, jenseits von Verstand und Sinnen, wo er sich in der engen Verbindung der Liebe selbst offenbart.

So hat die Geschichte des Exodus wenigstens drei Bedeutungsebenen. Da ist zuerst die wörtliche und historische Bedeutung, die Befreiung des Volkes Israel aus der Knechtschaft in Ägypten, was selbst symbolisch ist für die Befreiung aller Menschen aus politischer, sozialer und ökonomischer Knechtschaft. Im moralischen Sinne bedeutet sie zweitens das Lossagen es Menschen von der Welt der Sünde und das Betreten des Pfades der Rechtschaffenheit, wenn der Mensch die zehn Gebote des Gesetzes erhält. Und schließlich bedeutet sie im mystischen Sinn den Übergang von dieser Welt zur nächsten, von der Welt der äußeren Erscheinungen zur Welt des wirklichen Seins, vom Licht dieser Welt zur Welt der „göttlichen Dunkelheit", wo der Mensch Gott begegnet.

Dies ist der Hintergrund zu der Geschichte vom Tod und der Auferstehung Jesu. Die ganze Geschichte ist mit Vorbedacht in den Zusammenhang mit dem jüdischen Passahfest gebracht. Jesus versammelte seine Schüler um sich, um mit ihnen das Passahmahl zu halten, und bereitet sie dort auf seinen Tod vor, indem er einen „neuen Bund" in seinem Blute einführt und auf diese Weise den ersten Bund mit Moses in Erinnerung ruft.[68] So ist der Tod Jesu historisch mit dem Exodus aus Ägypten verbunden. Doch dieser Tod soll das Volk nicht nur von der Knechtschaft in Ägypten befreien, sondern auch von der Sklaverei der Sünde, d. h. von den Fesseln dieser Welt. Aber der heilige Johannes geht noch weiter und verweist auf Jesu Tod als den Augenblick, da Jesus „aus dieser Welt zum Vater geht".[69] Dies ist der Augenblick des Eintritts in die „Herrlichkeit", jener „Herrlichkeit", die Moses schauen wollte[70] und die nichts anderes ist als der strahlende Glanz des göttlichen Seins.[71]

So ist die tiefste Bedeutung des Exodus der Übergang von dieser Welt, der Welt der Schatten und Unwirklichkeit, zum Vater, d. h. der Quelle, dem Ursprung, dem Einen jenseits des Vielen. In den Upanishaden ist es der Übergang vom *„Unwirklichen zum Wirklichen, von der Dunkelheit zum Licht, vom Tod zur Unsterblichkeit"*.[72] Und dieser Übergang ist nicht nur für Jesus, sondern für die ganze Menschheit geschehen. So sagt Jesus zu seinen Jüngern: *„Ich gehe hin, um Euch einen Platz zu bereiten, damit auch Ihr seid, wo ich bin."*[73] Und er betet für sie zum Vater: *„Ich will, daß alle, die du mir gegeben hast, dort bei mir sind, wo ich bin, damit sie meine Herrlichkeit schauen."*[74] Die Herrlichkeit Gottes sehen heißt das Angesicht Gottes sehen, was soviel bedeutet wie Teilhaben am göttlichen Sein, „eins mit dem Vater" zu sein, genauso wie der Sohn es ist, *„daß alle eins seien, wie du, Vater, in mir bist und ich in dir, daß auch sie in uns eins seien"*.[75]

6. Der Mythos: Der Messias und sein Königreich

Eine neue Schöpfung, ein neues Paradies, ein Gelobtes Land, ein Auszug oder der Weggang aus dieser Welt – dies waren einige der Bilder in der Bibel, welche die Bestimmung der Menschheit darstellen. Aber der Mythos, der am tiefsten in Israel wurzelte und der vor allem die Hoffnungen und Erwartungen des Volkes ausdrückte, war der des Messias und seines Königreiches. Unter David und seinem Sohn Salomon war Israel zu seiner größten Bedeutung gekommen. Damals wurde prophezeit, daß David ein Sohn geboren werde, der sein Königreich für immer begründen werde. *„Ich will seinen Königsthron auf ewig begründen"*, so hieß es. *„Ich will ihm Vater sein und er soll mir Sohn sein."*[76] Als diese Erwartung unter Salomon nicht erfüllt wurde und das Königreich kurz darauf in die zwei Staaten Israel und Judäa zerfiel, richtete sich die Verheißung vom Messias, dem „Gesalbten", dem König, der den Thron Davids auf ewig begründen sollte, in die Zukunft.

In dem Maße, in dem das Glück Israel verließ, wuchs die Hoffnung, daß Gott letztendlich eingreifen werde, um die Feinde Israels zu überwinden und den Thron Davids aufzurichten.[77] Man stellte sich diesen messianischen König vor als jemand, der über alle Nationen herrschen und alle Feinde vernichten werde, doch gleichzeitig wurde er als „Sohn Gottes" gepriesen: *„Mein Sohn bist du; ich habe dich heute gezeugt"*,[78] der zur Rechten Gottes sitzen sollte: *„Setze dich zu meiner Rechten, bis daß ich hinlege deine Feinde als Schemel für deine Füße."*[79] Er war auch ein Priester-König wie Melchisedek,[80] einer, der das königliche und priesterliche Amt verband, das Sacerdotium und das Regnum: *„Du bist Priester in Ewigkeit nach der Ordnung des Melchisedek."*[81] Diese Königsgestalt, der zugleich Krieger, Priester und Sohn Gottes ist, hat die Vorstellungen Israels immer wieder beschäftigt und hat bis jetzt immer noch Bedeutung.

Aber bei Jesaja gibt es noch eine andere, diesem ziemlich entgegengesetzte Gestalt, und zwar die des leidenden Gottesknechtes. Als Israel unter den Füßen seiner Feinde zermalmt worden war, begann sich die Vorstellung auszubreiten, daß nicht ein König Israels Feinde im Krieg besiegen würde, sondern daß jemand für die Sünden des Volkes büßen werde, indem er Schmach und Scham auf sich nimmt.[82] Dieser „leidende Gottesknecht" versinnbildlicht das Volk Israel selbst, das seine Berufung wahrzunehmen begann, Leid zu ertragen und Geduld zu üben und so siegreich zu sein, eine Vorstellung, die unendlich viel tiefer geht als die eines Kriegerkönigs.

Man spricht eigentlich wenig davon, und doch hat sie inspiriert, was **Mahatma Gandhi** und **Martin Luther King** geleistet haben. Obwohl diese Gestalt des leidenden Gottesknechtes für das Volk als Ganzes steht, sah man in ihr auch den Messias, und es war vielleicht die größte Tat Jesu, jene zwei Gestalten, die des Messias und des Sohnes Gottes, in sich vereint zu haben mit der des „leidenden Gottesknechtes", der sein Leben hingibt für sein Volk, so wie der gute Hirte sein Leben läßt für die Schafe.[83]

Aber schließlich gab es noch eine andere Gestalt, die eng mit der des Messias in Verbindung gebracht wurde und das Bewußtsein Jesu eher noch tiefer beeinflußt hat, nämlich die Gestalt des Menschensohnes. Sie taucht zuerst in der Apokalypse des Daniel auf, wo der Prophet *„einen, der einem Menschensohn gleicht, auf den Wolken des Himmels kommen"* sah.[84] Dies kennzeichnet eine neue Stufe in Israels Geschichte, als die Hoffnung auf einen König wie David dahinschwand und ein Eingreifen Gottes von oben erwartet wurde. Die apokalyptischen Schreiber warteten nicht so sehr auf eine Wandlung der derzeitigen Welt durch einen rechtschaffenen König, sondern vielmehr auf ein Ende dieser Welt und den Anfang eines „neuen Zeitalters" durch das Herabsteigen einer Kraft von oben. Diese Erwartung war sehr stark in der Zeit Jesu, und es gibt keinen Zweifel darüber, daß er sich selbst deutlich in diesem Menschensohn dargestellt sah, als er sagte: *„Ihr werdet den Menschensohn zur Rechten der Macht sitzen und auf den Wolken des Himmels kommen sehen."*[85] Aber die Bezeichnung „Menschensohn" (im Hebräischen: **Ben Enosh**) hat auch noch andere Bedeutungen. Es kann einfach eine Umschreibung für „Mensch" sein wie bei Ezechiel[86] und in dem Psalm: *„Was ist doch der Mensch, daß du seiner gedenkst, und des Menschen Sohn, daß du dich seiner annimmst?"*[87] Aber das Wort Mensch selbst ist unendlich reich an Bedeutungen. Es kann sich auch auf den ersten Menschen beziehen, den Adam Kadmon, der auch der archetypische Mensch ist, der Mensch, der nach dem Bilde Gottes erschaffen wurde. Und so ist es mit dem Purusha der Hindus[88] vergleichbar, der auch der urzeitliche Mensch ist, aber gleichzeitig auch die kosmische Person, jene Person, in der die ganze Schöpfung enthalten ist. Diese Gestalt taucht wieder auf im Islam, als der universale Mensch **(al-insan al Kamil)** der Sufi-Mystiker[89] und wiederum in dem **Dharmakaya** als der kosmische Leib des Buddha oder die Buddha-Natur, die in allen Menschen ist.[90]

Es gibt keinen ernsthaften Grund zu bezweifeln, daß Jesus diesen Begriff auf sich selbst anwandte. Es war ein Ausdruck, der alles oder nichts bedeuten konnte. Er verband ihn einerseits mit der gesamten Menschheit als einer „der Söhne des Menschen" und eröffnete gleichzeitig einen unendlichen Horizont, so daß die Menschen fragen mußten: *„Wer ist dieser Menschensohn?"*[91]

Wenn der heilige Paulus Christus den zweiten Adam nennt, hat er nur eine der Bedeutungen diesem Ausdruck „Menschensohn" entnommen, die in ihm enthalten sind. *„Der erste Mensch stammt von der Erde, ist irdisch, der zweite Mensch stammt vom Himmel."*[92] Und weiter konnte er sagen: *„Und wie wir das Abbild des aus Erde geformten Menschen getragen haben, so werden wir auch das Abbild des Menschen tragen, der vom Himmel stammt."*[93] So wandelte sich also schrittweise die Gestalt des Messias. Vom Kriegerkönig, der seine Feinde besiegen und seinen Thron durch Krieg festigen sollte, wurde er jetzt der leidende Gottesknecht, der die Sünden des Volkes trägt. Vom Sohn Gottes, der erhaben in der Höhe thront, wurde er der Menschensohn, der die Leiden der Menschheit teilt, aber über den Tod triumphiert und den Menschen in seinen ursprünglichen Zustand als Krone der Schöpfung wieder einsetzt. Alle diese Themen, eng miteinander verbunden, konzentrierten sich auf die Person Jesu. Er wurde zuerst aus dem einen Blickwinkel, dann aus einem anderen gesehen. Er war der König aus dem Hause Davids, aber er war auch der leidende Gottesknecht Jesajas. Er war der Menschensohn, der nichts hat, wohin er sein Haupt legen kann,[94] aber er war auch der Sohn Gottes, der in den Himmel aufgestiegen war und der in Herrlichkeit auf den Wolken des Himmels kommen sollte.[95] Er war der Priester, der in das himmlische Heiligtum eingetreten war, und er war auch der Bräutigam, der ein Hochzeitsmahl für seine Braut zubereitet hatte.[97]

So wie sich der Mythos vom Messias nach und nach um die Gestalt des David-Sohnes bildete, der sein Königreich errichten sollte, wandelte sich auch auf ähnliche Weise das Symbol des Königreiches. Zuerst war es ein irdisches Königreich, ein Königreich, wie das von David, in dem Israel über alle seine Feinde triumphieren würde. Sogar zur Zeit des Neuen Testaments gab es Zeloten, die das Königreich durch Waffengewalt wiederherstellen wollten. Selbst die Jünger Jesu fragten ja: *„Wann wirst du für Israel das Reich wieder herstellen?"*[98] und mühten sich um die Plätze zu seiner Rechten und zu seiner Linken in seinem Reiche.

Dennoch war von Anfang an klar, daß in diesem Königreich der Gott Israels herrschen sollte und der König nur sein Beauftragter sei. Langsam erkannte man die Tragweite all dessen. Einer der frühesten Propheten, Micha, sprach von Jerusalem als einer Stadt, zu der die Völker der Erde hinaufziehen, weil „von Zion Weisung ausgehen wird und das Wort des Herrn von Jerusalem", und als Folge davon würden sie „ihre Schwerter zu Pflugscharen umschmieden und ihre Speere zu Webmessern. Kein Volk wird wider das andere das Schwert erheben, und sie werden den Krieg nicht mehr lernen."[100] Hier stoßen wir plötzlich auf eine neue Idee des Königreichs. Es gründet sich auf das Wort oder das Gesetz Gottes, und als Folge davon wird Krieg abgeschafft und die Herrschaft des Friedens errichtet. Der Prophet Jesaja hat die gleiche Schau von diesem Königreich: *„Das Reich wird groß, endlos der Friede. Er nimmt Besitz von Davids Thron und Reich, errichtet dies aufs neue, festigt es durch Recht und durch Gerechtigkeit von nun an bis auf ewig."*[101] Das Königreich des Messias erscheint wie eine

Rückkehr ins Paradies, wenn der Geist sich auf den Menschen niederläßt, der Geist der Weisheit und der Einsicht, der Geist des Rates und der Stärke, der Geist der Erkenntnis und der Furcht des Herrn. Damit wird das Gesetz der Rechtschaffenheit wieder eingeführt, um den Armen und Schwachen Gerechtigkeit zu bringen und um schließlich die ursprüngliche Harmonie zwischen Mensch und Natur wiederherzustellen, so daß *„der Wolf zu Gast sein wird bei dem Lamme und der Panther bei dem Böcklein lagert, Kalb und Löwe beieinander weiden und ein kleiner Knabe sie austreibt"*.[102]

Der mythische Charakter des Königreiches ist hier deutlich zu sehen. Es ist nicht länger ein irdisches Königreich, sondern es ist die Herrschaft Gottes auf Erden, wenn Mensch und Natur sich wieder in jener „ursprünglichen Gerechtigkeit" befinden, für die sie erschaffen waren. Die Wachstumsstufen des Mythos vom Königreich zeigen das. Zuerst ist es das irdische Königreich Davids, das in Jerusalem, der heiligen Stadt Israels, gegründet wurde. Dann wird es idealisiert zum Königreich, das Gerechtigkeit und Frieden zwischen den Völkern der Welt und mit dem Tierreich bringt. Schließlich taucht es im Buch Daniel als ein himmlisches Königreich auf, das dem Menschensohn verliehen wird. *„Ihm wurde Macht verliehen und Ehre und ein Reich; ihm sollten alle Völker und Nationen und Zungen dienen. Seine Macht ist eine ewige Macht, die niemals vergeht, und nimmer wird sein Reich zerstört."*[103] Im neuen Testament gibt es weiterhin diese drei Charakteristika des Königreiches. Immer ist es zugleich von dieser Welt, hat aber als ein von der Menschheit ersehnter Zustand der Gerechtigkeit und des Friedens auch stets einen Charakter, der nicht auf diese Wirklichkeit bezogen ist. Vor allem hat es einen „himmlischen" Aspekt, als Manifestation der ewigen Ordnung, der „Gerechtigkeit" Gottes selbst, der engen Verbindung des Menschen mit der unendlich transzendenten Wirklichkeit.

7. Der Mythos: Das neue Jerusalem und die Stadt Gottes

Wir haben gesehen, daß Israel sich selbst als Nomadenvolk betrachtete, als Volk, das immer von Ort zu Ort unterwegs war. Der Zug durch die Wüste wurde als privilegierte Zeit angesehen, während dessen Israel sich unter dem besonderen Schutz Gottes wußte und das Gesetz aus seiner Hand empfing, das ihm die Identität eines einzigartigen Volkes gab. Die Stadt aber, verkörpert in Babylon, sah man als Symbol für den sündhaften Zustand des Menschen, der sein Herz an die Güter dieser Welt verlor und so sich von Gott entfernt hatte. Bis auf den heutigen Tag ist die große Stadt, ob London, New York oder Tokio, ein Symbol der „Diesseitigkeit" geblieben, ein Symbol für die Jagd nach Reichtum, Macht und Vergnügen, die den Menschen von Gott trennen. Nur nach langem Zögern wurde Israel ein König zugestanden[104] und ein Königreich. Man sah darin aber ein Zeichen dafür, daß Israel Gott verlassen und „anderen Göttern dienen würde".[105]

Als David einen Tempel für den Herrn bauen wollte, wurde darauf hingewiesen, daß der Gott Israels immer *„in einer Zeltwohnung herumgezogen ist"*[106], und erst sein Sohn Salomon durfte den Tempel in Jerusalem bauen. Dies rückt eines der grundlegenden Probleme menschlicher Existenz in den Blickpunkt. Wenn sich ein Volk in einem Land niederläßt, benötigt es ein Gesetz, damit es regiert werden kann, und einen König oder irgendeinen anderen Herrscher, der das Gesetz ausübt. Und wenn eine Religion entsteht, dann braucht auch sie eine Organisation, Priester und eine Kirche und oder einen Tempel. **Und doch scheint die Institution, sei es nun Kirche oder Staat, immerzu den Geist zu unterdrücken, dem sie eigentlich dienen soll.** Israel bekam also ein Gesetz, um sein bürgerliches und religiöses Leben zu regeln. Ein Priestertum entstand, Opfer wurden eingeführt und ein herrlicher Tempel erbaut. Das alles war zwar notwendig für das Funktionieren der Religion, wurde aber schließlich wichtiger als die Religion selbst und so zu einem Hindernis für ihre Entwicklung.

Das gleiche läßt sich bei den christlichen Kirchen beobachten. Die frühe Kirche brach mit Tempel, Priestertum und Opfer Israels und entwickelte selbst eine sehr einfache Liturgie und Gebetsformen, es heißt, daß *„sie das Brot in ihren Häusern brachen"*.[107] Doch bald schon gab es ein neues Priestertum und ein neues Opfer; Kirchen wurden gebaut, und die Kirche entwickelte eine sorgfältig ausgearbeitete Organisation. Mit der Bekehrung des Konstantin wurde das Christentum zur Religion des Römischen Reiches, und so begann das bis zum heutigen Tag ungute Bündnis zwischen Kirche und Staat, wobei die Kirche zu Zeiten den Staat dominierte, manchmal der Staat die Kirche kontrollierte, immer aber eine Spannung zwischen Gott und dem Kaiser bleibt, zwischen dem weltlichen Herrscher und dem Papst, dem Verfolger und dem Verfolgten. Wie kann man diese Spannung lösen? Vielleicht gibt es keine Lösung, solange wir in dieser Welt des Dualismus bleiben. Religion wird immer verfälscht, wenn sie nach Macht und Reichtum strebt, und der Staat wird immer seine Macht und seinen Reichtum einsetzen, um alles zu unterdrücken, was seine absolute Autorität herausfordern könnte. Aus diesem Grunde lehnen sich auch heutzutage so viele Menschen gegen Kirche und Staat auf. Religion sieht man als Teil des „Establishments", das etablierte Ordnung von Macht, Reichtum und Prestige ist. Die Wahrheit aber, so glaubt man, muß man außerhalb des Establishments suchen. In gleicher Weise sieht man den Staat, ganz gleich ob er kapitalistisch oder kommunistisch ist, als unmenschliches System, mit oftmals geradezu programmierter Ungerechtigkeit, von dem sich eigentlich nur der befreien kann, der die Tyrannei des Gesetzes abschüttelt.

Mir will scheinen, daß im Neuen Testament auf dieses Problem eine Antwort gegeben worden ist, deren Folgerungen bis jetzt noch nicht erkannt wurden. Gott hat dem Moses das Gesetz – die Torah – gegeben. Es enthielt die Gebote der

Religion, der Moral und die Gesetze der bürgerlichen Gesellschaft bis ins kleinste Detail, und der Gehorsam diesem Gesetz gegenüber wurde als Test für den Gehorsam Gott gegenüber angesehen. Immer wieder wurde betont, daß Israels Heil vom Einhalten „der Satzungen und Gebräuche" des Gesetzes abhinge.[108] Sie sollten als Denkzeichen auf die Hand gebunden und als Merkzeichen auf der Stirn getragen werden; geschrieben sollten sie sein auf Türpfosten deines Hauses und an deine Tore.[109] Von Generation zu Generation sollten sie weitergegeben werden und ihre Gültigkeit behalten „ewiglich".[110] Dennoch sollte dieses Gesetz vergehen – der Tempel und das Priestertum, die Opfer und die heiligen Riten –, und nur die Beschneidung, das Passah-Fest und wenige andere Riten sollten übrigbleiben. Im Neuen Testament stellte sich dann die entscheidende Frage – wieviel man eigentlich vom jüdischen Gesetz beibehalten soll. Jesus selbst prophezeite die Zerstörung des Tempels, die dann 40 Jahre später im Jahre 70 n. Chr. stattfand. Aber er hatte ja schon die Grundlagen des Gesetzes geändert, als er erklärte, daß der *„Sabbath für den Menschen da ist und nicht der Mensch für den Sabbath. Somit ist der Menschensohn Herr auch über den Sabbath."*[111] Auf einen Schlag war das Gesetz relativiert und der Weg frei, um das gesamte Gesetz auf zwei Gebote zu beschränken: Gott zu lieben und seinen Nachbarn zu lieben.[112]

Dem heiligen Paulus blieb es vorbehalten, daraus die Folgerungen zu ziehen. Für ihn als Juden, „unterrichtet nach der Strenge des Gesetzes"[113], stellte sich die so entscheidende Frage: Muß denn ein Christ das Gesetz annehmen, muß er sich beschneiden lassen und die Gebote befolgen? Indem er sich mit diesem Problem beschäftigte, begann er das Gesetz in einem ganz neuen Licht zu sehen. Er sah in ihm so etwas wie einen Erzieher oder Führer für die Menschheit, solange sie sich noch im Stadium der Unreife befindet, so wie eben Kinder einen Lehrer benötigen. Aber er ging noch weiter. Das Gesetz, so sagt er, ist Zeichen für menschliche Sündhaftigkeit. Die

Menschen brauchen ein Gesetz, ein System von Regeln und Vorschriften, nur deshalb, weil sie ihren Leidenschaften und Begierden unterworfen sind. Jemand aber, der reif geworden ist, folgt nicht mehr äußerem Zwang, sondern einem inneren Prinzip.[114]

Das nach außen hin Sichtbare jeder Religion, die Riten und Opfer, das Priestertum und der Tempel, sind äußere Zeichen, die den Glauben wecken und den Menschen helfen sollen, den Übergang vom äußeren Gesetz der Erscheinungen zum inneren Gesetz des Geistes zu finden. Dies gilt für jede Religion. Das Christentum selbst entwickelte sehr bald Riten und Opfer, eine Kirche, ein Priestertum und eine Organisation von immer größerer Komplexität. Aber dieses Gesetzessystem ist wie jedes andere System bedingt durch Zeit und Geschichte, durch äußere Umstände und Ereignisse und wird wie alle solche Systeme eines Tages verschwinden. Wer Rom besucht und das wundervolle Bauwerk von St. Peter sieht, mag ausrufen: *„Meister, siehe, was für Steine, was für Bauten!"* und gesagt bekommen: *„Siehst du diese großen Bauten? Kein Stein wird auf dem anderen bleiben, der nicht zerstört würde."*[115] Dies ist das Schicksal jeder irdischen Religion.

Dies ist das Geheimnis des neuen Jerusalem. Jerusalem war die Stadt, in der David seinen Thron errichtete und Salomon den Tempel baute, *„ein Haus dem Namen des Herrn, des Gottes Israel"*.[116] Der Tempel wurde von den Babyloniern niedergebrannt, als Jerusalem 587 v. Chr. eingenommen wurde[117] und dann unter Zerubbabel 575 v. Chr. wieder aufgebaut[118], und in großem Umfang von Herodes 19 v. Chr. erweitert. Es war jener Tempel des Herodes, der schließlich 70 n. Chr. zerstört wurde.

Das ist die Geschichte des irdischen Tempels. Aber hinter dieser Geschichte verbirgt sich der Mythos von Jerusalem als der „Stadt Gottes". Jerusalem ist der „heilige Berg", auf dem Gott seinen König ausgesetzt hat.[119] Es ist die Stadt Gottes, der heilige Berg, *„schönragend, die Wonne der Welt"*.[120] Sie ist die „Krone der Schönheit", von der Gott aufstrahlt.[121] Am eindrucksvollsten ist aber, daß es die Stadt ist, zu der alle Völker kommen werden, weil sie sie als ihre Mutter erkennen.[122] Wir haben gesehen, daß Jesaja von Israel sagt, es sei Gott „vermählt", und so wird Jerusalem in der Hand des Herrn „zur herrlichen Krone", zum „königlichen Diadem".[123] Schließlich sieht er Jerusalem als Zeichen der neuen Schöpfung: *„Denn siehe, ich wandele Jerusalem zu Jubel um und sein Volk zu Frohlocken. Ich werde jubeln über Jerusalem und frohlocken über mein Volk."*[124]

In diesem Licht kann man die Trauer Jesu verstehen, als er über Jerusalem weint. *„Jerusalem, Jerusalem, das die Propheten tötet und die steinigt, die zu ihm gesandt sind, wie oft habe ich deine Kinder sammeln wollen, wie eine Henne ihre Küchlein unter ihre Flügel sammelt, und ihr habt nicht gewollt! Siehe, euer Haus wird euch öde gelassen."*[125] Dies bezeichnet deutlich den Bruch mit dem irdischen Jerusalem, und es wird klar, daß ihr *„weder auf diesem Berge noch in Jerusalem den Vater anbeten werdet ..., aber die Stunde kommt und ist jetzt da, wo die wahren Anbeter den Vater in Geist und Wahrheit anbeten werden."*[126]

Dieses Anbeten „in Geist und Wahrheit" bezeichnet die endgültige Befreiung des Menschen von Tempeln, Kirchen und Moscheen und das entscheidende Bewußtwerden der ewigen Ordnung, deren vergängliche Zeichen sie sind. Im Brief an die Hebräer wird dieser Übergang zur ewigen Ordnung deutlich, wenn gesagt wird, daß Christus in das „wahrhafte Zelt" eingetreten ist, das der „Herr errichtet hat, nicht ein Mensch", von dem der Tempel mit der Priesterschaft und dem Opfer nur *„Abbild und Schatten"* ist.[127] Denn der wahre Tempel gehört *„nicht dieser Erde an"*.[128] Dadurch, daß Christus sich selbst ein für allemal geopfert hat, hat er das alte Priestertum und das Opfer abgeschafft. Schließlich erblickt der Seher in der Offenbarung des heiligen Johannes die Heilige Stadt, das neue Jerusalem, *„wie es von Gott her aus dem Himmel herabkommt, gerüstet wie eine Braut, die für ihren Mann geschmückt ist"*.[129] Hier hat sich der Mythos vom irdischen Jerusalem schließlich aufgelöst, und Jerusalem wird als das gesehen, was es ist, ein

Symbol nämlich für Gottes Wohnsitz unter den Menschen. *„Siehe das Gezelt Gottes bei den Menschen. Er wird bei ihnen wohnen, und sie werden sein Volk sein, und Gott selbst wird bei ihnen sein.“*[130] Bezeichnenderweise gibt es in dieser himmlischen Stadt keinen Tempel. *„Und einen Tempel sah ich nicht in ihr; denn der Herr, der allmächtige Gott, ist ihr Tempel und das Lamm. Und die Stadt bedarf nicht der Sonne noch des Mondes, daß sie ihr scheinen; denn der Lichtglanz Gottes erleuchtet sie, und ihre Leuchte ist das Lamm.“*[131] Man wird an das große Wort in den Upanishaden erinnert: *„Weder die Sonne scheint dort noch der Mond, noch die Sterne, weder Blitze, viel weniger noch irdisches Feuer. Wenn er scheint, scheint alles in ihm, und durch sein Licht werden alle jene erleuchtet.“*[132]

So wird das neue Jerusalem zum Symbol einer neuen Schöpfung. Jede menschliche Institution, jedes Land, jede Stadt, ob Königreich, Tempel oder Kirche, alle sind sie „Abbild oder Schatten“, sind Manifestation einer ewigen Wirklichkeit in Raum und Zeit. Die gesamte Schöpfung und die ganze menschliche Geschichte sind „Symbole“ eines transzendenten Geheimnisses. Alle religiösen Lehren sind „Mythen“ oder symbolischer Ausdruck einer Wahrheit, die nicht angemessen ausgedrückt werden kann. Jede Form von Priestertum und Opfer, von Ritual und Sakrament gehört der Welt der „Zeichen“ an, die vergehen wird. Heute mehr denn je werden wir aufgerufen, die Grenzen jeder Form von Religion zu erkennen. Jede Religion, ob christlich, hinduistisch, buddhistisch oder islamisch, ist durch Zeit, Raum und Umstände bedingt. Alle ihre äußeren formen sind vergänglich. Im Koran wird das so ausgedrückt: *„Alles verschwindet, ausgenommen sein Gesicht.“*[133] Aber in all diesen äußeren Formen der Religion, in ihrer Lehre, in Sakrament und Organisation offenbart sich die eine ewige Wahrheit, in ihnen läßt sich das eine Geheimnis erkennen und manifestiert sich das eine transzendente Sein. Götzendienst besteht darin, bei den Zeichen stehenzubleiben; wahre Religion geht durch das Zeichen hindurch zur Wirklichkeit.

IV.
DIE CHRISTLICHE OFFENBARUNG: DIE WIEDERGEBURT DES MYTHOS

1. Der Weg intuitiver Weisheit

Wie schon viele Male zuvor komme ich wieder zur Frage zurück, was hat Indien mich gelehrt, und was hat es der Welt zu vermitteln? Es scheint mir wie vielen anderen heute, daß wir am Beginn eines neuen Zeitalters stehen. Die Zeit der westlichen Vorherrschaft ist vorbei, und die Zukunft der Welt liegt nicht in Westeuropa und Nordamerika, sondern in Asien, Afrika und Lateinamerika. Das heißt aber nicht, daß wir auf das westliche Erbe verzichten sollten. Die Ideen der westlichen Wissenschaft und Demokratie haben jeden Teil der Welt durchdrungen. Das, was die westliche Wissenschaft vorzuweisen hat, ihr sorgfältiges Beobachten der Phänomene, ihre rationale Analyse, die frei ist von aller Parteilichkeit oder emotionaler Befangenheit, die Entdeckung der Natur„gesetze", d. h. der regelmäßigen Erscheinungsmuster von Ereignissen und deren Anwendung zum Wohl der Menschheit – alles bleibt von dauerhaftem Wert. Desgleichen auch die Prinzipien der Demokratie, der Wert der individuellen Person, die „Rechte" des Menschen, d. h. das Recht jedes einzelnen auf Leben, Wachstum, Gesundheit und Erziehung, vor allem das Recht auf die freie Wahl der Regierungsform, ganz gleich in welcher politischen Struktur sich das niederschlägt – und was eigentlich nicht mehr betont zu werden braucht: das Recht der Frau auf Gleichheit gegenüber dem Mann – dies sind die Marksteine des Wachstums der Menschheit zu größerer Reife, zu einem tieferen Verständnis davon, was es bedeutet, Mensch zu sein.

Aber die Grenzen der westlichen Wissenschaft und Demokratie sind allzu deutlich geworden. Es ist nur zu offenkundig, wie sich der westliche Industrialismus verhängnisvoll im physischen, sozialen und psychischen Bereich auswirkt, wie er die Erde verseucht und sie zu zerstören droht. Aber dies ist nicht etwa ein „Unfall" aufgrund eines Mißbrauchs von Wissenschaft und Technologie; Grund dafür ist eine fundamentale Unvollkommenheit des westlichen Menschen. Mit dem westlichen Menschen meine ich natürlich nicht einfach Leute, die in Westeuropa und Nordamerika leben, sondern jene besondere Kultur, die auf Sokrates und die griechischen Philosophen zurückzuführen ist und im Laufe der Zeit den typischen westlichen Menschen hervorgebracht hat, der heute überall in der Welt anzutreffen ist. Westliche Wissenschaft und Demokratie sind griechisches Erbe. Über einen langen Zeitraum hinweg, von der Zeit Christi bis zur Renaissance, hat diese griechische Kultur unter der Führung Roms Ost- und Westeuropa durchdrungen und eine einzigartige Kultur geschaffen, in der der Genius von Griechenland und Rom sich mit der orientalischen semitischen Kultur der christlichen Religion vermischte, um so einen ausgewogenen und harmonischen Lebensstil zu schaffen, der seine Spuren in der Architektur, in der Kunst, der Dichtung, der Philosophie und der Theologie des Mittelalters hinterlassen hat. Aber in der Renaissance ging diese Harmonie verloren, und der dominante, aggressive, männliche, rationale Geist des Westens wurde zur bestimmenden Kraft, so daß Europa sich heute in einem permanenten Zustand der Unausgewogenheit befindet.

Das Gleichgewicht kann nur wiederhergestellt werden, wenn es zu einer Begegnung zwischen Ost und West kommt. Diese Begegnung muß auf der tiefsten Ebene des menschlichen Bewußtseins stattfinden. Letztlich ist das eine Begegnung zwischen den zwei fundamentalen Dimensionen der menschlichen Natur, der männlichen und der weiblichen – der männlichen, rationalen, aktiven, dominierenden Kraft des Geistes und der weiblichen, intuitiven, passiven und empfangenden Kraft.

Natürlich kommen diese beiden Dimensionen in jedem menschlichen Wesen, in jedem Volk und jeder Rasse vor. Doch während der letzten zweitausend Jahre – mit Höhepunkt im 20. Jahrhundert – hat der männliche, rationale Geist Westeuropa immer mehr beherrscht und hält jetzt die ganze Welt unter seinem Einfluß.

Die westliche Welt – und mit ihr der Rest der Welt, der diesem Einfluß erlegen ist – muß jetzt die Kraft des weiblich-intuitiven Geistes wiederentdecken, der hauptsächlich die Kulturen Asiens, Afrikas und der Stammesvölker überall auf der Welt geformt hat. Das geht aber nicht nur die Welt als Ganzes an, sondern auch die Religion. Die christlichen Kirchen, die katholische, orthodoxe und die protestantische, sind alle vom westlichen Geist geprägt worden. Die Strukturen ihrer Lehren und Wissenszweige, ihres Kirchenrechts und ihrer Moral tragen alle den Stempel des westlichen Genius. Die östlichen Kirchen haben zwar noch etwas vom orientalischen Geist beherrscht. Sogar die ursprüngliche semitische Tradition, aus der das Christentum hervorging, hat einen überwiegend männlichen Charakter, obwohl sie tief intuitiv ist. Alle christlichen Kirchen, im Osten wie im Westen, müssen sich den Religionen des Ostens zuwenden, dem Hinduismus, Buddhismus, Taoismus und ihrer subtilen Mischung in der orientalischen Kultur, sie müssen sich den tiefen Intuitionen der Stammesreligionen zuwenden, die in Afrika und anderswo zu finden sind, wenn sie eine innere Ausgewogenheit wiedergewinnen und sich als authentische Form der Religion entwickeln wollen, die allein Antwort auf die Bedürfnisse der modernen Welt geben kann.

Was meine ich nun mit Intuition, dieser weiblichen Kraft des Geistes, die sich von der Vernunft unterscheidet? Dies ist eine Frage, die sich mir stellte, seit ich selbständig zu denken begann. Zu Beginn meiner Philosophiestudien versuchte ich eine Antwort auf diese Frage in zwei Essays über die Vorstellungskraft und das Intuitionsvermögen. Beide Essays, das sei hier angemerkt, wurden von katholischen Zeitschriften damals abgelehnt, weil sie nicht genügend „thomistisch“ waren. Und tatsächlich erkannte ich damals schon als große Schwäche der Philosophie des heiligen Thomas von Aquin, so großartig sie auch andererseits ist, daß sie nämlich keinen Platz hat für die Kräfte der Intuition. Es ist richtig, daß der heilige Thomas auf umständliche Weise zwar bejaht, daß durch „Konnaturalität“ oder „Sympathie“ Erkennen möglich ist, das er „affektives“ Erkennen nennt, doch es hat sehr wenig Platz in seinem sonst strengen, rationalen System. Für ihn gilt, was auch für die Griechen und den modernen westlichen Menschen gilt, daß nämlich Erkennen nur durch Begriffe und Urteile, durch Logik und Vernunft und durch systematisches Denken möglich ist. Die westliche Wissenschaft mit ihrem Interesse für Beobachtung und Experiment bleibt eng an diese Art und Weise des Denkens gebunden und ist deswegen ein Erbe griechischer und scholastischer Philosophie.

Was aber ist Intuition? Intuition ist Wissen, das nicht aus Beobachtung und Experiment stammt und sich nicht durch Begriffe und Vernunft gewinnen läßt, sondern durch Reflexion des Geistes über sich selbst. Was den menschlichen Geist von allem anderen unterscheidet, ist nicht sein Vermögen zu Beobachtung und Experiment, das ja in gewissem Maße auch Tiere besitzen, noch ist es sein Vermögen, logisch und mathematisch zu denken, auch ein Computer kann das ziemlich erfolgreich imitieren, sondern vielmehr seine Fähigkeit zur Selbst-Reflexion. Der menschliche Geist ist so strukturiert, daß er sich immer selbst gegenwärtig ist. Wenn ich esse oder sogar, wenn ich schlafe, wenn ich Freude empfinde oder Trauer, wenn ich liebe oder hasse, dann erlebe ich nicht nur einen bestimmten physischen oder psychischen Prozeß. Ich bin dann auch mir selbst gegenwärtig und in einem bestimmten Sinn meiner selbst gewahr, wie ich esse und schlafe, Freude und Leid erfahre, liebe oder hasse. Wenn ich etwas erkenne, erkenne ich, daß ich erkenne; mit anderen Worten, ich erkenne nicht nur, was ich erkenne, sondern auch mich selbst als Erkennenden. Jedes menschliche Handeln oder Erleiden wird von einem Selbst-Bewußtsein begleitet, eine Reflexion über das Selbst. Die Schwierigkeit besteht darin, daß dieses Selbst-Bewußtsein, diese Selbst-Reflexion nicht bewußt im üblichen Sinn ist. Häufig nennt man es das „Unbewußte". Jung hat uns mit der Auffassung vertraut gemacht, daß die Erkenntnis des Unbewußten allem bewußten Erkennen zugrunde liegt. Dies ist aber ein unbefriedigender Ausdruck, weil es in diesem Zustand noch eine Art Bewußtsein gibt. Man könnte es auch das „Unterbewußte" nennen, aber dies wiederum weckt die Vorstellung, daß es sich nicht eigentlich um einen Zustand des Bewußtseins handelt. Man könnte ihn „unterschwellig" nennen, d. h. unterhalb der Schwelle (limen) des Bewußtseins. **Maritain** nennt es in seiner **„Creative Intuition in Art and Poetry"** das *„Unter-der-sonnenbeschienenen-Oberfläche" des Geistes.* Dies kommt der Wahrheit schon näher. Intuition gehört nicht zu der sonnenbeschienenen Oberfläche des menschlichen Geistes, sondern zur Nacht und zur Dunkelheit, zu der mondbeschienenen Welt der Träume und Bilder, ehe sie im rationalen Bewußtsein auftauchen.

Versuchen wir, dies zu begreifen. Wenn ich esse oder schlafe, wenn ich einfach mein physisches Sein erfahre, bin ich mir schwach und unklar meines eigenen Selbst bewußt, das ißt und schläft. Der Säugling, der gerade erst gelernt hat, an der Mutterbrust zu saugen, oder glückselig weiterschläft, ist sich schon, wenn auch unklar, seines eigenen Selbst bewußt, was sich dann schließlich zu einem vollen Selbstbewußtsein entwickeln wird. Sogar vor der Geburt schon fängt das Kind im Mutterleib an, sich selbst zu erfahren. Der Beweis dafür ist, daß alle diese Erfahrungen sich unauslöschlich ins Bewußtsein oder Gedächtnis einprägen. Jahre später noch kann jemand entdecken, daß das Geburtstrauma oder die Erfahrung mangelnder Zuwendung in der Kindheit seine Psyche dauerhaft in Mitleidenschaft gezogen haben. Diese Dinge lassen sich wieder ins Bewußtsein rufen. Ich habe gesagt, daß es sogar im Schlaf ein wenig auch unklares Bewußtsein des eigenen Selbst gibt. Im Träumen ist das offensichtlich, aber, so wird behauptet, sogar im Tiefschlaf, den die Hindus **sushupti** nennen, gäbe es ein Selbst-Bewußtsein. Der Geist versinkt in die Tiefe, aus der er entstand, doch sein Erinnerungsvermögen bleibt. Wie schwer das ist, was wir zu tun versuchen, ist verständlich. Wir versuchen nämlich, ins rationale Bewußtsein zu bringen und in rationalen Begriffen auszudrücken, was zwar jenseits des rationalen Bewußtseins ist, doch dieser rationalen Seite des menschlichen Geistes seinen Stempel aufdrückt.

Vielleicht sollten wir es den „passiven Intellekt" nennen. Es gibt einen aktiven Intellekt, den **„intellectus agens"**, der rationale Begriffe von unserer Sinneserfahrung trennt und wissenschaftliche Theorien entwickelt. Aber es gibt auch einen passiven Intellekt. Bevor der Intellekt zu arbeiten beginnt, empfängt er Eindrücke aus der Erfahrung des Körpers, der Sinne, der Gefühle und der bildlichen Vorstellung. Dies ist die Quelle der Intuition. Jede Erfahrung meines physischen Seins, meines eigenen Körpers und der Welt, die mich umgibt, die Erfahrungen meiner gefühlsmäßigen Reaktionen und die Bilder, die sie in mir entstehen lassen, all das wird dem passiven Intellekt eingeprägt. Es gibt nicht die Empfindung an sich, das Gefühl an sich, den Gedanken an sich. Jede Empfindung, jedes Gefühl, jede Vorstellung beeinflußt mein Bewußtsein, ändert mein Sein. Ich lebe und handle als Ganzes. Wie undeutlich auch immer dieses Selbst-Bewußtsein sein mag, es ist da in jeder Handlung und in jeder Empfindung, in jedem Gedanken und Gefühl. Ich bin mir selbst gegenwärtig in jedem Moment meines Seins. Das ist die tatsächliche Struktur meines Geistes, meines Bewußtseins. Wenn ich mein Bewußtsein eingehend genug untersuche, kann ich dieses unterschwelligen Bewußtseins gewahr werden. Ich kann mich unter die Oberfläche meines Geistes begeben und seine Tiefen erforschen.

Eben dies wurde im Westen als Methode der Psychoanalyse gelehrt. Aber westliche Psychologen bewegen sich selten jenseits der Ebene des Traumbewußtseins und der unterdrückten Emotionen, wohingegen im Osten, in der hinduistischen, buddhistischen und taoistischen Yoga, man zu den Tiefen der Psyche vorgedrungen ist und ihren ursprünglichen Grund entdeckt hat. Dies muß auch der westliche Mensch zu tun lernen. Er muß diesen Weg der Selbstverwirklichung finden, dem man im Osten über Jahrhunderte gefolgt ist.

Das Selbst ist nicht das kleine bewußte Ego, das seine logischen Systeme entwickelt und seine rationale Welt aufbaut. Das Selbst taucht tief in die Vergangenheit der Menschheit und der gesamten Schöpfung ein. Ich trage in meinem Geist, meinem Gedächtnis im umfassendsten Sinne, die ganze Welt. Die Bewegung von Atomen und Molekülen, welche die Zellen meines Körpers ausmachen, sind alle im passiven Intellekt registriert. Die Ausformung meines Körpers im Schoß meiner Mutter ist in all ihren Entwicklungsstufen in meinem Gedächtnis gespeichert. Jeder Impuls von Liebe und Haß, Furcht oder Ärger, von Freude und Schmerz hat seine Spur in meinem Bewußtsein hinterlassen. Ich bin auch nicht nur auf die Erfahrung meines eigenen Körpers und meiner Gefühle beschränkt. Ich bin physisch und psychisch mit der gesamten Welt um mich herum verbunden. Mein Körper ist der Brennpunkt elektromagnetischer Phänomene, der Wirkungen der Schwerkraft und aller Art chemischer Veränderungen. Meine Gefühle sind Reaktionen auf eine ganze Welt von Empfindungen, ob vergangen oder gegenwärtig, die mich irgendwie betreffen. All dies hat mein Bewußtsein mitgeprägt. **Hamlet** bemerkte dazu treffend: *„Was für ein Werk ist der Mensch!"* Mein Geist ist ein unergründliches Geheimnis. Er spiegelt in sich die ganze Welt und macht mich zu einem Zentrum des Bewußtseins unter unzählig vielen anderen solcher Zentren, von denen jedes alles andere widerspiegelt.

Intuition ist somit das Wissen des passiven Intellekts, das Selbst-Bewußtsein, das alles Handeln und jede bewußte und wohlerwogene Reflexion begleitet. Sie ist passiv, denn sie kommt von der Welt, die mich umgibt, aus den Empfindungen meines Körpers, und aus meinen Gefühlen und spontanen Reaktionen. Deshalb kann Intuition auch nicht gemacht werden. Man kann sie nur zulassen. Doch genau das kann das rationale Bewußtsein nicht ertragen, weil es ja alles kontrollieren möchte. Es will nicht ruhig sein und still und Dinge geschehen lassen. Natürlich gibt es auch eine Passivität des Nichtstuns, doch das hier ist „aktive Passivität". Die Chinesen nennen das **wu wei**, aktives Nichttun. Es handelt sich um einen Zustand der Empfänglichkeit. *„Wir wollen uns öffnen, wie eine Blume ihre Blätter öffnet"*, sagt **Keats**, *„und passiv und bereit sein zu empfangen."* Diese Worte haben mich zu Beginn meines Aufbruchs inspiriert, aber erst jetzt verstehe ich ihre volle Bedeutung. Es gibt eine Aktivität des Geistes, die greifen, erreichen und beherrschen will, aber es gibt auch eine Aktivität, die empfangend, aufmerksam und offen gegenüber den anderen ist. Dies müssen wir lernen.

Den klassischen Ausdruck dieser intuitiven Weisheit findet man im **Tao-Te-King**, worin von der Fee des Tales und dem mystisch Weiblichen die Rede ist. *„Der mystischen Weiblichkeit Pforte"*, steht dort, *„so heißt man die Wurzel von Himmel und Erde." „Wer dem Einen sich auftut, wirkt Geeintheit und wird lauter, den Himmel im Herzen. Wer Beschlossenheit wahrt, leitet gut. Wer dem Einen sich auftut, erreicht Fruchtbarkeit. Wer den Himmel im Herzen hat, braucht nicht Wissen noch Erfahrung, denn er erfährt das Wissende." „Aufgetansein in die All-Leere ist Beschlossensein von der Nichts-Fülle." „Heimkehren zum Wurzelgrund heißt: Stille finden."*[1]

Dies sind die Prinzipien, die der Weisheit des Ostens zugrunde liegen und die der Westen entdecken muß. Auch China und der Osten müssen sie zurückgewinnen, soll die Welt wieder ihr Gleichgewicht finden.

Der passive Intellekt ist das, was **Wordsworth** *„fühlenden Intellekt"* genannt hat. Es ist der Intellekt, der mit Gefühl und Emotionen verbunden ist. Wordsworth beschrieb Dichtung als *„Emotion, die sich in der Stille wieder sammelt"*. In den Emotionen bricht sie auf und erhebt sich zur Ebene des Intellekts, wo sie dann wieder gesammelt und ihr Einheit und Bedeutung verliehen wird. Diesen Prozeß schrieb Wordsworth sehr schön, wenn er in den *„Lines written above Tintern Abbey"* von Empfindungen spricht, die man im Blut und durch das Herz gehen fühlt und die sogar bis dorthin gelangen, wo ein reinerer Geist sie in Ruhe sammelt.

Dies beschreibt den ganzen Prozeß intuitiven Erkennens. Es ist ein integrales Erkennen, das den ganzen Menschen umfaßt; beim Blut, dem physischen Sein, fängt es an, geht durch das Herz, den Sitz der Affekte, das psychische Sein, und erreicht schließlich den „reineren Geist", nicht die Vernunft, sondern den Intellekt, das intuitive Bewußtsein.

Intuition gibt es somit auf jeder Ebene unseres Seins. Im „Blut", durch körperliches Gewahrwerden beginnt sie. Sogar auf dieser Ebene schon ist der Intellekt, das Selbst, zugegen.

Die Idee, „mit dem Blut zu denken", ist keine Illusion. Denn es gibt ein sehr starkes Bewußtsein des eigenen Selbst auf dieser tiefsten Ebene unseres Seins. Die Angehörigen der Stämme, insbesondere in Afrika, neigen immer dazu, mit dem Blut zu denken, sie drücken sich im Rhythmus der Trommeln und in den Bewegungen des Tanzes aus. Dies ist eine authentische Methode, Erkenntnis zu erlangen, Selbsterkenntnis und Selbstbestätigung. Alle einfachen Leute neigen dazu, ihr Leben eher von ihrem Körper her zu gestalten als vom Verstand, d. h., sie lassen sich eher von intuitiven Erkenntnissen des Körpers leiten als von den rationalen Erkenntnissen des Geistes.

D. H. Lawrence, der der Prophet dieser Art der Erkenntnis war, hat es treffend ausgedrückt: *„Wir haben fast ganz diese wichtige sinnliche Wahrnehmung und Sinnenerkenntnis der Alten verloren. Von großer Tiefe war das Wissen, das unmittelbar dem*

Instinkt und der Intuition entstammte und nicht der Vernunft. Ein Wissen war es, das sich der Bilder und nicht der Begriffe bediente. Symbole waren Ausdruck der Abstraktion, nicht Verallgemeinerungen und Qualitätsbeschreibungen, und nicht Logik brachte den Zusammenhang, sondern die Emotion."[2] Es muß betont werden, daß es sich hier um wirkliche Erkenntnis handelt: Dies ist nicht nur sinnliche oder emotionale Erfahrung. Es ist Sinneswahrnehmung, es ist emotionale Erfahrung, die sich im Bewußtsein widerspiegelt, nicht im rationalen Bewußtsein der abstrakten Vernunft, sondern im intuitiven Bewußtsein, dem passiven Intellekt. Sie drückt sich nicht in abstrakten Begriffen aus, sondern in konkreten Gebärden, in Bildern und Symbolen, im Tanz und Gesang, in rituellem Opfer, Gebet und Ekstase.

Es ist eine große Illusion des Westens, wenn er meint, daß Erkenntnis nur im abstrakten Gedanken besteht und daß ein Analphabet unwissend ist. In Wirklichkeit besitzen viele Menschen, die nicht lesen und schreiben können, eine Weisheit, die sich gänzlich dem Zugriff des westlichen Menschen entzieht. **Ramakrishna**, der Hinduheilige, der mehr als irgend einer sonst für die Erneuerung des Hinduismus im 19. Jahrhundert getan hat, war ein Brahmane, der nicht lesen und schreiben konnte, der aber aus der Tiefe einer intuitiven Weisheit sprach. Intuition kann es somit auf der Ebene des körperlichen Instinkts geben. Die Menschen, die gewöhnlich barfuß gehen und ihre Körper der Sonne aussetzen, so wie das in vielen Teilen Asiens und Afrikas getan wird, haben eine intuitive Wahrnehmung von jener Kraft, dem hinduistischen Shakti, die in der Erde, der Luft, im Wasser und im Feuer der Sonne ist. Sie erfahren diese Kräfte der Natur, die auf sie einwirken, und besitzen ein instinktives Wissen über die produktiven Kräfte der Erde, die Auswirkungen der Jahreszeiten und der einzelnen Mondphasen und über das Wetter, das sich am Himmel abzeichnet. Rationale wissenschaftliche Erkenntnis kann die Präzision dieser Art von Wissen vermehren und sie systematisieren, sie entfremdet aber den Menschen von der Natur und schafft eine künstliche Welt.

Die Menschen, die in einer Welt von Straßen und Gebäuden aus Beton leben, zwischen Stahlgebilden und Geräten aus Plastik, verlieren den Kontakt mit der Welt des spontanen Gefühls und des vorstellungshaften Gedankens. Und Ursache dafür ist die Trennung des rationalen wissenschaftlichen Bewußtseins, vom *„fühlenden Intellekt"*, der die Quelle intuitiver Weisheit ist. Das bedeutet nicht, daß Wissenschaft und Vernunft in sich selbst falsch wären, falsch ist nur ihre Trennung von den Sinnen und dem Gefühl. **Unser Ziel muß eine „Hochzeit" von Vernunft und Intuition sein, vom Männlichen und Weiblichen, denn dann erst werden wir eine menschliche Technologie entdecken, die den dringendsten Bedürfnissen des Menschen entspricht.**

Die erste Stufe der Intuition ist also auf der physischen Ebene. Dies schließt natürlich die Sphäre der Sexualität mit ein. Die Sexualität selbst ist ein Mittel der Erkenntnis. Es ist bezeichnend, daß der Hebräer sagt, der Mann „erkenne" seine Frau in der Ehe: *„Adam erkannte sein Weib Eva und sie ward schwanger."*[3] Denken wir, nebenbei gesagt, daran, daß in umgekehrter Weise man von Erkenntnis in Begriffen der Sexualität spricht. Ein Begriff **(concept)** ist etwas, das vom Geist empfangen **(conceived)** wurde, er ist Frucht der Verbindung von Geist und Natur, oder in Hindubegriffen von **Purusha** und **Prakriti**.

Es ist gut, sich daran zu erinnern, daß sexuelle Aktivität für den Menschen niemals ein rein physischer Prozeß ist. Sexualität zieht den Körper, die Gefühle und die Affekte mit ein. Man *„fühlt es im Blut und durch das Herz gehen"*, um die Sprache **Wordsworth** zu gebrauchen, *„und sogar in den reineren Geist münden"*. Sie berührt die Tiefen menschlichen Bewußtseins, weckt die intuitiven Kräfte des Geistes und transformiert das Selbst. Wenn sich der Mann sexuell mit einer Frau vereinigt, dann erkennt er sie tiefer, als jede wissenschaftliche oder philosophische Erkenntnis darüber sein kann. Das ist die Weisheit, aus der die meisten Menschen leben, eine Weisheit menschlicher Intimität und Zuneigung, die die ganze Person mit einbezieht. Aber diese Vereinigung findet auf drei Ebenen statt. Zuerst ist da die Ebene der physischen Sinne, des Blutes, der Nerven und des daraus folgenden Orgasmus, und dies ist schon eine Art der Erkenntnis. Das Selbst ist in dieser Erfahrung zugegen; dies ist bereits eine spezifisch menschliche Erfahrung. Aber tiefer als die physische Intimität ist die emotionale Vereinigung. In jedem menschlichen Wesen gibt es ein Sehnen nach Wärme, Nähe und Intimität. Der erste Impuls des Neugeborenen richtet sich auf die Wärme und Intimität der Mutterbrust. Aber hinter dieser Sehnsucht nach Wärme und Intimität liegt die Sehnsucht nach Liebe, nach emotionaler Befriedigung. Die ersehnte Intimität ist nicht bloß physisch, sondern auch psychisch. In der sexuellen Vereinigung ist es nicht nur die physische Intimität, die gesucht wird, sondern auch die gegenseitige Liebe, die Selbsthingabe, die Gemeinschaft miteinander, in der jeder den anderen bereichert. Auch dies ist eine Art der Erkenntnis, und zwar die Erkenntnis der Liebe und der engen Verbindung, in der der eine den anderen entdeckt.[4]

In dieser Vereinigung der Liebe lernt der Mann die Frau kennen und die Frau den Mann. Sie entdecken wechselseitig ihre eigene Männlichkeit und Weiblichkeit. Dies geht weit über die rein emotionale Ebene hinaus. Es ist ein Bewußtwerden des eigenen Selbst. Jeder entdeckt einen neuen Aspekt seines und ihres Selbst. In jeder sexuellen Vereinigung kann es zur Selbsterkenntnis kommen, wenn aber die emotionale Vereinigung oberflächlich ist, bleibt die Selbsterkenntnis verborgen.

Nur wenn die emotionale Vereinigung tief und dauerhaft bleibt, kann die Selbsterkenntnis wachsen. Ist das der Fall, dann kann eine neue Stufe der Erkenntnis erreicht werden. Es handelt sich dann nicht mehr um eine nur physische oder emotionale Intuition, sondern um Wachstum in der Erkenntnis der eigenen Person, um ein Bewußtwerden des inneren Selbst. So wie das bei jeder Intuition ist, ist es eine Widerspiegelung des Selbst im Selbst, eine Selbst-Gegenwart, wobei das Selbst hier aber eine neue Dimension seines Seins entdeckt. Der passive Intellekt, die innere Schau, wird sich einer neuen Stufe des Verstehens bewußt. In wirklich tiefer Liebesvereinigung kann dies überleiten in einen Zustand der Ekstase. Das Selbst geht über sich hinaus und erfährt in Selbsttranszendenz den Grund des eigenen Seins. Dann lassen Mann und Frau die Dualität der Sexualität hinter sich und erleben ihr Miteinander-Einssein in totaler Erfüllung.

Es ist wichtig zu wissen, daß alle sexuelle Liebe auf diesen transzendenten Zustand hinzielt. Kein Mann und keine Frau können letztlich nur durch physische oder emotionale Vereinigung befriedigt werden. Liebe zielt über den Körper und die Gefühle hinaus und möchte zu den Tiefen des menschlichen Wesens vordringen, wo es keine Unterteilung in Männliches und Weibliches mehr gibt. Mann und Frau finden so zur Vollständigkeit ihres Wesens; denn in jedem von beiden ist das Männliche und das Weibliche vereinigt, und somit ist die Trennung der menschlichen Natur überwunden. Dies ist die allerhöchste Intuition des Selbst, die man bei den großen Mystikern findet. Es ist kein Zufall, wenn man die mystische Erfahrung so oft mit Ausdrücken sexueller Vereinigung umschrieben findet. Dabei handelt es sich nicht um „Sublimation“ im Freudschen Sinne. Es handelt sich vielmehr um eine Öffnung der menschlichen Natur zur umfassenden Dimension ihres Seins. Es liegt in der Natur der menschlichen Liebe, daß sie nicht allein mit physischem Kontakt oder emotionaler Sympathie befriedigt werden kann. Menschliche Liebe sucht radikale Erfüllung in totaler Selbsthingabe. Für manche Menschen mag die sexuelle Vereinigung der Weg zu dieser totalen Selbsthingabe und Selbstentdeckung sein; andere erleben diese Ekstase der Liebe in der Gegenwart der Natur wie Wordsworth; wieder andere finden sie in dienender Liebe und Selbstaufopferung. Aber welcher Weg auch immer eingeschlagen wird, diese Ekstase der Liebe führt zu höchster Weisheit, zur Enthüllung der Tiefe des Selbst, das nicht länger isoliert ist, sondern sich in Liebes-Gemeinschaft befindet, für die es geschaffen wurde.

Es gibt also die Sphäre der physischen biologischen Intuition und die der emotionalen affektiven Intuition. Doch höher als diese ist die Sphäre der Intuition, die aus der Welt der Vorstellung kommt. In dieser Sphäre ist die intuitive Kraft des Verstandes besonders deutlich. Die Erfahrungen des Körpers, seine Empfindungen und Emotionen, spiegeln sich alle in der Vorstellung des Menschen wider. Die Vorstellungskraft ist primär eine passive Kraft, sie spiegelt die Bilder der Welt um uns herum wider und ebenso unsere eigenen inneren Erfahrungen. Es ist die Sphäre dessen, was Jung Archetypen nannte. Menschliche Erfahrung gliedert sich organisch um gewisse urzeitliche Bilder wie Vater, Mutter, Kind, Braut, Bräutigam, Wasser, Feuer, Schatten und Dunkelheit. Alle diese archetypischen Bilder befinden sich im „Unbewußten", wie Jung es nannte, ich jedoch würde es unterschwellige Tiefen des Bewußtseins nennen. Denn diese Archetypen sind insgesamt Formen der Intuition; es sind Bilder, die aus der Tiefe des Selbst-Bewußtseins kommen und das Selbst widerspiegeln. Bei den meisten Menschen sind diese Archetypen verborgen und sind noch nicht in das Licht des reflektierenden Bewußtseins getreten. Beim Dichter und Künstler jedoch treten die Archetypen in das Licht des Bewußtseins. Der passive Intellekt empfängt diese Bilder aus den Tiefen physischer und emotionaler Erfahrung und erleuchtet sie mit dem Licht des Verstandes. Hier nun tritt die Intuition aus der Dunkelheit physischer und emotionaler Erfahrung in das klare Licht der Erkenntnis.

Aber diese Erkenntnis ist keine rationale abstrakte begriffliche Erkenntnis. Der Geist „abstrahiert" nicht (er trennt und sondert nicht), das was an Körpererfahrung vorliegt, um etwa einen Begriff zu bilden oder um daraus Schlußfolgerungen zu ziehen. Der Intellekt erleuchtet nur die aktuelle konkrete Erfahrung, er durchdringt die physische und emotionale Welt und füllt sie mit Licht.

Es ist eher die bildliche Vorstellung als die abstrakte Vernunft, die das Leben der Dichter und das der meisten Menschen in einer normalen Gesellschaft gestaltet. Lediglich die künstliche Welt des westlichen Menschen versucht, jedermann in die Gewohnheiten abstrakten Denkens hineinzuerziehen, sie schafft die logischen Systeme und drückt sie im Jargon eines wissenschaftlichen Denkens aus.

In einer normalen menschlichen Gesellschaft, wie sie immer noch in weiten Teilen Asiens und Afrikas existiert, lebt der Mensch aus seiner bildlichen Vorstellung und drückt sich in der Sprache dieser bildlichen Vorstellung aus, in Gesten und Ritualen, in Reden, die voller Symbolik sind, die das Selbst und die Welt in konkreten Bildern widerspiegeln und häufig von Musik und Tanz begleitet werden. Aber selbstverständlich können wir gerade bei den großen Dichtern und Künstlern die bildliche Vorstellungskraft des Menschen voll entwickelt sehen. Das, was in den meisten Menschen dunkel und unvollständig bleibt, besitzen sie bis zum Grade der Vollkommenheit, und weil sie, was sie haben, aus dem fundamentalen menschlichen Vermögen ziehen, das allen gemeinsam ist, deshalb sprechen die großen Poeten auch alle Menschen an. Homer und die griechischen Tragödienschreiber, Vergil und Dante, Shakespeare und Goethe, alle sprechen sie diese universale menschliche Sprache, und wenn wir die menschliche Natur wirklich tief verstehen wollen, dann gehen wir zu ihnen. Ebenso suchen wir bei den großen Romanschriftstellern wie Tolstoi und Dostojewski, mit ihrer imaginativen Einsicht, wenn wir die menschliche Verfassung heute tiefer verstehen wollen.

Was ist nun diese poetische Vorstellungskraft? **Maritain** hat sie als *„wechselseitige enge Verbindung zwischen dem inneren Sein der Dinge und dem inneren Sein des menschlichen Selbst“* bezeichnet. Es gibt, wie wir gesehen haben, dieses Gegenwärtigsein des Selbst in jeder menschlichen Erfahrung, aber bei den meisten Menschen wird dieses Gegenwärtigsein nur teilweise oder gar nicht wahrgenommen. Beim Dichter wird diese Selbst-Gegenwart bewußt, das latente Selbst-Gewahrsein wird durch seine Erfahrung mit der Welt, die ihn umgibt, zum bewußten Gewahrwerden. Er ist viel sensitiver als andere gegenüber den Sinnesempfindungen, gegenüber dem, was er sieht, hört, berührt, schmeckt und riecht, und diese Empfindungen dringen mit den sie begleitenden Bildern tief in sein Bewußtsein ein. Im passiven Intellekt, in der Tiefe seines Seins, spiegeln sie sich wider und werden intuitiv. D. h., der Intellekt dringt in die Tiefe seines Selbst-Bewußtseins ein und entlockt ihm jene Bilder, die sich durch seine Erfahrung dort angesammelt haben. In seiner Vorstellung, wo Gefühl und Gedanke miteinander verschmolzen sind, spiegelt sich die Welt in ihrer ganzen Fülle wider.

Der abstrakte rationale Geist bringt eine Welt der Begriffe hervor, die von der konkreten Wirklichkeit getrennt ist, der Geist aber, der sich der bildlichen Vorstellungskraft bedient, schafft die konkrete Welt neu. Sie spiegelt sich in Symbolen wider – entweder als Worte oder rhythmische Bewegungen, gemalte Zeichen oder architektonische Formen. Alle wirkliche Kunst entsteht aus dieser tiefen Erfahrung des Selbst in der Welt und der Welt im Selbst. Das ist urzeitliche menschliche Erfahrung, aus der die Sprache selbst und jede Form des Selbstausdrucks entstehen. Dadurch, daß man die Welt der bildlichen Vorstellung, d. h. die „Kunst" im tiefsten und weitesten Sinn vernachlässigt hat, zugunsten einer Welt der Vernunft, die von der „Wissenschaft" beherrscht wird, ist das Ungleichgewicht in der westlichen Zivilisation entstanden. Das heißt nicht, daß Wissenschaft und Vernunft in sich falsch wären. Es sind wesentliche Elemente in der menschlichen Natur, und die Entwicklung dieser Fähigkeiten im Westen seit der Zeit der Griechen trug ganz wesentlich zum Fortschritt des Menschen bei. Doch die Vorherrschaft von Wissenschaft und Vernunft und die praktische Unterdrückung von Kunst und bildlicher Vorstellungskraft in der normalen Erziehung haben das fundamentale Ungleichgewicht in der westlichen Kultur verursacht.

Dies ist jedoch nur ein Gesichtspunkt der Herrschaft des Mannes über die Frau, des aggressiven männlichen Intellekts über die weibliche intuitive Vorstellungskraft, die die gesamte westliche Kultur beeinflußt hat. Für die Einstellung ist auch typisch, daß sie glaubt, Mann und Frau würden sich nur physisch unterscheiden und unterschiedliche Rassen nur durch ihre Farbe. Sie weiß nicht um den tiefen psychologischen Unterschied zwischen Mann und Frau und zwischen dem asiatischen, afrikanischen und europäischen Menschen. Grund dafür ist die Blindheit gegenüber dem weiblichen Aspekt der menschlichen Natur. Jeder Mann und jede Frau ist sowohl männlich wie weiblich, und in jeder Person muß diese Vermählung des Männlichen und Weiblichen stattfinden. Sträubt sich der Mann, den weiblichen Aspekt in sich anzuerkennen, dann verachtet oder beutet er die Frau aus und stellt Vernunft über die Intuition, Wissenschaft über die Kunst, den Menschen über die Natur, die weiße Rasse mit ihrer dominierenden Vernunft über die farbigen Völker mit ihrem intuitiven Gefühl und ihrer Vorstellungsgabe. Dies war der Weg der westlichen Zivilisation während der vergangenen Jahrhunderte. Jetzt werden wir uns der Stellung der Frau in der Gesellschaft bewußt, der Bedeutung von Sexualität und ehe ebenso wie des Wertes der Kunst und Intuition und auch der Stellung der farbigen Völker innerhalb der Zivilisation der Welt. Was stattfinden muß, ist eine Hochzeit von Ost und West, des intuitiven Geistes mit der wissenschaftlichen Vernunft. Die Werte des wissenschaftlichen Geistes dürfen dabei nicht verlorengehen, aber sie müssen in die erweiterte Schau des intuitiven Geistes integriert werden.

Sowohl Vernunft wie auch Intuition sind für sich alleine unvollständig, ebenso wie der Mann ohne Frau unvollständig ist und die Frau ohne den Mann. Intuition für sich selbst ist blind. Beim Erfahren der Welt ist sie nicht mehr als ein dunkles Gewahrsein des Selbst. Die Intuition wird leicht von Emotionen überflutet. Es ist dies der negative Aspekt der Frau, die Quelle von Wankelmut und Labilität, die **femina mutabile semper** des **Vergil**. Sie ist Ursache für das Bild von der Dirne und der Versucherin. Sie ist die Quelle der Leichtgläubigkeit und des Aberglaubens, der Magie und Zauberei, der Verschwommenheit und der Verwirrung des Gedankens. Das Wachsen von Wissenschaft und Vernunft im Westen war in weitem Maße eine Reaktion gegen diese unausgewogene Intuition, wie sie im Aberglauben der mittelalterlichen Kirche, im Kult von Magie und Zauberei und im religiösen Fanatismus zutage trat. Dennoch wäre die Antwort darauf nicht die Ablehnung des intuitiven Bewußtseins gewesen, sondern seine Vermählung mit der Vernunft. Die Intuition beginnt mit dem Kind in der Dunkelheit des Mutterschoßes. Sie wächst mit dem Erwachen der emotionalen und vorstellungshaften Erfahrung, muß jedoch schließlich durch den passiven Intellekt, dem sich jede Erfahrung der Sinne und Gefühlsregungen einprägt, ins klare Licht des Geistes. Jetzt erst kommt es zur Vermählung von Vorstellung und Vernunft, von aktivem und passivem Intellekt. Wir nehmen das bei den großen Dichtern wahr. In ihnen hat sich die Vernunft mit der tiefen Erfahrung physischen Seins und mit der Fülle von Emotionen und bildlicher Vorstellung verbunden.

Die Vernunft selbst, der aktive Intellekt, wird vom intuitiven Bewußtsein ergriffen, d. h. von der sich widerspiegelnden Erkenntnis des Selbst, und so wird die Vernunft selbst intuitiv. Eben dies finden wir bei Dante. Aus der Tiefe menschlicher Leidenschaft und Empfindsamkeit bezieht er seinen Stoff, durchwandert die ganze Palette der Emotionen von Liebe und Haß, Hoffnung und Enttäuschung, Freude und Trauer und gibt in einer umfassend vorstellungsreichen Schau dieser tiefen Erfahrung konkrete Form. All das zeigt sich in Klang und

Melodie, in Reim und Rhythmus, Wortreichtum und der konkreten Bildersprache seiner Dichtung. Doch das Gerüst all dessen ist nüchterne Vernunft: subtile Philosophie und Theologie, Lehre und Argumentation. Doch dieses Gerüst abstrakten Gedankens ist in die imaginative Schau des Ganzen integriert. Philosophie und Theologie wurden zu Poesie, und die intuitive Kraft des Geistes hat alle diese verschiedenen Elemente assimiliert.

Und doch, selbst mit Dante haben wir noch nicht den Höhepunkt des intuitiven Bewußtseins erreicht. Der Dichter bringt alle diese Elemente menschlicher Erfahrung in eine vereinheitlichte Schau, bleibt aber Bildern und Begriffen verhaftet. Es gibt noch eine weitere Schau, die Bilder und Begriffe übersteigt, wie **Dante** selbst erfahren hat, wenn er in der den Höhepunkt erreichten Schau des Paradiso sagt: *„Von nun an erreicht mein Schauen eine Höhe, wo Sprache überwältigt und zurückbleiben muß."*[6]

Es gibt einen Punkt, an dem Intuition, nachdem sie durch Dunkelheit und Zwielicht in das Licht der Sonne getreten ist, nun auch dieses übersteigt. Mit ihr sind die tiefe Erfahrung des Körpers und des Blutes und alles, was Emotionen und bildliche Vorstellung ihr aufgeprägt haben. Jetzt aber übersteigt sie Bild und Gedanke und „richtet sich auf sich selbst" in einem reinen Akt der Selbst-Betrachtung, der Selbsterkenntnis. Es ist dies die Erfahrung des Mystikers, der frei von den Beschränkungen des Körpers und der Seele die reine Freude des Geistes erfährt. Im Geist gipfeln Leib und Seele, in ihm übersteigt sich die individuelle Person selbst und wird sich des ewigen Grundes ihres Seins bewußt. Die dunkle Intuition des physischen Seins, die sich erweiternde Intuition emotionaler und imaginativer Erfahrung, das Licht der Vernunft, die die Gesetze und Prinzipien von Natur und Mensch entdeckt, all das sind Widerspiegelungen des reinen Lichtes der Intuition, in dem sich die Seele selbst erkennt, und zwar nicht nur in ihrer Beziehung zur Umwelt oder zu anderen menschlichen

Wesen, sondern auch in ihrem ewigen Grund, der Quelle ihres Seins.

An diesem Punkt des Geistes beginnt die Seele zu leuchten oder genauer, sie entdeckt, daß sie selbst nichts anderes ist als der Widerschein eines Lichtes, das ewig jenseits der Dunkelheit scheint. Es ist ein Licht, das immer gleich bleibt, rein und transparent, das die gesamte Schöpfung durchdringt, jeden Menschen erleuchtet, und doch immer in sich ruhig und unverändert bleibt, das alles in sich aufnimmt und alles in das Wesen seines eigenen unendlichen Seins umwandelt.

Es ist das Ziel jeder Religion und der ganzen Menschheit, dieses unendliche ewige, sich nicht verändernde Sein zu finden, das zwar jenseits ist von Zeit und Wandel, jenseits von Geburt und Tod, jenseits von Gedanke und Gefühl, doch Antwort gibt auf die tiefsten Bedürfnisse jedes Menschen. Dort gibt es auch nicht länger die Teilung in Mann und Frau, denn männlich und weiblich sind eins. Dort gibt es auch nicht mehr die Teilung in Mensch und Natur, denn Mensch und Natur haben in ihrem Ursprung wieder ihre Einheit gefunden. Es gibt dort auch nicht länger die Teilung in Klassen, Rassen und Religionen, denn nun haben alle die Wahrheit und das Leben gefunden, nach dem sie gesucht haben.

Dieses Wesen ist jedoch niemandem und nichts fern. Es ist in jeder Person und in jedem Ding als der Grund seines einzigartigen und individuellen Seins. In diesem einen Wesen gründet die gesamte Schöpfung. Jedes Atom und Elektron, jede lebende Zelle, jeder Organismus, jede Pflanze und jedes Tier, jedes menschliche Wesen existiert ewig in diesem ewigen Wesen. Zeit und Wandel, Körper und Seele, Leben und Tod verschleiern nur diese eine Wirklichkeit, und doch sind sie selbst Manifestationen dieser Wirklichkeit und existieren in ihr. Eine alte Redensart drückt das so aus: *„Alles was dort ist, ist hier, und alles was hier ist, ist dort."* Die Welt von Zeit und Raum ist eine Widerspiegelung dieser ewigen Welt; **Plato** sagte: *„Zeit ist ein sich bewegendes Bild der Ewigkeit."* Jenes ewige Wesen sieht und weiß alles, was in der Zeit geschieht. Wir unterliegen den Bedingungen der Zeit, und daher können wir nur ein Ding nach dem andern sehen und niemals das Ganze begreifen. Doch die intuitive Schau ist eine Schau des Ganzen. Die Vernunft geht von Punkt zu Punkt und zieht dann ihre Schlußfolgerung. Das intuitive Bewußtsein begreift das Ganze in all seinen Teilen. Über diese intuitive Kraft des Geistes sagte **Meister Eckhart**: *„Diese Kraft hat nichts mit irgend etwas anderem gemeinsam. Sie kennt kein Gestern oder Vorgestern, kein Morgen oder Übermorgen (denn in der Ewigkeit gibt es kein Gestern oder Morgen); es gibt nur ein gegenwärtiges Jetzt; was vor tausend Jahren geschah oder in tausend Jahren geschehen wird, ist da in der Gegenwart, und die diametral gegenüberliegenden Teile der Erde sind identisch mit dem Hier."*[7]

Es ist schwierig für uns mit unserem Geist, welcher der Zeit verhaftet ist und unserem an den Raum gebundenen Körper, die ewige Wirklichkeit zu verstehen. Ja, es ist eigentlich unmöglich, und dennoch existiert in jedem von uns etwas, das jenem ewigen Wesen entspricht, ein kleiner Funke, ein Lichtstrahl, der unser Bewußtsein berührt und uns dieses transzendente Geheimnis bewußt macht. Der kleine Funke ist da in jedem menschlichen Wesen, für manche ist er jedoch ganz verborgen, andere nehmen ihn nur gelegentlich wahr, so daß sie einen flüchtigen Blick in diese andere Welt tun. Nur der Mystiker kommt weiter und sieht das Licht, doch auch für ihn ist es selten, länger in einem solchen Zustand verweilen zu können. Erst nach dem Tod, wenn wir schließlich die Schatten und das Dunkel hinter uns lassen, sehen wir alles und alle wie sie wirklich sind, in ihrer ewigen Wahrheit und in ihrer unendlichen Wirklichkeit.

Ziel jeder echten Religion ist es, dieses transzendente Geheimnis zu enthüllen und den Weg zu ihm zu zeigen. Doch es offenbart sich nicht dem rationalen, sondern nur dem intuitiven Bewußtsein, und der Weg zu ihm führt nicht über Argumente, sondern über das Sich-selbst-Ausliefern, das Offensein des Selbst für seinen ewigen Grund. *„Nicht durch die Schriften noch durch den Intellekt, noch durch eifriges Lernen wird dieses Selbst erkannt. Der vom Selbst Erwählte, er nur erreicht das Selbst."*[8] Wenn wir über den Bereich der Vernunft hinaus vordringen, stoßen wir auf ein tieferes Selbst, ein Selbst, das unser ganzes Wesen, Leib und Seele ergreift und uns in sein unendliches Sein zieht.

Aber Worte sind hier unzulänglich, sie straucheln und fallen. Ich gebrauche abstrakte Worte, wie Wesen, Wahrheit, Wirklichkeit, Unendlichkeit, Ewigkeit. Jedes dieser Worte weist auf seine Art über unsere derzeitige Existenzweise hinaus, und richtet unser Bewußtsein auf das, was jenseits des Bewußtseins liegt. Aber der Wert der Worte liegt darin, daß sie uns diesen kleinen Funken der Intuition bewußt machen und uns befähigen, *„in die Wahrheit zu sehen"*. Deswegen kann man auch dieses Wissen nicht erlernen, man kann es nicht machen. Wir müssen uns umwandeln lassen, „passiv" werden, eine Passivität erlangen, die unendlich aufnahmebereit ist. Es gibt eine Parallele zwischen dem ursprünglichen Dunkel des Bewußtseins, dem Zustand des „tiefen Schlafs", dem was die Chinesen den „unbehauenen Block" nennen, wo alles in der Anlage da ist und auf das Licht wartet, und diesem Endzustand totaler Aufnahmebereitschaft. Der Unterschied besteht darin, daß die innere Kraft der Materie bedingt ist; sie muß verschiedene Stufen der Entwicklung durchmachen, bevor sie zum Leben kommt; auch das Leben muß durch viele Phasen der Entwicklung, bevor es die Stufe des Bewußtseins erreicht; und so muß sich schließlich auch Bewußtsein durch Sinne, Gefühl, die bildliche Vorstellung und die Vernunft entwickeln, bevor es sich voll dessen bewußt wird, was die Quelle der Materie, Leben und Bewußtsein ist. Aber der verborgene Keim der Intuition, der Aufnahmebereitschaft war da von Anfang an, und die mystische Erfahrung letztendlich ist nur die Blume jener Intuition, die im Grund der Materie verborgen war.

Hier nun vermögen wir die Stellung des Mythos in der menschlichen Entwicklung zu erkennen. Ein Mythos ist Ausdruck des intuitiven Bewußtseins. Das Bewußtsein mag zunächst fast völlig von der Materie, dem Körper, gefesselt sein und wird sich dann in körperlichen Bewegungen, in Ritual und Tanz und in Trommelschlägen ausdrücken. Aber dies geschieht nicht ohne tiefe Gefühle, ohne emotionale Beteiligung am Rhythmus und kann sich in irgendeinem konkreten Objekt symbolisieren, einem Stein, einem Baum oder einem Tiertotem. Aber schon hier gibt es ein Erwachen der Vorstellungskraft, ein Aufsteigen von archetypischen Bildern, die aus der Tiefe des Unbewußten kommen, das Universum gliedern und ihm Bedeutung geben. Hinter all dem ist die Intuition am Werk, ein Selbst-Gewahrsein, das zunächst noch rudimentär ist, aber mit jedem Kontakt mit der Außenwelt wächst, den Mythos als Ausdruck dieser umfassenden Erfahrung ausbaut und das Universum um das Selbst herum gliedert. Dieses Selbst-Gewahrsein ist zunächst nicht so sehr individuell, sondern sozial und eigentlich auch nicht rein sozial, sondern eher kosmisch. Es ist ein Gewahrsein des Selbst als abhängig von und in enger Verbindung mit dem kosmischen Geheimnis. Man kann daher verstehen, wie der Mythos die Gesamtheit des Seins umfaßt, dem Menschen einen Platz im Universum gibt und jeden Aspekt seines Lebens organisiert.

Jetzt ist der Mythos die Quelle aller Religion. Man sieht ihn am Werk, sowohl in den Naturreligionen als auch in den Hoch-Religionen. In der Religion der alten Griechen läßt sich die Entwicklung des Mythos am deutlichsten verfolgen. Homer lebt noch in einer mythologischen Welt und das Wunderbare seiner Dichtung ist, daß in ihr der rationale Geist sich der Welt des Mythos öffnet, ihr in reicher und greifbarer Sprache einen unvergänglichen Ausdruck verleiht. Er bezieht seinen Stoff aus den Tiefen menschlicher Erfahrung, gliedert ihn mit großem Scharfsinn und gibt ihm unsagbare Schönheit und Reiz. Bei Aischylos bekommt der Mythos eine tiefe religiöse und moralische Bedeutung, bleibt jedoch im wesentlichen Drama der mythologischen Welt. Bei Sophokles ist der Mythos immer noch bedeutsam, aber jetzt ist das menschliche Drama Mittelpunkt der Darbietung. Bei Euripides, dem „Rationalisten", wie Gilbert Murray ihn genannt hat, verliert der Mythos seine Kraft, und Skepsis beginnt an seine Stelle zu treten.

Seit der Zeit des Sokrates tritt mehr und mehr die Vernunft an die Stelle des Mythos, er dient lediglich noch als Hintergrund der Dichtkunst, wird jedoch allmählich durch Wissenschaft und Vernunft verdrängt. Dies war ein langer Prozeß, und erst in den letzten hundert Jahren begannen Wissenschaft und Vernunft die Welt zu beherrschen, und der Mythos starb. Und genau dies ist unser Problem. Der Mensch kann ohne Mythos nicht leben, die Vernunft kann ohne bildhafte Vorstellung nicht leben. Die Vernunft allein schafft eine Wüste, äußerlich und innerlich. Sie wird zum Schwert der Zerstörung, das todbringend ist, wo immer es hinkommt, den Mensch von der Natur trennt, das Individuum von der Gemeinschaft, die Frau vom Mann, und Mann und Frau von Gott. So sieht der Triumpf der Vernunft aus, und jetzt müssen wir zurückgehen und den Mythos wiederfinden, wir müssen zur Quelle zurückkehren, um unsere Wurzeln wiederzuentdecken, und den Menschen und die Schöpfung wieder ganz machen. Der Mythos muß wiedergeboren werden.

2. Der Mythos: Christus

Die zwei mächtigsten Mythen in der Welt sind die des Hinduismus und des Christentums. Der Hinduismus lebt immer noch in der Welt des Mythos. Jedes Hindu-Kind bekommt den Namen eines Gottes oder einer Göttin. Die Menschen strömen zu Hunderttausenden zu den Tempeln und Wallfahrtsorten. Die feierlichen Feste für die Götter sind immer noch die großen Ereignisse des Jahres. Die Astrologie beherrscht das Leben des Volkes, und keine wesentliche Unternehmung wird begonnen, ohne die dafür günstige Zeit festzulegen. Trotzdem ist zur gleichen Zeit überall Wissenschaft und Vernunft auf dem Vormarsch. Die gesamte Erziehung ist profan und am Westen ausgerichtet, und das Kino verbreitet, auch wenn es gelegentlich die Geschichten der großen Mythen wiedererzählt, die Werte des westlichen Menschen, und ist natürlich selbst ein typisches Produkt westlicher Technologie.

Kann der Mythos überleben, oder wird Indien auch der Anziehungskraft der westlichen Zivilisation erliegen? Vielleicht wird hier über die Zukunft der Welt entschieden. Denn im Herzen der Mythologie des Hinduismus gibt es eine philosophische Tradition und eine spirituelle Weisheit, die weit tiefer ist als die der Griechen. Es gibt nichts bei Homer und den griechischen Tragödienschreibern, das sich mit der spirituellen Tiefe der vedischen Tradition messen könnte. Während die griechischen Götter in poetische Fiktion entrückt sind, behielten die Hindu-Götter ihre Macht, weil sie eben auf großer spiritueller Tiefe gründen. Eine ganze Reihe großer Reformer, angefangen bei **Ram Mohan Roy** zu Beginn des letzten Jahrhunderts, über **Ramakrishna, Vivekananda, Rabindranath Tagore, Sri Aurobindo** bis zu **Mahatma Gandhi**, haben den Hinduismus im moralischen, spirituellen, intellektuellen, poetischen, philosophischen und praktischen Bereich erneuert. Der Hinduismus hat die Herausforderung der westlichen Welt angenommen und versucht sich an einer Synthese der westlichen Wissenschaft und Philosophie mit der eigenen kulturellen Tradition.

Diese Hindu-Renaissance hat tiefe Bedeutung für die gesamte Welt. Hindu-Gurus und -Lehrer haben ihre Botschaft in alle Teile der Welt getragen, einschließlich Rußland und anderer atheistischer Länder, und die westliche Jugend kommt zu Tausenden jedes Jahr nach Indien, um die Geheimnisse von Yoga und Meditation zu erfahren. Was ist das Geheimnis dieser Hindu-Weisheit, was ist die Bedeutung des Hindu-Mythos? Natürlich gibt es viele Elemente in diesem Mythos wie in allen

Mythen, die eigentlich nur einen Reichtum an Phantasie offenbaren (Coleridge hat es bloße Einbildung genannt, als wohl unterschieden von „bildlicher Vorstellung"). Es gibt unzählige Geschichten in den Epen und Puraṇas, die kein gebildeter Hindu ernst nehmen würde. Aber die großen Figuren der Mythen Vishnu und Shiva und die große Mutter, die Devi, Rama und Krishna, sogar unbedeutendere Figuren wie Ganesh, der Elefantengott und Hanuman, der Affengott, sie alle sind von tiefer Bedeutung. Sie sind Symbole der letzten Wirklichkeit.[9] Vishnu, der alles Durchdringende, die Kraft, die das Universum erhält, die Quelle des Lichts, des Lebens, des Wissens und der Gnade; Shiva, der Zerstörer, der die irdische Existenz vernichtet, aber auch zu neuem Leben jenseits dieser Welt führt, der kosmische Tänzer, der das Universum erschafft und wieder zerstört, der Herr des Wissens, der diese Welt transzendiert – sie alle sind Gestalten von universaler Bedeutung, Einsichten in die Natur der letzten Wirklichkeit.

Während Vishnu und Shiva zum kosmischen Mythos gehören, sind Rama und Krishna legendäre Heldengestalten; sie sind semi-historische Figuren, die das Ideal der Menschheit zu verkörpern scheinen und Gott im Menschen offenbaren. Sie sind Inkarnationen **(Avataras)** von Vishnu, Manifestationen des unendlichen, zeitlosen Seins in der Welt von Raum und Zeit. Als solche haben sie zusammen mit ihren Schicksalsgefährten Sita und Radha den Charakter von Hindu-Männern und -Frauen durch Generationen geformt und wurden nicht nur zum Modell des idealen Menschen, sondern auch zum Gnadenspender für jene, die sie verehrten. Sogar Ganesh, der Elefantengott, übersteigt jeden Natursymbolismus und besitzt eine tiefe metaphysische Bedeutung als Symbol der Zusammengehörigkeit von Mensch und Tier und auch der Einheit des Menschen mit Gott. Hanuman, der Affengott, ist der perfekte Verehrer, die Inkarnation von Bhakti, der sich der Liebe weiht. Der Mythos bekommt im Hinduismus metaphysische Bedeutung, und das wiederum führt zur letzten geheimnisvollen Wirklichkeit. Wie wir gesehen haben, werden Brahman, Atman und Purusha, die der mythologischen Seite der Veden entstammen zu Symbolen letzter Wirklichkeit, das Sein, Bewußtsein und Glückseligkeit **(Saccidananda)**, Wahrheit **(Satyam)**, Erkenntnis **(Jnanam)** und Unendlichkeit **(Ananta)** ist, aber auch personales Sein ist Weisheit und Liebe **(Prema)**.

Was den Hinduismus mit seiner verwirrenden Vielfalt von Göttern und Göttinnen, Kasten und Sekten, Lehren und Philosophien, Gebets- und Meditationsweisen, Kult und Frömmigkeit zusammenhält, ist letztendlich die Erfahrung der geheimnisvollen Wirklichkeit, die in den Veden keimt, in den Upanishaden sich voll entfaltet und in zahllosen Heiligen, Weisen und eifrigen Anhängern, in Poesie und Musik, Kunst und Philosophie, Tanz und Ritual bis auf den heutigen Tag ihre Früchte trägt. Natürlich wird dieser Hindu-Mythos jetzt ständig von den zerstörerischen Kräften der westlichen Zivilisation bedroht, und damit ist auch die Erfahrung jener geheimnisvollen Wirklichkeit in Gefahr, zu der der Mythos ganz wesentlich beiträgt.

Kann der Hindu-Mythos überleben, kann er neu entstehen, um so dem modernen Menschen die Möglichkeit zur Erfahrung des Geheimnisvollen zu erhalten, die für die Menschheit Erfüllung bedeutet? Wahrscheinlich muß der Hinduismus, wie jede andere Religion, einen Prozeß der „Entmythologisierung“ durchmachen. Was phantastisch ist und nicht länger von Bedeutung, wird entfernt werden müssen, und die alten Symbole müssen im Licht der Erfahrung des modernen Menschen neu interpretiert werden. Doch mit den Mitteln der „Vernunft“, dem Wissen und der Gelehrsamkeit wird das nicht möglich sein; das muß aus einer Erfahrung des Geheimnisvollen kommen, in der die ursprüngliche Bedeutung der alten Symbole wieder entdeckt und ihr Bezug zu der Welt von heute deutlich wird. Einem solchen Prozeß der „Entmythologisierung“ und Reinterpretation im Lichte tiefer mystischer Erfahrung muß sich jede Religion unterziehen.

Wie steht es nun um den christlichen Mythos, wie soll man ihn interpretieren? Wir haben ja gesehen, daß das Christentum genauso wie der Hinduismus auf einer Mythologie beruht – dem Mythos nämlich von der Schöpfung und vom Sündenfall, dem Mythos vom Paradies und dem Gelobten Land, vom Messias und seinem Königreich. Kristallisationspunkt des Mythos im Neuen Testament ist die Person Christi, seine jungfräuliche Geburt, sein Tod und seine Auferstehung, seine Himmelfahrt und seine Wiederkunft in Herrlichkeit. All dies ist ganz deutlich die Sprache der Mythologie. Überall in der Welt gibt es Geschichten von jungfräulicher Geburt (wie beispielsweise von Buddha), von Tod und Auferstehung (von Attis und Osiris), von Himmelfahrten (von den Pharaonen Ägyptens). Was aber kennzeichnet den christlichen Mythos? Der christliche Mythos kommt aus der hebräischen Tradition, und das Merkmal dieser Tradition ist ihr historischer Charakter. Der Hindu-Mythos ist im wesentlichen ein kosmischer Mythos und gehört zur kosmischen Offenbarung. Er gründet auf einer zyklischen Zeit-Auffassung. In ihm läuft alles, wie in der Natur, in Zyklen ab: die Sonne geht auf und unter, der Mond nimmt zu und ab, auf den Frühling folgen Sommer, Herbst und Winter, dann beginnt es von neuem, ebenso wird im Hindu-Mythos der Mensch geboren und stirbt und wird wieder geboren; Gott steigt herab als Avatara, immer und immer wieder, *„jedesmal wenn die Gerechtigkeit unter den Menschen erschlafft und die Ungerechtigkeit überhand nimmt“*;[10] die Welt kommt aus Brahman und wird wieder aufgelöst **(Pralaya)**, nur um wieder neu zu entstehen.

Gegenüber dieser zyklischen Zeit-Auffassung hat die hebräische Tradition eine **„lineare“** Zeit-Auffassung. Alles kommt aus Gott und bewegt sich nach einem göttlichen Plan auf ein „Ende“ zu, einem Eschaton. Gott offenbart sich selbst nicht nur in der Natur, sondern auch in der Geschichte, im Geschick eines bestimmten Volkes. Er erwählt Abraham und verspricht, aus ihm ein großes Volk zu machen. Er beruft Moses, um sein Volk aus Ägypten zu befreien. Er macht David zum König über dieses Volk und verspricht ihm einen Sohn, der für immer über dieses Volk herrschen werde. Das ist der Kontext des Mythos von Christus. Man könnte ihn einen historischen Mythos nennen, einen Mythos, dessen Wurzeln in der Geschichte liegen. Rama und Krishna sind semi-historische Figuren, aber sie gehören zu der Welt der zyklischen Zeit, der Avatara, in der sich Gott von Zeit zu Zeit offenbart. Sogar Buddha, der eine authentische historische Person ist, wird bei den Hindus in die Avataras einbezogen, und für Buddhisten ist **Shakyamuni** einer von vielen Buddhas, die in dieser Welt erschienen sind.

Bei all dem gibt es keine Endgültigkeit. Der gesamte Weltprozeß, in dem die Avataras auftauchen, ist ein Prozeß vergehender Zeit. Er gehört zu der Welt von Zeit und Wandel, die vorbei geht. Er ist Maya, weder wirklich noch unwirklich (weder **sat** noch **asat**), eine Erscheinung der Wirklichkeit, ohne letzte Bedeutung, letzten Sinn und Zweck. Wie ein Traum ist er, der nur so lange, wie er dauert Wirklichkeit hat, aber beim Erwachen verschwindet. Es ist so wie in der berühmten Analogie, in der man in der Dunkelheit ein Seil für eine Schlange hält, wenn es aber Licht wird, nur noch das Seil bleibt. So löst sich am Ende dieser Welt alles auf und kehrt in seinen ursprünglichen Zustand zurück. Nur die eine, ewige, sich niemals ändernde Wirklichkeit bleibt, die Sein ist, Bewußtsein und Glückseligkeit **(Saccidananda)**, reines Sein ist sie in vollkommenem Bewußtsein unendlicher Glückseligkeit … Dies ist der Hindu-Mythos. Im Unterschied dazu ist der hebräische Mythos fest in der Zeit verwurzelt. Es ist die Geschichte einer Welt, die von Gott „geschaffen“ wurde und ihr eigenes Sein und ihre Konsistenz bekam. Es ist die Geschichte eines Volkes, das die Bühne der Geschichte betritt, sich in einem bestimmten Land niederläßt und in einer historischen Person und in einem historischen Geschehen seinen Höhepunkt findet. Wesentlich für den christlichen Glauben ist, daß Jesus von Nazareth „unter Pontius Pilatus gekreuzigt“ wurde. Das findet sich im frühesten Glaubensbekenntnis und als historische Tatsache war sie dem römischen Historiker Tacitus bekannt. Der konkrete historische Hintergrund ist wesentlich für die christliche Offenbarung.

Die Hindu-Religion dagegen kümmert sich nur wenig um die Geschichte. Man nennt sie das Sanatana Dharma, die ewige Religion, die universale kosmische Offenbarung, die in keiner Weise an Geschichte gebunden ist. Selbstverständlich haben geschichtliche Umstände den besonderen Charakter der Hindu-Religion, die Gestalten ihrer Götter und Göttinnen, die Sprache ihrer Heiligen Schriften, die Form der Tempel und des Gottesdienstes und die Organisation der Gesellschaft geprägt. Aber das hat keine bleibende Bedeutung. Sie sind Formen und Strukturen, in denen sich das göttliche Geheimnis manifestiert hat, die aber vergehen; Formen und Strukturen werden vergehen, aber das göttliche Geheimnis, das ewige Saccidananda, das den Kern der Hindu-Religion ausmacht, wird niemals vergehen.

Wie können wir diese zwei „Mythen“, diese zwei „Offenbarungen“ miteinander in Einklang bringen – die kosmische Offenbarung des unendlichen zeitlosen Seins, das sich in dieser Welt von Zeit und Wandel manifestiert, letztlich aber von ihr unbeeinflußt bleibt, und die christliche Offenbarung von Gottes Wirken in der Geschichte, von jenem einen ewigen Sein, das in Zeit und Geschichte wirkt und diese Welt der Zeit und des Wandels zur Vereinigung mit Gott führt? Das, so scheint mir, ist das Problem der modernen Welt, davon hängt es ab, ob es zur Verbindung von Ost und West kommt, daran hängt sogar die Zukunft der Menschheit. Wir sollten uns auf die überzeitlichen Werte dieser Offenbarungen konzentrieren, ihre Unterschiede dabei nicht überspielen, sondern zu entdecken suchen, worin diese beiden Offenbarungen harmonieren und die Unterschiede in einer Erfahrung der

Nicht-Zweiheit transzendieren. Ich glaube, wir sollten mit der mystischen Erfahrung beginnen, die Hindus und Christen gemeinsam ist.

Ich habe im ersten Teil dieses Buches beschrieben, wie ich diese mystische Erfahrung der Hindus verstehe. Es ist eine Erfahrung des absoluten Seins, des absoluten Bewußtseins und absoluter Glückseligkeit. Wenn ich „absolut" sage, dann meine ich frei von allen Beschränkungen. Das Sein, die Wirklichkeit (sat) wird als jenseits aller Beschränkungen von Zeit und Raum erfahren, jenseits von Wort und Gedanke, d. h. jenseits aller physischen und psychischen Seinszustände. Es ist totale Transzendenz, „eins nur ohne ein zweites", „nicht dies, nicht dies". An der Wahrhaftigkeit dieser Erfahrung gibt es keinen Zweifel. Obwohl sie sich eigentlich nicht beschreiben läßt, stoßen wir auf ähnliche Begriffe bei Buddhisten und Taoisten, Sufi-Mystikern, bei Platon und Plotin und den großen christlichen Mystikern. Hier gibt es keine Unterschiede mehr. Jede große religiöse Tradition sieht in dieser absoluten Transzendenz ihr Ziel, und die letzte Antwort auf alle Fragen des Menschen. Aber die Frage bleibt, wie verhält sich diese Welt zu jenem Endzustand, die physische Welt, wie sie sich unseren Sinnen zeigt und die psychische Welt, die Welt der Sünde und des Leidens, des Guten und des Bösen, des Wissens und Nicht-Wissens, der Freude und des Leides, der Liebe und des Hasses, der Schönheit und Häßlichkeit, der Zeit und des Wandels? Hier zeigen sich die Unterschiede. Die Hindus sagen, daß diese Dinge keinen letzten Wert haben. Ihr Schicksal sei die Vergänglichkeit. *„Das Eine bleibt und das Viele ändert sich und verschwindet"* so sagt **Shelley**, der in der platonischen Tradition steht. Aber in der christlichen Tradition hat jede Person, jedes Ding, jedes Geschehen in Raum und Zeit einen unendlichen und ewigen Wert. Im Endzustand zeitlosen Seins wird die Zeit nicht aufgehoben, sondern erfüllt. Der Grund dafür ist, daß die mystische Erfahrung des Christen einen anderen Ausgangspunkt hat. Sie kommt nicht aus der Betrachtung des Kosmos und der menschlichen Seele, d. h. sie beginnt nicht bei der grundlegenden menschlichen Erfahrung der physischen und psychischen Welt, sondern bei einem spezifischen historischen Ereignis. Die christliche mystische Erfahrung beginnt bei der Betrachtung des Lebens und Sterbens des Jesu von Nazareth. Genauso wie sich der Hindu-Mythos aus der mystischen Erfahrung der vedischen Seher, der Heiligen und der Weisen Indiens entwickelt hat, so entstand der christliche Mythos aus der Pfingsterfahrung der Jünger Jesu, die sich immer wieder durch alle Zeiten in den Heiligen und denen, die sich Christus zugehörig wissen, erneuert. Am Pfingstfest wurden alle Jünger *„mit dem Heiligen Geist erfüllt"*.[11] Sie wurden radikal umgewandelt. Es geschah damals etwas, das sie aus einer Gruppe schwacher und niedergeschlagener Männer in eine Gemeinschaft von Gläubigen wandelte, die dann auszogen, die Welt zu verändern. Dieses Etwas war eine mystische Erfahrung. Es war ein Durchbruch in eine Welt der absoluten Wirklichkeit, der der Hebräer den Namen Gott gibt, eine Welt jenseits von Zeit und Wandel, jenseits der Agonie von Leid und Tod, wie sie sie bei der Kreuzigung erfahren hatten. Sie haben Gott erfahren, sie „erkannten Brahman", wie ein Hindu das nennen würde, sie „erkannten das Selbst", den Geist, die ewige Wahrheit, die im Herzen wohnt. Sie „redeten in anderen Zungen"[12] und sprachen diese ewige Wahrheit in menschlichen Worten aus. Aber dieses ewige Wort oder Wahrheit kam durch Christus zu ihnen. Sie wurde ihnen in Jesus von Nazareth offenbart, dem Mann, den sie geliebt hatten und dessen Tod am Kreuz sie bezeugt hatten. Spezifisch an der mystischen Erfahrung der Christen ist, daß die absolute Wirklichkeit als in Christus offenbart erfahren wird, im Leben und Tod dieses Jesus von Nazareth. Es ist also nicht eine Erfahrung der absoluten Wirklichkeit, wie sie sich im Kosmos offenbart, im Zyklus der Zeit in der Natur oder im menschlichen Selbst, dem psychischen Sein mit seiner Fähigkeit zur Selbst-Transzendenz, sondern es ist eine Erfahrung der absoluten Wirklichkeit, wie sie sich in einer historischen Person und einem historischen Ereignis offenbart.

Mit diesen Aussagen haben wir sicher auch deutlich gemacht, daß diese zwei Erfahrungsweisen, die kosmische und psychische auf der einen Seite und die auf eine Person und ein geschichtliches Ereignis bezogene auf der anderen Seite nicht gegensätzlich, sondern komplementär sind. Es gibt nur eine Wirklichkeit, nur eine Wahrheit, ganz gleich, ob sie in kosmischer oder psychischer Erfahrung erkannt wird oder in der Begegnung mit einem historischen Ereignis. Darüber hinaus läßt sich ein historisches Ereignis ja nicht von seinem Platz im Kosmos trennen, denn menschliche Geschichte ist ein Teil der kosmischen Geschichte, und Jesus als historische Person hat seinen Platz in der Entwicklung der Menschheit. Außerdem ist ein historisches Ereignis auch Teil einer psychischen Erfahrung, denn Geschichte ist nicht nur eine reine Abfolge von Ereignissen, sondern eine Abfolge von Ereignissen, die im Licht menschlicher Erfahrung gedeutet werden. Die christliche Offenbarung dreht sich zwar um eine historische Person und ein historisches Ereignis, wir können aber nicht leugnen, daß auch in der Erfahrung der Hindus Geschichte ihren Platz hat. Rama und Krishna sind vielleicht nicht völlig historische Personen und sie sind vielleicht nicht bedeutend wegen ihres Platzes in der menschlichen Geschichte, und doch hat sich für einen Hindu Gott in den Personen Rama und Krishna offenbart und die Ereignisse in ihrem Leben haben „offenbarenden“ Charakter, denn sie führen die Seele zur Erfahrung der göttlichen, absoluten Wirklichkeit. Bedeutsam im Leben und Sterben des Jesus ist, daß es nicht im Kontext einer zyklischen Zeit gesehen wird, einer „ewigen Wiederkehr“ kosmischer Offenbarung, sondern im Kontext der Geschichte eines bestimmten Volkes und daß es in der „Zeitenfülle“ Geschichte zu ihrer Vollendung führt.[13] Es handelt sich um ein einmaliges historisches Ereignis, das aller menschlichen Geschichte Bedeutung verleiht und ihren letzten Sinn offenbart.

Wir sollten beide „Offenbarungsweisen" in Bezug zueinander sehen. Die Gefahr für den Hinduismus liegt darin, daß er Zeit und Geschichte als vergängliche Phänomene betrachtet, die letztlich keine Bedeutung haben und das Christentum ist in Gefahr, den zeitlichen Ereignissen zu viel Gewicht beizumessen und den Sinn für die zeitlose Wirklichkeit zu verlieren. Der Hebräer hatte praktisch keinen Sinn für zeitlose Wirklichkeit. Die gesamte Bibel steht in einem geschichtlichen Kontext – sogar die Schöpfung wird als geschichtliches Ereignis angenommen und auf das Jahr 4004 v. Christus datiert. Auch das Ende der Welt sieht man als Ereignis in der Zeit und sogar Unendlichkeit betrachtet man als endlose Ausdehnung des Raums. Der Hindu-Genius hat diese Zeit- und Raumschranke durchbrochen, denn er versteht Unendlichkeit und Ewigkeit als Seinsweisen jenseits der phänomenalen Welt, in der die Wirklichkeit in reinem Bewußtsein ohne jede Begrenzung erfahren wird.

Wie können wir diese beiden Gesichtspunkte in Einklang bringen? Sicherlich muß der Hindu den wahren Wert von Zeit und Geschichte entdecken. Im Kontext der modernen Welt, da Indien am eigenen Schicksal als Nation Interesse gewinnt, kann dem Volk eine Philosophie nicht mehr genügen, die den Wert des Fortschritts und der Entwicklung in Zeit und Geschichte leugnet. Man wird nicht befreit, indem man sich nur in Tempel und heilige Stätten zurückzieht, sondern indem man eine Nation auf Gerechtigkeit und Barmherzigkeit gründet. Aber auch der Christ muß lernen, daß das Reich Gottes nicht in dieser Welt gefunden werden kann, wie wichtig auch immer Arbeit und Dienst in der Welt und am Menschen sein mag. Das Reich Gottes liegt jenseits der Geschichte in der zeitlosen Wirklichkeit, in der alles seine Erfüllung findet. Im hebräischen Kontext wurde dies im Begriff vom Beginn „einer neuen Zeit" ausgedrückt. Die Zeit (das Aion) dieser Welt ist vergangen so wurde erklärt und eine neue Zeit hat begonnen.[14] Es ist die Zeit, auf die sich die Propheten gefreut hatten, der Tag des Herrn, an dem Gott eingreifen wird, um das Böse der Welt zu vernichten und das Reich Gottes aufzurichten. Die Erfahrung der Jünger Christi am Pfingstfest ließ diesen Glauben entstehen. Sie hatten Gott, die absolute Wirklichkeit erfahren, konnten aber diese Erfahrung nur in Begriffen der Mythologie des Alten Testaments ausdrücken. Wir haben ja gesehen, daß der Mythos die Sprache der imaginativen Einsicht in die letzte Wirklichkeit ist. Die Jünger Christi konnten gar nicht anders als sich in der Sprache des Alten Testaments ausdrücken, im Mythos, der ihren Geist und auch ihre Haltung zum Leben geformt hatte.

Deshalb sagten sie auch zuerst: *„der Tag des Herrn"* sei gekommen, der *„große und herrliche Tag"*[15], der die jetzige Welt zu Ende bringen und eine neue Zeit heraufführen werde. Das Zeichen dafür war das Ausgießen des Geistes. Der Geist (Ruah) ist in der hebräischen Tradition die Kraft Gottes, die Kraft, mit der er die Welt erschafft und durch seine immanente Gegenwart erhält. *„Der Geist des Herrn erfüllt den Erdkreis"*.[16] Aber am Ende der Zeit sollte dieser Geist ausgegossen werden über alles Fleisch. Als Zeichen der „letzten Tage" würden Mensch und Schöpfung durch die Kraft des Geistes umgewandelt werden, und man glaubte, daß das am Pfingstfest geschehen sei. Durch die Kraft des Geistes kam es zur Umwandlung menschlichen Bewußtseins und damit zum Übergang von dieser Welt in die andere. Doch Umwandlung und Ausgießen des Geistes geschah in ihren Augen durch Jesu Tod am Kreuz. Durch den Tod kam er zu neuem göttlichen Leben. Wir finden das ausgedrückt in *„Gott hat ihn zum Herrn und zu Christus gemacht, diesen Jesus, den ihr gekreuzigt habt"*.[17] Mit der Aussage, Jesus ist der Christus, d. h., der Messias, wurde verkündet, daß in ihm die Erwartungen Israels erfüllt sind und das dem David versprochene Königreich aufgerichtet ist. Mit der Aussage Jesus ist der „Herr" wurde zum Ausdruck gebracht, daß Jesus Gott gleich ist. Der „Herr" war im Alten Testament Name für Gott und um Jesu Beziehung zu Gott auszudrücken, benutzte man die mythologische Ausdrucksweise, daß er „zur Rechten Gottes" sitzt.

Dies war die Sprache, in der die christliche Erfahrung ihren ersten Ausdruck fand. Später wurden andere Begriffe hinzugefügt. Jesus war der „Sohn Gottes", von dem im Psalm gesagt wird: *„Mein Sohn bist Du, ich habe Dich heute gezeugt."*[18] Er war auch der Menschensohn, von dem im Buche Daniel gesagt wird: *„Und siehe auf den Wolken des Himmels kam einer, der einem Menschensohn glich, ihm wurde Macht verliehen und Ehre und Reich, daß die Völker aller Nationen und Zungen ihm dienten."*[19] Man sah in ihm auch den großen Propheten, der in die Welt kommen und im Namen Gottes sprechen sollte.[20] Er wurde dann zum großen Hohen Priester, zum Mittler zwischen Gott und Mensch[21] und schließlich sah man in ihm das Wort Gottes[22], den Ausdruck des Geistes Gottes, die Selbstoffenbarung des Absoluten. So wuchs der christliche Mythos. Er ist Offenbarung der allerhöchsten Wahrheit in symbolischer Sprache, und ist ausgegangen von der Erfahrung der Jünger Christi, als sie nach Pfingsten im Lichte des Geistes durch ihr gewandeltes Bewußtsein erkannten, wer dieser Jesus war, den sie gekannt hatten. Es bleibt dies wesentlich an der christlichen Erfahrung – der Erfahrung der absoluten Wirklichkeit, absoluten Wahrheit und absoluten Glückseligkeit – in Hindu-Begriffen **Saccidananda** – daß sie in und durch die Person des Jesus von Nazareth und das Ereignis seines Todes am Kreuz gemacht wird.

Ihre Erfahrung drückten sie im Begriff **„Auferstehung"** aus. Sein Grab, so wurde erzählt, hat man leer gefunden und nach seinem Tod sei er seinen Jüngern erschienen. Was wollen diese Geschichten eigentlich ausdrücken? Sie einfach für historische Tatsachen zu halten würde nicht genügen. Sie sind Zeugnis einer psychischen und mystischen Erfahrung und wesentlich an dieser Erfahrung ist, daß es eine Gottes-Erfahrung war. In Jesus waren sie Gott, der absoluten Wirklichkeit, begegnet. Jesus war für sie der Herr, der Sohn Gottes, das Wort

Gottes, in dem die eigentliche Bedeutung und der eigentliche Sinn der menschlichen Existenz offenbart worden war. Doch haben natürlich das leere Grab und die Erscheinungen nach dem Tode ihre Bedeutung. Wie wir uns erinnern, hat für die alte Welt und zunehmend auch für die moderne das Universum drei Wirklichkeitsebenen: die physische, die psychische und die geistige. Diese drei „Welten" bilden ein ineinandergreifendes Ganzes. Die physische Welt kann man nicht von der Welt des Geistes, der letzten Wirklichkeit, trennen. Die Auferstehung Jesu ist ein Zeichen dieser integralen Wirklichkeit. Sein physischer Leib zersetzte sich nicht, sondern wurde mit seiner Seele, seiner Psyche wiedervereint. Seele und Leib „verschwanden" nicht, sondern wurden durch den innewohnenden Geist umgestaltet. Dies weist auf die eigentliche Bestimmung des Menschen hin. Am Ende sollen Seele und Leib nicht verschwinden. Der physische Leib und mit ihm das gesamte organische Universum – das Feld der Energien – zu dem er gehört, sollen nicht in ihrem gegenwärtig geteilten Zustand verbleiben, sondern durch das Bewußtsein vollständig umgewandelt werden. Auch das menschliche Bewußtsein wird durch das göttliche Bewußtsein gewandelt werden und so nicht länger Raum und Zeit unterworfen, sondern mit dem ewigen und unendlichen Bewußtsein, der letzten Wirklichkeit, verbunden sein. Die Auferstehung Jesu ist ein Zeichen dieser Umwandlung. Sein Leib war nicht mehr im Grab. Nach seinem Tod erschien er seinen Jüngern, so wie er war und hat damit die Kontinuität seines menschlichen Bewußtseins offenbart. Aber sein Körper war nicht länger den Gesetzen der Materie unterworfen, und sein menschliches Bewußtsein war nun durch das göttliche Bewußtsein gewandelt.

Das hilft uns die Jungfrauengeburt und die Wunder Jesu zu verstehen, die eine schwierige Sache sind für jene, die der wissenschaftlichen Tradition des Westens verhaftet sind. So lange man Materie als etwas vom Geist Getrenntes betrachtet, als „ausgedehnte Substanz" mit den ihr eigenen Gesetzen, dann natürlich muß man Wunder entweder ablehnen oder sie als willkürliche Akte eines transzendenten Gottes erklären. Wird aber einmal verstanden, daß Geist und Materie eng miteinander zusammenhängen und das Universum eine psychosomatische Einheit ist, dann verschwinden diese Schwierigkeiten. So sieht die Evolution der Welt aus, daß die Materie nach und nach vom Bewußtsein durchdrungen wird, das zwar in der anorganischen Welt noch verborgen ist, in Pflanze und Tier aber zum Vorschein kommt und sich im Menschen dann voll manifestiert. Die weitere menschliche Evolution wird, so nimmt man an, eine größere Intensität des Bewußtseins bringen und konsequenterweise auch eine Zunahme der Kontrolle dieses Bewußtseins. Angefangen bei den Schamanen der Indianertradition Amerikas über die verschiedenen Formen der Magie Ägyptens, Chinas und anderswo bis zu den Siddhis der Hindu-Tradition, gibt es Beweise für die Existenz solcher „übernatürlichen" Kräfte, d. h. der Kontrolle menschlichen Bewußtseins über den Leib und die Natur. Klar ist, daß Jesus, aber auch viele Heilige aller Religionen, über solche Kräfte verfügte – er hatte Macht über Krankheit und „böse Geister", die dämonischen Kräfte, Macht über die Natur wie die Brotvermehrung und die Verwandlung von Wasser in Wein zeigen. **Solche Kräfte sind keineswegs außergewöhnlich und gehören auch nicht notwendigerweise zur Geisteswelt.** Es sind eher „psychische" Kräfte, Kräfte die entweder zur menschlichen Psyche gehören oder aber durch verschiedene Techniken entwickelt wurden. Bei Jesus natürlich, aber auch bei anderen religiösen Führern, waren diese Kräfte unter der Kontrolle des Geistes und waren somit Manifestationen des göttlichen Geistes im Menschen.

Jetzt ist es nicht mehr schwer, die jungfräuliche Geburt zu verstehen. Die jungfräuliche Geburt ist eine sehr alte mythologische Vorstellung und verdeutlicht womöglich den fundamentalen Drang der menschlichen Natur, die gegenwärtige

Ebene der Sexualität zu transzendieren. Sexualität ist Teil des Erbes unserer tierischen Vergangenheit. In der menschlichen Natur zeigt sich ein instinktiver Drang, die physische Ebene der Sexualität zu transzendieren, um sie auf einer tieferen psychischen und geistigen Ebene zu verwirklichen. Schließlich ist Sexualität die Energie der Liebe in der menschlichen Natur, die niemals auf der physischen oder psychischen Ebene Erfüllung finden kann, sondern in der Tiefe des Geistes Erfüllung sucht, wo sie der Quelle der Liebe begegnet. In gewissem Sinne kann man die ganze Schöpfung als eine „Hochzeit" zwischen Materie und Bewußtsein, Natur und Geist, Prakriti und Purusha, in Hindu-Begriffen, verstehen, und jede menschliche Hochzeit ist ein Widerschein dieser kosmischen Verbindung. Die biblische Tradition sieht im Volke Israel die „Braut" Yahwehs, und Höhepunkt der Geschichte Israels sollte seine Vermählung mit Gott sein. Bei Jesaia gibt es die bekannte Prophezeiung, daß die „Jungfrau ein Kind empfangen wird".[23] Man hat das so gedeutet, daß diese junge Frau, die Alma, die Mutter des Messias werden sollte, die Jungfrau Israel darstellt, daß sie repräsentativ ist für die Frau vor Gott, in der es zur Erfüllung menschlicher Bestimmung gekommen ist. In ihr sollte die Entwicklung von Leib und Seele den Punkt erreichen, an dem die Kraft des Geistes die Sexualität umwandeln wird, damit die Ehe von Gott und Mensch vollzogen werden kann. Eine solche Umwandlung der Sexualität erwartet alle Männer und Frauen, wenn der Geist die menschliche Natur in Besitz nimmt und sie verwandelt. Die jungfräuliche Geburt Jesu ist somit das historische Zeichen dieses universalen kosmischen Geheimnisses.

Wir können daher von der jungfräulichen Geburt Jesu und der Auferstehung als mythischer Geschichte sprechen. Denn sie sind Mythen und Offenbarungen über die letzten Geheimnisse unserer Existenz, die eine einzigartige historische Tradition haben und sich auf ein einzigartiges historisches Ereignis beziehen. Wie aber sollen wir die „Göttlichkeit" Jesu verstehen? Daß Jesus ein Mensch war, ist jedem Christen geläufig. Er steht in einem geschichtlichen Kontext, und wir wissen so viel über ihn wie z. B. über Sokrates. Und doch sahen seine Jünger in ihm den „Sohn Gottes". Diese Ausdrucksweise ist zwar mythologisch, weist aber ganz klar auf seine Ebenbürtigkeit mit Gott hin. Für die Juden war das natürlich eine schwierige Sache. Für sie gab es nur einen Gott und das war fundamental für ihren Glauben. Konnte man darum Jesus Gott nennen? Das Neue Testament tut das eigentlich nicht. Es nennt ihn lediglich „Sohn" Gottes, „Bild" Gottes, „Wort" Gottes, aber das sind alles Ausdrücke, die auf eine Ebenbürtigkeit mit Gott hinweisen. Die Antwort auf dieses Problem fand man schließlich im Begriff der Relation. Sohn, Bild und Wort drücken alle eine Beziehung aus und als die Jünger Jesu über diese Frage nachdachten, erkannten sie, daß die Bezeichnung Jesus der Sohn Gottes seine einzigartige Beziehung zu Gott ausdrücken will, eine Beziehung wie sie zwischen Sohn und Vater besteht. In gewisser Hinsicht sind aber alle Menschen Söhne Gottes. Der Mensch wurde als „Bild und Gleichnis" Gottes geschaffen; er wurde geschaffen, um „an der göttlichen Natur teilzuhaben". In Jesus offenbarte sich, was allen Menschen bestimmt ist. Er ist das Muster, in dem sich die Bestimmung bereits erfüllt hat. Vom Anfang an hatte der Mensch die Berufung, Sohn Gottes zu werden, doch alle Menschen sündigen, sind voller Unvollkommenheiten und können deswegen ihrer Berufung nicht entsprechen. Jesus war der Mensch, in dem es weder Sünde noch Mangel gab. Er war ganz Mensch, eine geschichtliche Person, ein palästinensischer Jude des 1. Jahrhunderts. Sein Leib und seine Seele waren so vollkommen dem ihm innewohnenden Geist untergeordnet, daß sie seine Werkzeuge waren und völlig seinen Anregungen gehorchten. Es gab keine Unvollkommenheiten in ihm, die das Wirken des Geistes beeinträchtigt hätten. In ihm konnte sich der Geist frei entfalten, sich in jedem Augenblick nach dem Willen es Vaters richten, ja sich bis zur Selbsthingabe am Kreuz unterwerfen.

Und so verklärte der Geist bei der Auferstehung seinen Leib und seine Seele, nachdem er vollständig von ihm Besitz ergriffen hatte.

Jesus war der Mensch, dessen Leib und Seele reine Werkzeuge des innewohnenden Geistes waren. In ihm kam die Bestimmung des Menschen zur Erfüllung. Das hat natürlich Auswirkungen auf den Kosmos. Das Universum ist eine psychosomatische Einheit, ein Raum-Zeit-Kontinuum, ein zusammenhängendes Ganzes, dessen Teile voneinander abhängen. Im Universum aber, wie wir es kennen, gibt es auf jeder Ebene Konflikte, auch Leib und Seele stehen miteinander in Konflikt, doch dieser Konflikt ist in Jesus überwunden worden. In ihm haben Seele und Leib wieder zur Einheit im Geist gefunden und so wurde er zur Quelle einer Kraft, die der Welt Einheit bringen kann. In diesem Sinne kann man Jesu Tod, die freiwillige Hingabe seines Lebens am Kreuz, ein kosmisches Ereignis nennen. Jedes Ereignis in Zeit und Geschichte beeinflußt in gewisser Weise die ganze Schöpfung, da alle ihre Teile ja ineinandergreifen. Doch bestimmte Ereignisse, wie das Entstehen von Leben auf diesem Planeten, das Erwachen des Bewußtseins im Menschen, sind entscheidende Phasen in der Entwicklungsgeschichte der Welt. Auch der Tod Jesu war ein solches entscheidendes Ereignis. Es war der Punkt, an dem sich das menschliche Bewußtsein zum Göttlichen hin überschritt; er war der Punkt, an dem Leib und Seele des Menschen sein ganzes Sein sich dem göttlichen Wesen unterwarf. Deswegen kann man auch Jesu Tod „Erlösungsopfer" nennen, denn es ist ein Opfer der menschlichen Natur an die göttliche, die „erlöst", d. h. die menschliche Natur wieder mit der göttlichen Natur vereinigt. Geschichtliches Zeichen dieser kosmischen Erlösung ist die Auferstehung Jesu, in der er mit Leib und Seele den Tod transzendiert. Sie ist Zeichen dafür, daß nicht nur die Seele, das psychische Sein, sondern auch der Leib, die physische Schöpfung, von ihrer gegenwärtigen Bande befreit sind und zur „neuen Schöpfung" wurden.

Was bedeutet das aber im Hinblick auf die Psyche Jesu? Jesus hatte als Mensch einen physischen Organismus, er hatte eine Mutter und war Jude und hatte somit bestimmte Vererbungen. Und dieser Leib war natürlich den normalen Gegebenheiten der menschlichen Natur unterworfen. Er wuchs heran und wurde reifer, wie das Lukas-Evangelium berichtet: *„Und Jesus nahm zu an Weisheit und Alter."*[24] Er empfand Schmerz und stand unter seelischer Belastung sogar bis zum Blutschwitzen.[25] Auch seine Seele, sein psychischer Organismus, war der eines Juden seiner Zeit und Herkunft. Er mußte seine Muttersprache erlernen, die heiligen Schriften lesen und sich in sie vertiefen, um seine Berufung zu entdecken. Es gibt guten Grund für die Annahme, daß sich Jesus nur nach und nach seiner Berufung zum Messias bewußt wurde und daß sie ihn zum Tod am Kreuze führen würde. Kurz bevor er starb, überkam ihn das Gefühl von Gott verlassen zu sein und so schrie er: *„Mein Gott, mein Gott, warum hast Du mich verlassen?"*[26]

Aber neben dieser menschlichen Erfahrung des Leibes und der Seele hatte er auch die intuitive Erkenntnis des Geistes. Denn in der Tiefe seines Wesens, wie das eigentlich bei jedem Menschen der Fall ist, war er sich selbst gegenwärtig, gewahr seiner selbst und in Beziehung zum ewigen Grund seines Seins. Bei den meisten Menschen jedoch ist dieses intuitive Gewahrsein verschwommen oder es ist unvollkommen, wird aber bei den großen Propheten und Mystikern, wie Buddha oder den Sehern der Upanishaden zur reinen Intuition und zu totalem Bewußtsein. Das war auch die Natur der Erkenntnis Jesu, wenn man vom Johannes-Evangelium ausgeht (von dem man heute annimmt, daß es in seinem Ursprung genauso alt ist wie die anderen Evangelien).[27] In der Tiefe seines Geistes wußte er sich eins mit dem ewigen Grund seines Seins, den er Vater nannte. Zum Vater wußte er sich in einer Beziehung totaler Abhängigkeit und Hingabe. Er wußte, daß er verkündete und tat, was der Vater wollte. Deswegen nannte er sich auch Sohn. Er wußte auch, daß er mit Heiligem Geist „gesalbt“[28] war, dem Geist, der zwar in der ganzen Schöpfung und der ganzen Menschheit wirkt, ihm aber als „Geist der Heiligkeit“ innewohnte. Es war die Gegenwart Gottes in seinem innersten Sein, der sich ihm in Liebe mitteilte (und das ist im Grunde was Heiligkeit bedeutet). Aus dieser Geisteserfahrung Jesu, wie sie dem Apostel Johannes offenbart wurde, ist dann die Lehre von der Dreieinigkeit entstanden.

Die Lehre von der Dreieinigkeit wurde von den griechischen Kirchenvätern aus dem Johannes-Evangelium entwickelt. Sie bedienten sich dabei hinsichtlich der Begriffe: Wesen und Natur, Person und Relation, des abstrakten Denkens der griechischen Sprache und schufen damit den Rahmen, in dem sich künftig die christliche Lehre ausdrücken sollte. Man kann aber auch die gleiche Erfahrung in Begriffen ausdrücken, die aus einer anderen Tradition stammen. Wie wir gesehen haben, drückt der Hinduismus Gott in den Begriffen: **Brahman, Atman** und **Purusha** aus. Könnte man dann die Erfahrung Jesu nicht auch im Lichte dessen deuten, was der Hindu unter der letzten Wirklichkeit versteht? Wir könnten dann Gott **Saccidananda** nennen – Sein, Bewußtsein, Glückseligkeit. Der Vater wäre **sat**, Sein, das absolute ewige **„Ich bin“**, der Grund des Seins, die Quelle von allem, was da ist. Den Sohn könnten wir **cit** nennen, die Erkenntnis des Vaters, das Selbst-Bewußtsein des ewigen Seins, das sich in reinem Bewußtsein selbst gegenwärtige unendliche Eine; Sein, das sich in sich selbst widerspiegelt, sich selbst erkennt und sich selbst in einem ewigen Worte ausspricht. Für Vater könnte dann Nirguna Brahman stehen, Brahman „ohne Attribute“, unendlicher Abgrund des Seins, jenseits von Wort und Gedanke. Den Sohn könnten wir Saguna Brahman nennen, Brahman „mit Attributen“, Schöpfer, Herr, Erlöser, Selbstmanifestation des nichtmanifesten Gottes, personalen Aspekt der Gottheit, Purusha. Er ist „der Erhabene“ (Purushottaman) der Bhagavad Gita, *„der ungeborene, große Herr der Welt, der ohne Anfang ist“*.[29] Er ist

„höchstes Brahman, höchste Stätte, höchste Läuterung, die ewige himmlische Person (Purusha), uranfänglicher (Adideva), ungeborener, mächtiger Gott (Vibhum).“[30]

Und schließlich könnte man den Geist **ananda** nennen, die Glückseligkeit oder Freude der Gottheit, Ausfließen des im höchsten Maße unerschöpflichen Wesens, Bewußtsein des Ewigen, Liebe, die Vater und Sohn im nicht zweiheitlichen Sein des Geistes eint. Dieser Geist ist auch der Atman, der Atem (pneuma) Gottes, der die ganze Schöpfung durchdringt und Leben jedes lebenden Wesens ist, der im Menschen zu Bewußtsein kommt, mit dem Wachsen des Bewußtseins wächst bis zur reinen intuitiven Weisheit. Der Atman ist Gottes Geist im Menschen, wenn göttlicher Geist den menschlichen Geist so vollständig durchdringt, daß er in einen Zustand reinen Bewußtseins kommt. Er ist bewußte Glückseligkeit, Bewußtsein voller Freude, erfüllt mit der Wonne des höchsten Seins. Dieser Geist erfüllte die Seele Jesu und so war er sich als Sohn vollkommen seiner Beziehung zum ewigen Seinsgrund in der Gottheit bewußt.

Die Hindu-Erfahrung kann uns auch helfen, einen anderen Aspekt der Gottheit wahrzunehmen, und zwar den mütterlichen. Die hebräische Tradition war patriarchalisch und so ist eben auch der Gott der Christen männlichen Charakters. Vater und Sohn sind schon vom Namen her männlich und sogar der Geist, im Griechischen ein Neutrum, bekam einen männlichen Charakter. Aber die hebräische Tradition hat auch ein Wort für Geist **(Ruah)**, das weiblich ist und dieses Wort weiblichen Geschlechts ist der syrischen Kirche erhalten geblieben. Deswegen können sie den Heiligen Geist Mutter nennen. Im Alten Testament gibt es auch noch das schöne Bild von der Weisheit **(Hocmah)**, ein Wort, das ebenfalls weiblich ist. Das folgende Bibelwort über die Weisheit zeigt ganz klar einen weiblichen Aspekt Gottes: *„Sie ist das Hauchen der göttlichen Kraft und ein reiner Strahl der Herrlichkeit des Allmächtigen. Sie ist ein Glanz des ewigen Lichts und ein unbefleckter Spie-*

gel der göttlichen Kraft ... sie ist zwar eine und tut doch alles, sie bleibt was sie ist und erneut doch alles.“[31] In diesem Sinne können wir Gott sowohl Mutter als auch Vater nennen, ja sogar den Sohn, das Wort Gottes, Tochter Gottes, denn es heißt über diese Weisheit: *„Ich kam aus dem Mund des Allerhöchsten.“*[32]

Aber im Heiligen Geist drückt sich der weibliche Aspekt der Gottheit am klarsten aus. Er ist **Shakti**, die Energie, die die ganze Schöpfung durchdringt, die rezeptive Kraft der Gottheit. Im Wort, der kosmischen Person **(Purusha)** entsteht die Welt aus dem Vater, dem ewigen Grund des Seins. Verborgen in ihm sind die Ideen oder Archetypen von allem, was erschaffen ist; er ist das Muster aller Dinge. Der Geist aber empfängt diese „Ideen“ in seinem Mutterschoß und gebiert sie als Schöpfung. Er ist die große Mutter (die Devi), die die Keimlinge von allem was ist nährt und zu Wachstum bringt. Aber er ist noch mehr, er ist auch der mütterliche Geist im Menschen, der das Wort, die Weisheit Gottes, empfängt. In der christlichen Tradition ist er in Maria verkörpert, die das Wort Gottes in ihrem Herzen empfängt und zur Welt bringt. Sogar im Innern der Gottheit selbst ist der Geist das ewig weibliche, der sowohl das Wort Gottes empfängt, das vom Vater kommt, der aber auch die Braut des Sohnes ist, die die Schöpfung empfängt und ins Sein entläßt.

3. Der Mythos: Kirche

In der christlichen Tradition ist die Kirche Mutter. In einer frühen christlichen Schrift *„Der Hirte des Hermas“*, erscheint die Kirche in der Gestalt einer alten Frau. Als sie gefragt wird, warum sie als alte Frau erscheine, kam die Antwort: *„Weil sie zuerst erschaffen wurde. Daher ist sie alt, und um ihretwillen wurde die Welt erschaffen.“*[33] Es ist wichtig, diesen kosmischen Aspekt der Kirche wahrzunehmen. Die Kirche als historische Institution ist noch nicht sehr alt und sie erstreckt sich nur auf einen geringen Teil der Welt. Aber die Kirche in sich selbst ist die ewige Mutter; sie ist die irdische Erscheinung des ewigen Geistes. *„Um ihretwillen war die Welt erschaffen."* Die Welt ist in einem wirklichen Sinne „das Werden" Gottes. Er, der unendliches, unwandelbares Sein in sich selbst ist, offenbart sich und drückt sich aus in der endlichen, dem Wechsel unterworfenen Natur der Welt. Das ewige Wort, in dem von Ewigkeit her die Archetypen allen erschaffenen Seins existieren, manifestiert sich in der Zeit. Die gesamte Schöpfung, vom kleinsten Atom bis zum fernsten Stern, ist eine Manifestation dieses unwandelbaren Einen in Raum und Zeit, in Vielfalt und Wandel. Der Geist, der von Anfang an in der Natur immanent ist, empfängt die „Samen des Wortes" in seinem Schoß und gebiert sie als Schöpfung. Von den Uranfängen der Materie durch alle Stufen der Evolution, des organischen Wachstums und Bewußtseins, formt und strukturiert die allem innewohnende Kraft des Geistes.

Dieser Geist ist auch im Menschen am Werk, in dem er die Grundstoffe ordnet, die unseren Körper ausmachen, die Zellen aufbaut, die Nerven, Muskeln und Drüsen entwickelt, den Tast-, Geschmacks-, Geruchs-, Gesicht- und Gehörsinn entstehen läßt und diesem komplexen Organismus schließlich durch die komplizierte Struktur des Gehirns zum Bewußtsein verhilft. Durch das Bewußtsein kommt die Mutter Natur auf eine neue Seinsebene und beginnt nun Sinn und Ziel des Daseins zu entdecken. Seit Jahrmillionen ist der Geist in der Natur am Werk und entspricht dabei dem Tun des Wortes, der kosmischen Person, Purusha, der sich mit seiner Braut, der Shakti, verbindet, um diese Welt hervorzubringen. Mit der Zunahme des Bewußtseins im Menschen, wird sich auch die Natur der Kraft bewußt, die in ihr am Werke ist und das nennen wir Kirche.

Die Kirche ist der Mensch, dem bewußt wurde, daß ihm beschieden ist, Sohn Gottes zu sein. Aus biblischer Sicht ist Adam der Mensch, der nach dem Bilde Gottes erschaffen und berufen ist, Sohn Gottes zu werden. Als er sündigt, verfehlt er das Ziel seiner Berufung; er entspricht nicht den Anregungen des Geistes und bleibt so seiner zeitgebundenen Natur verhaftet. Dadurch wurde die Entwicklung des Menschen, die von der Materie ausging, über das Leben und das Bewußtsein auf das ewige Leben im Geist zielte, gebremst. Doch hier beginnt auch das Geheimnis der Erlösung. Eine neue Kraft des Geistes, die Shakti, beginnt die Schöpfung zu durchdringen und den Menschen wieder in den Einflußbereich des Geistes zurückzuholen. Dies ist das Entstehen der Kirche. Sie ist die Menschheit, die durch die Kraft des Geistes der Sünde ledig wird und dem Wort Gottes zu entsprechen beginnt. In diesem Sinne ist die Kirche von Anfang der Geschichte an in der Menschheit gegenwärtig. Wo immer ein Mensch sich seiner selbst bewußt wird und sich in seinem intuitiven Bewußtsein als offen für das transzendente Geheimnis des Seins erfährt, ist das Wirkung der Kraft des Geistes in ihm, die ihn zum ewigen Leben führen will. In diesem Sinne kann man also sagen, daß Gottes Geist in allen Religionen der Menschheit gegenwärtig ist. Ritual und Opfer, Lehre und Sakrament, Gebet und Gottesdienst sind Antwort des Menschen auf das Wort Gottes, das die Menschheit mit Gott vereinen möchte, es sind Zeichen der Gegenwart des Geistes, der den Menschen zu Gott führen will. Oder mit anderen Worten: Es ist die Gegenwart der Kirche. So müssen wir das Wort von der universalen Kirche verstehen, es ist die Kirche, die „zuerst ins Dasein gerufen wurde … und um deretwillen Gott die Welt erschaffen hat."

Nicht nur die ganze Menschheit ist Leib der Kirche, sondern sogar die ganze Schöpfung. Von Anfang an liegt in der Materie ein Drängen nach Leben und Bewußtsein. Von Anfang an strebt das menschliche Bewußtsein nach dem endgültigen und vollkommenen Bewußtsein des Geistes. Von Anfang an gab es diesen Geist in der Materie, in den Lebensformen und auch im Menschen. Diese innere Kraft in Materie und Bewußtsein, die zum Leben des Geistes drängt, hat in Jesus ihr Ziel erreicht. In ihm wurde das menschliche Bewußtsein vom göttlichen Bewußtsein ergriffen und damit Leib und Seele, Materie und Bewußtsein umgewandelt. In ihm wurde die Ehe von Gott und Mensch, von Natur und Geist, von Purusha und Prakriti vollzogen.

Diese vollzogene Einheit von Gott und Mensch in Jesus bleibt aber nicht ohne Auswirkungen auf die Schöpfung. Die gesamte Schöpfung, die nach den Worten des heiligen Paulus „in Wehen stöhnt", hat sich von Anfang an nach dieser Einheit gesehnt. Wie der Mensch eine organische Einheit ist, so ist auch die gesamte Schöpfung eine organische Einheit. Bei seiner Auferstehung wird Jesus zum „Haupt" dieses kosmischen Ganzen, und die ganze Schöpfung wird sein Leib. Dieser Leib aber, der nun von den Kräften der Sünde und Trennung befreit ist, ist die Kirche *„und alles hat er sich unterworfen"*, so schreibt der heilige Paulus, *„ihn aber machte er zum Haupt der Kirche, das alles überragen sollte, der Kirche, die sein Leib ist, die Fülle dessen, der alles mit allem erfüllt"*.[34] Die Kirche ist das Pleroma, die Fülle, die Vollendung aller Dinge, Ziel des gesamten Entwicklungsprozesses. In ihr hat sich der göttliche Purusha mit Prakriti, der Natur, vereinigt und so ist sie mit seiner Gegenwart erfüllt. Man kann auch sagen, daß das Bewußtsein die Natur völlig durchdrungen hat und Mensch und Natur im ewigen Geist zur Einheit gefunden haben. Die Auferstehung offenbart somit einen Plan für die ganze Schöpfung. Was an Jesus in seinem Opfertod und seiner Wiedergeburt zum ewigen Leben geschah, das wird allen Menschen, ja der gesamten Schöpfung zuteil werden. Wir alle sind Teile dieser gefallenen und erlösten Menschheit, jeder von uns ist vom Fall gezeichnet, von der Sünde, von Leid und Tod, jeder von uns ist aber auch zu ewigem Leben berufen, das weder Sünde, Leid noch Tod kennt.

„Der erste Adam", so steht geschrieben, *„wurde zu einem lebendigen Wesen, der letzte Adam zu einem geistigen lebendigmachenden Wesen."*[35] Das *„Wort ward Fleisch"*[36], der göttliche Geist hat Materie, Leben und Bewußtsein durchdrungen, er

ist vorgedrungen bis zur Mitte menschlicher Sünde und menschlicher Leiden und hat dieser gefallenen Welt wieder neues Leben gebracht und neues Bewußtsein, das er selbst ist. Man kann also sagen, daß die Kirche in der ganzen Schöpfung und in der ganzen Menschheit gegenwärtig ist; sie ist das „Werden" Gottes, die Manifestation des Unendlichen, ewigen Seins, in Zeit und im Wandel der Geschichte. Sein Dasein ist aber nicht einfach statisch, sondern ist dynamische Kraft, die den Lauf der Geschichte ändert und die Welt verwandelt.

Die Kirche hat zwar eine kosmische Dimension und hat universalen Charakter, ist aber auch eine historische Institution. Dies stimmt mit der biblischen Tradition überein, denn es geht darin zwar um die letztendliche Vollendung von Schöpfung und Mensch, aber auch darum, daß dieser große Mythos in historischer Zeit und Raum wurzelt. Jesus ist zwar der kosmische Herr und universale Erlöser, ist aber auch der Mensch, der unter „Pontius Pilatus gekreuzigt" wurde. Das gleiche gilt für die Kirche, die zwar die Erfüllung von Welt und Geschichte ist, aber in der Zeit ihren Anfang nahm. Die Bibel weiß zwar, daß Gottes Plan die Menschheit miteinschließt, vom ersten bis zum zweiten Adam, sieht ihn aber in der Geschichte eines bestimmten Volkes sich entfalten und in einer bestimmten Zeit sich erfüllen. Jesus verkündet das Herannahen des Reiches Gottes: *„Das Reich Gottes ist nahe"*[37], und sammelt um sich eine Gruppe von Jüngern, denen das „Geheimnis" dieses Reiches Gottes anvertraut wird. Sie sollen Kern des „Volkes Gottes" sein, Kern einer neuen Menschheit, die durch seinen Tod und seine Auferstehung entsteht. Am Pfingstfest, an dem der Geist sich auf die Jünger niederläßt und sie durch seine Gegenwart und Kraft verwandelt, wird diese neue Menschheit Wirklichkeit. Nun beginnt eine neue Zeit, in der diese Kraft des Geistes sich über die Erde ausbreiten und die Menschheit im Reich Gottes versammeln wird. Aufgabe der Kirche auf Erden ist es, Zeuge für die Kraft des Geistes zu sein, oder eher sie zu verkörpern, Sauerteig zu sein in der Schöpfung und sie im Reich Gottes zur Vollendung zu bringen.

Sobald die Kirche aber Teil dieser sichtbaren Welt wird, gerät sie unter den Einfluß von Zeit und Wandel. Das ist eine Gefahr, der sich jede Religion gegenübersieht. Der Geist, der die Religion inspirierte, ja die Gegenwart Gottes selber ist, wird durch menschliche Sünde und Schwäche verdeckt. **Wenn wir uns die christlichen Kirchen und ihre Geschichte heute anschauen, dann kommt sie uns eher als Aufzeichnung menschlicher Sünde, als göttlicher Gnade vor.** Wenn wir aber tiefer zu schauen vermögen, werden wir sehen, daß der Geist Gottes immer gegenwärtig ist, als Kraft, die das Leben der Menschen ändert, sie zum Lieben und Dienen bewegt und oft genug radikale Veränderungen in der Gesellschaft bewirkt, als Kraft, die zur Selbsthingabe inspiriert, zur Wahrheit führt und zu mystischer Erfahrung. Aber auch das Gegenteil davon ist nur allzu wahr. Hier genügt es nicht, sich nur an die Sünden zu erinnern, auch die menschlichen Begrenztheiten müßten erwähnt werden, die Blindheit in kulturellen Dingen, die geistige Enge und der Fanatismus. Soll der Mythos Kirche heute wieder aufleben, dann muß er neue Ausdrucksformen finden. Man muß wieder die universale Bedeutung der Kirche entdecken, ihre Beziehung zu allen religiösen Traditionen der Menschheit und ihre Bedeutung für die Welt, in der wir leben. Eine solche Wiedergeburt des Mythos Kirche findet schon statt, hat aber noch einen weiten Weg vor sich. Vor allem ist es unsere Aufgabe, die Ursachen jener Entstellungen zu finden, die allen Kirchen anhaften, und die für ihren gegenwärtigen Zustand verantwortlich sind.

Da wäre zunächst einmal darüber nachzudenken, wie beschränkt eigentlich das Christentum auf kulturellem Gebiet ist. Es ist ja Produkt der semitischen Kultur, die einen ziemlich engen Horizont hatte. Israel ist in der kleinen Welt des Mittleren Ostens, zwischen Ägypten und Babylon entstanden. Später gab es Einflüsse aus Persien und Griechenland, die bereichernd waren, seine Schau aber, die zwar tief war, blieb doch sehr beschränkt. Israel kannte weder die Kulturen Indiens und Chinas noch jene vom Rest der Welt und glaubte darüberhinaus, daß alle außerhalb Israels nichts von Gott wußten, genauso wie die Griechen glaubten, daß alle Nicht-Griechen „Barbaren“ seien. Der zeitliche Horizont Israels war außerdem sehr begrenzt und erstreckte sich nicht über das Jahr 5000 v. Chr. hinaus. Israel glaubte obendrein, in der „Endzeit“ zu leben.

Aus diesem Milieu und diesen Beschränkungen kam die christliche Kirche in die gräko-romanische Welt. Die Griechen steuerten ihre Begabung für Philosophie bei, die Römer die für Rechtsfragen, und auf diesen beiden Fundamenten entstand die Theologie und die Organisation der Kirche. Das Ergebnis für die Kirche war eine tiefgehende Theologie und eine mächtige Organisation, aber es brachte auch Grenzen mit sich. Die griechische Philosophie war nämlich im wesentlichen eine rationale Philosophie, und obwohl Plato das intuitive Element miteinbrachte, bestimmte diese rationale Philosophie mehr und mehr das Denken und das wissenschaftliche System, die für den westlichen Menschen charakteristisch sind. Obwohl die imaginative Einsicht und die intuitive Weisheit biblischer Tradition nie ganz verloren ging, dominierte in der Kirche das rationale Denken, das Ursache ist für das Ungleichgewicht der westlichen Welt. Und so hielt die Kirche es für nötig, ihren Glauben in logischen Formeln und rationalen Lehrgebäuden auszudrücken. Als diese Formeln oder „Dogmen“ unter den Einfluß des römischen Rechtssystems gerieten, entstand die Inquisition, die den Versuch unternahm, dieses Lehrsystem mit Gewalt durchzusetzen. Die Reformation war eine Revolte gegen dieses rationale Rechtssystem und wollte die Kirche mit einer Rückkehr zur Bibel davon befreien. Doch auch die Reformation geriet unter den Einfluß des westlichen Denkens und endete damit, daß nun jede Kirche in eigenen logischen Formeln und Rechtssystemen den wahren Glauben beansprucht. **Und so haben wir heute eine Kirche, die aus unzähligen Sekten besteht, von denen jede für sich den wahren Glauben zu haben beansprucht und die anderen für „häretisch" hält. Die ökumenische Bewegung hat versucht, diese Teilungen zu überwinden und die Kirche zu einen, doch dafür gibt es wenig Hoffnung, solange man nicht die Suche nach Lehrformeln und nach Rechtssystemen aufgibt und sich wieder auf die intuitive Weisheit der Bibel und der Alten besinnt.**

Entscheidend dabei ist die Begegnung mit der intuitiven Kraft des Ostens. **Das Christentum kann heute als Religion nicht mehr wachsen, es sei denn, es gibt den einseitigen Hang zum rationalen männlichen der westlichen Kultur auf und gewinnt das weibliche intuitive Erkennen des Ostens wieder. Die Tatsache, daß Frauen in der Kirche nichts zu sagen haben, ist nur eines von vielen Zeichen männlicher Dominanz.** Das heißt natürlich nicht, daß die eigentlichen Werte der Wissenschaft und Vernunft des logischen und systematischen Denkens aufgegeben werden sollten. Aber Vernunft muß sich mit der Intuition verbinden, sie muß sich der tieferen Intuition des Geistes unterwerfen. Ursache für diese Intuition, die wir gesehen haben, ist die Gegenwart des Geistes in den Tiefen der Seele. Sie sind Ausdruck wachsenden Selbst-Bewußtseins, integraler Erkenntnis, die nicht aus der Verstandestätigkeit allein stammt, sondern dessen Quelle der ganze Mensch ist, sein Leib, seine Seele, und sein Geist. Der Glaube selbst ist eine Funktion des intuitiven und nicht des rationalen Bewußtseins. Der Glaube besteht nicht darin, wie der westliche Mensch oft meinte, einer logischen Vorlage zuzustimmen, sondern im Erfassen des „Geheimnisses", der Wahrheit als ganzer. Wir erinnern uns, daß das intuitive Bewußtsein nicht analysiert, sondern das Ganze erfaßt oder eher sich dem Ganzen öffnet und sich von ihm erfassen läßt. Demnach öffnet sich der Glaube ganz dem Geheimnis Gottes, der unergründlichen Wahrheit und läßt die

Seele Besitz ergreifen von ihm. So bedeutet für den Christen Glaube, offen sein für das Mysterium Gottes in Christus, das durch den Mythos Christus vermittelt wurde. Der Mythos spricht die Vorstellungskraft an, das Herz, und verändert die Person. Später erst kann die Vernunft dazukommen, um die verschiedenen Aspekte des Mythos zu unterscheiden und sie zueinander in Beziehung zu setzen. Niemals darf man jedoch das „Mysterium" aus dem Auge verlieren, jene Wirklichkeit, die Mythos und Vernunft auszudrücken versuchen.

Es wird nur zur Wiedervereinigung der christlichen Kirchen kommen, wenn das „Mysterium Christi" in all seinen Dimensionen neu entdeckt wird. Und das bedeutet, daß es auf die ganze Geschichte des Menschen und der Schöpfung bezogen werden muß. Und dazu wird es erst kommen, wenn wir lernen, die Gegenwart des Geheimnisses, das die Kirche ist, in allen Religionen der Menschheit wahrzunehmen. Jede echte Religion bezeugt den einen oder anderen Aspekt des göttlichen Mysteriums, der sich in ihren Mythen und Ritualen, in ihren Gebräuchen und Traditionen, in ihren Gebeten und der mystischen Erfahrung zeigt. Jede von ihnen hat etwas zur universalen Kirche beizutragen. Die Engstirnigkeit, welche die christlichen Kirchen untereinander getrennt hat, ist auch für die Trennung zwischen der christlichen Religion und den anderen Religionen verantwortlich. Heute müssen wir uns der Wahrheit öffnen, die in allen Religionen zu finden ist. Jede Religion muß zu unterscheiden lernen, was ihre wesentliche Wahrheit ausmacht und sie muß lernen, sich von ihren kulturellen und historischen Beschränkungen zu trennen. Sich von unzähligen Dingen zu trennen, die zusammen mit der kulturellen und historischen Entwicklung einer Religion gewachsen sind und oft genug für die Religion selbst gehalten wurden, mag eine schmerzhafte Erfahrung sein. Und doch scheint dies heute der einzig begehbare Weg für die Menschheit zu sein. Was aber diesen Weg blockiert, ist die dominierende

Geisteshaltung der westlichen Welt. Dies ist die Stunde der Bewährung für den westlichen Menschen. Wird er an seinem wissenschaftlichen Gebäude weiterbauen, weiterhin auf die Kraft des Atoms setzen, die letztendlich zur Verwüstung der Erde führen wird oder wird er umkehren und die Quelle des Lebens wiederentdecken, die Weisheit der Mutter Erde, die auch die Weisheit des Ostens ist?

Auch die Kirche muß sich für das Geheimnis dieser intuitiven Weisheit öffnen. Obwohl das Mysterium Christi immer in der Kirche gegenwärtig ist, und sie aus dieser Gegenwart ihr Leben hat, sind doch die Strukturen ihrer Lehren und Sakramente durchweg Produkt des westlichen Geistes, ganz gleich ob wir sie nun in der römisch-katholischen oder griechisch-orthodoxen, der anglikanischen, der lutherischen oder calvinistischen Kirche oder in den verschiedenen protestantischen Kirchen Großbritanniens und Amerikas finden. Alle ohne Ausnahme sind Entwicklungen des Mysteriums Christi, wie sie der Geist des Westens hervorgebracht hat. **Im Neuen Testament findet man weder Papsttum noch Episkopat oder irgendein anderes System der Kirchenverwaltung. Sie sind das Werk des griechischen und römischen Genius, die auf dem Neuen Testament aufbauten. Jesus selbst gab der Kirche kein Verwaltungssystem.** Er hat sie auf die 12 Apostel gegründet, dem Symbol für das neue Israel, das neue Volk Gottes, und nach frühester Tradition wies er Petrus, dem Felsen (Kephas), eine Führungsposition zu. Von Jesus stammen auch den Berichten nach die Sakramente der Taufe und Eucharistie. Darüber hinaus aber überließ er alles der Führung des Heiligen Geistes, der seine Jünger in alle Wahrheit einführen sollte. Was auf diesem, von Jesus gelegten Fundament errichtet wurde, die Systeme der Lehre, der Sakramente und des Rechts, ist Produkt des westlichen Geistes, der ohne Zweifel in unterschiedlichem Ausmaß vom Heiligen Geist geführt war, aber doch eins wie das andere geschichtliche Umstände zur Ursache hat.

Die Tatsache, daß Rom zum Zentrum des Christentums wurde, ist ein Zufall der Geschichte, und der Bischof von Rom kam zu seiner derzeitigen Position erst nach vielen Jahrhunderten. Man kann natürlich sagen, daß nichts Zufall ist und diese Entwicklung Vorsehung war, aber es gibt keinen Grund zur Annahme, daß die gegenwärtige Struktur des Papsttums dauerhaft sein wird oder daß die Kirche im Kontext der künftigen Geschichte keine neue Struktur haben wird.

Gleichermaßen entstand der Episkopat als Organisationssystem erst nach und nach, und es gibt auch hier keinen Grund zur Annahme, daß seine gegenwärtige Struktur, sei sie nun römisch-katholisch, griechisch, anglikanisch oder lutherisch immer die gleiche bleiben wird. Alle Kirchenstrukturen sind dem Gesetz des geschichtlichen Wachstums unterworfen.

Auch die Lehrgebäude, die der westliche Geist auf dem Fundament des Glaubens der Apostel errichtet hat, sind historisch bedingt und tragen das Zeichen der Beschränkungen des westlichen Geistes. **Es ist ganz sicher, daß die Völker Asiens niemals das Christentum in seiner derzeitigen Form akzeptieren werden. Mehr als 5 Jahrhunderte missionarischer Tätigkeit haben die Vergeblichkeit dieses Versuches bewiesen. Das Christentum bleibt für die Völker des Ostens eine fremde Religion, die vom westlichen Geist geprägt ist.**

Wir müssen über diese geschichtlichen Strukturen hinausgehen und zurückzugewinnen suchen, was ursprünglich ist am Mythos Christentum. Wir müssen uns um die lebendige Wahrheit des neuen Testaments bemühen. Aber das kann der westliche Geist alleine nicht. Wir müssen uns auch der Offenbarung des göttlichen Mysteriums öffnen, die in Asien stattgefunden hat, im Hinduismus, Buddhismus, Taoismus, Konfuzianismus und Shintoismus. Und dabei dürfen wir auch nicht die intuitive Weisheit der sogenannten primitiven Völker übergehen, der Eingeborenen Australiens, der polynesischen Inselbewohner, der afrikanischen Buschmänner, der Indianer Amerikas und der Eskimos. Überall auf der Welt hat der allerhöchste Geist Zeichen seiner Gegenwart hinterlassen. **Das christliche Mysterium ist ein Mysterium von Gottes Gegenwart im Menschen, und wir können keines der Zeichen dieser Gegenwart übergehen.** Sogar der Atheist und der Agnostiker können von diesem Mysterium Zeugnis geben. Atheismus und Agnostizismus lehnen eigentlich nur gewisse Bilder und Begriffe von Gott oder der Wahrheit ab, die historisch bedingt sind und daher inadäquat. Der Atheismus ist eine Herausforderung für die Religion, ihre Bilder und Begriffe zu läutern und damit der Wahrheit des göttlichen Mysteriums näher zu kommen.

Wir dürfen nie vergessen, daß das göttliche Mysterium, die letzte Wahrheit, unsere Begriffswelt übersteigt. Die großen Mythen der Welt offenbaren je nach der imaginativen Einsicht der verschiedenen Völker unterschiedliche Aspekte dieses Mysteriums. In Jesus nahm der Mythos eine bestimmte historische Form an, die im Neuen Testament berichtet und in der Kirche bewahrt wird. Doch wenn der menschliche Geist über den Mythos nachdenkt, kann er ihn immer wieder neu verstehen. Durch den westlichen Geist bekam der Mythos eine bestimmte rationale und amtliche Struktur, doch der Geist des Ostens und der intuitive Geist primitiver Völker überall auf der Welt kann neue und tiefe Bedeutungen in ihm entdecken. Und wenn sich der moderne westliche Geist von den Fesseln einer rein mechanistischen Vorstellung über die Abläufe im Universum befreit hat, kann er die Bedeutung des Mythos wiederentdecken. Der Bau der Kirche als Manifestation der geschichtlichen Gegenwart Gottes im Menschen ist deswegen Aufgabe der gesamten Menschheit. Der Hindu, der Buddhist, der Moslem, der Humanist, der Philosoph und der Wissenschaftler, sie alle haben etwas beizutragen und sie alle können etwas empfangen. Der Christ, welcher Kirche er auch immer angehört, kann das Monopol der Wahrheit nicht für sich beanspruchen. Wir alle sind Pilger und auf der Suche nach Wahrheit, Wirklichkeit und letzter Vollendung und wir müssen davon ausgehen, daß diese Wahrheit immer über unser Verstehen geht. Keine Wissenschaft, Philosophie oder Theologie wird jemals diese Wahrheit fassen. Keine Dichtung, kein Kunstwerk und keine menschliche Institution wird sie jemals verkörpern können. Die großen Mythen sind nur Widerspiegelung dieses transzendenten Mysteriums in der menschlichen Vorstellung. Sogar der Mythos Christus gehört zur Welt der Zeichen, und um zum Mysterium selbst zu gelangen, das jenseits von Wort und Gedanke, jenseits von Leben und Tod liegt, müssen wir über den Mythos hinausgehen. Denn das letzte Geheimnis kann nur erfahren, wer stirbt. *„Denn Ihr seid gestorben"*, schrieb der heilige Paulus, *„und Euer Leben ist mit Christus in Gott verborgen; wenn Christus, der unser Leben ist, erscheint, dann werdet Ihr mit ihm offenbar in Herrlichkeit."*[38]

Jesus verließ seine Jünger mit dem Versprechen, wiederzukommen, um diese Welt zu vollenden. So aber sieht es gegenwärtig in dieser Welt aus. Niemals zuvor war die Welt ihrer totalen Vernichtung näher als dies augenblicklich der Fall ist. Es gibt gegenwärtig ein Vernichtungspotential auf dieser Welt, das alles Leben auf diesem Planeten auslöschen kann, und jene, die dieses Potential kontrollieren, sind selbst nicht zu kontrollieren. Vielleicht ändert sich die westliche Welt oder vielleicht wird es wenigstens eine ausreichende Anzahl von Menschen geben, die einen Wandel herbeiführen, sich einer **Metanoia** unterziehen, die in sich gehen, die Welt auf einen anderen Kurs bringen, damit es zur Hochzeit von Ost und West kommt. Doch auch darin kann nicht die letzte Bestimmung unseres Lebens liegen. Unser Ziel liegt nicht in dieser Welt, wir müssen es jenseits von Leben und Tod suchen. Um zu der Wirklichkeit zu kommen, die sich nicht verändert und die nicht vergeht, müssen wir dieser Welt und allem, was zu ihr gehört, allem, was sich ändert und was vergeht, sterben. Vor allem aber müssen wir Worte, Bilder und Begriffe überschreiten. Keine imaginative Schau und kein begriffliches Rahmenwerk ist dieser großen Wirklichkeit angemessen. Jesus Christus wird nicht in irdischer Form wiederkommen noch auf irgendeine andere Art und Weise unserer Vorstellung. *„Denn wir schauen jetzt im Spiegel rätselhaft, dann aber von Angesicht zu Angesicht“,*[39] und wir werden nur *„in Herrlichkeit erscheinen“*, wenn wir selbst gestorben und zur *„neuen Schöpfung“*[40] geworden sind. Dann erst werden wir der Fülle der Wahrheit und Wirklichkeit begegnen, die auch die Fülle der Weisheit, der Erkenntnis, der Glückseligkeit und Liebe ist. Dann erst kommt es zur endgültigen Hochzeit von Ost und West, von Mann und Frau, von Materie und Geist und von Zeit und Ewigkeit.

ANMERKUNGEN

I. DIE ENTDECKUNG INDIENS

1 „The Golden String" erschien erstmals 1954 bei Harvill Press und 1964 bei Collins in Fontana Books. 1979 wurde es neu aufgelegt.
2 Vor kurzem veröffentlichte Dr. Panikkar „The Vedic Experience", eine Übersetzung der grundlegenden Texte der Veden mit Fußnoten und Kommentaren, die die Bedeutung der Veden für den modernen Menschen zeigen. Es erschien 1978 bei Darton, Longman und Todd.
3 Ein vollständiger Bericht über diese Gründung findet sich in „Christian Ashram", publiziert von Darton, Longman und Todd, 1966.
4 Das Leben und einige Schriften von Jules Monchanin wurden 1977 unter dem Titel „The Quest of the Absolute" in den Cistercian Publications, U.S.A. und von Mowbray, Oxford, veröffentlicht. Der Herausgeber war J. G. Weber. Pater Le Saux's Bücher, die er unter dem Namen Abhishiktananda geschrieben hat, wurden von ISPCK in Delhi herausgegeben und sein Buch über das Gebet von SPCK London.
5 Svetasvatara Upanishad 2:17
6 Vergl. „The Tao of Physics" von Fritjof Capra in Fontana Books (deutsche Ausgabe: „Das Tao der Physik"). Dies ist das bemerkenswerteste Beispiel eines westlichen Wissenschaftlers, der die Werte des östlichen Gedankengutes entdeckt. Daß dies nicht nur die Ansicht eines einzelnen Wissenschaftlers ist, sondern mit dem orthodoxen wissenschaftlichen Denken übereinstimmt, zeigt Bernard Despagnat in „Conceptual Foundations of Quantum Mechanics" (Benjamin Inc., 1976).
7 Vergl. „The Tao of Physics", S. 142
8 Zitiert aus „The Tao of Physics", S. 144
9 Weish. 1:7
10 Johannes 1:13
11 2 Kor 5:17 und Gal 6:15
12 Johannes 17:23

13 Apg 4:32
14 Apg 3:21
15 2 Petr 3:8
16 1 Kor 12:3
17 Eph 4:5–6
18 Apg 1:3
19 Johannes 16:7
20 Johannes 12:24
21 Im Nachwort zu „The Golden String"
22 Chandogya Upanishad 8:1:3
23 Johannes 1:4 ist vor allem auf folgende Übersetzung bezogen: Alles, was geworden ist, war Leben in ihm.
24 Gal 5:22 „Die Frucht aber des Geistes ist Liebe, Freude, Friede …"
25 Lk 17:21
26 Offb 21:4–5

II. DIE VEDISCHE OFFENBARUNG

1. Der vedische Mythos

1 Giambattista Vico (1688–1744), Autor der Scienza Nova (Die neue Wissenschaft), scheint der erste europäische Philosoph gewesen zu sein, der die Bedeutung von Poesie und Mythos erkannte.
2 Die große Autorität auf dem Gebiet des Mythos ist Mircea Eliade. Siehe vor allem: „Myths, Dreams and Mysteries" (als englische Übersetzung bei Harvill Press, 1960, erschienen). „Images and Symbols" (Harvill Press 1961). „Myths and Reality in World Perspectives" (Allen and Unwin, 1963).
3 „Poetic Diction" von Owen Barfiel. 2. Auflage, Faber & Faber, 1952.
4 „On the Vedas", von Sri Aurobindo (erschienen bei Aurobindo Ashram Pondicherry).
5 Zitiert aus „The Tao of Physics", Seite 144
6 Bernard D'Espagnat in „Conceptual Foundations of Quantum Mechanics"
7 Aus dem Kommentar von Shankara zu den Brahma Sutren. „Eine Scheinexistenz, ohne Anfang, die man nicht in Begriffen von Sein oder Nicht-Sein ausdrücken kann."

8 Die profundeste Studie über die vedischen Mythen und über die Bedeutung der vedischen Offenbarung, die ich kenne, ist die von Jeanine Miller: „The Vedas" (Rider, 1974).

9 Vergl. Eph 1:21, 3:10, 6:12 und Kol 1:16, 2:15, 18, 20. Für Paulus sind diese „Kräfte" sowohl gut als auch böse, wie die devas und asuras der vedischen Tradition.

10 1 Thess 5:23 und der Kontrast zwischen dem „anthropos psychikos", dem naturhaften Menschen und dem „anthropos pneumatikos", dem geisterfüllten Menschen, in 1 Kor 2:14

11 Rö 8:16

2. Die Offenbarung der Upanishaden

12 „On the Vedas", Kap. 5, „The Philological Methods of the Vedas" von Sri Aurobindo.

13 Brihadaranyaka Upanishad 1:4.11

14 Brihadaranyaka Upanishad 2:5

15 Chandogya Upanishad 4:14:1

16 Brihadaranyaka Upanishad 2:3:6

17 Chandogya Upanishad 8:7–12

18 vergl. Rig Veda 1:164.46. „Für das eine Sein (ecam sat), haben die Weisen viele Namen."

19 Kata Upanishad 2:23

20 Rö 6:3

21 Katha Upanishad 2:9

22 Katha Upanishad 2:12

23 Rig Veda 10:90

24 Chandogya Upanishad 8:3

25 Katha Upanishad 3:10–11

26 Brihadaranyaka Upanishad 4:3:7

27 Katha Upanishad 3:13

28 Brihadaranyaka Upanishad 3:8:11

29 Katha Upanishad 2:23

30 Katha Upanishad 3:1

31 Svetasvatara Upanishad 4:6–7

32 1. Kor 2:12

33 1. Kor 2:14–15

34 Svetasvatara Upanishad 2:14–15

3. Die Offenbarung des persönlichen Gottes

35 Brihadaranyaka Upanishad 4:4:15

36 Isa Upanishad 1

37 Svetasvatara Upanishad 1:7–9

38 Nicht-Zweiheit, bedingte Nicht-Zweiheit und Zweiheit.

39 Svetasvatara Upanishad 3:7

40 Svetasvatara Upanishad 3:9:11

41 vergl. „The Love of God in Saiva Siddhanta" von M. Dhavamony. (OUP, 1971), Teil 3.1b.

42 Svetasvatara Upanishad 3:19

43 Svetasvatara Upanishad 3:12

44 Svetasvatara Upanishad 3:13

45 Svetasvatara Upanishad 6:7

46 Svetasvatara Upanishad 5:11–12

47 Summa Theologica 1:8:3

48 Apg 17:28

49 Summa Theologica 1:15:1 ad 3

50 Bhagavad Gita 9:4–5

51 Bhagavad Gita 5:20

52 Bhagavad Gita 5:21

53 Bhagavad Gita 5:29 und 6:29: „Er sieht in allen Wesen das Selbst befindlich und alle Wesen im Selbst befindlich", und 6:30 „Er sieht mich überall und alles in mir."

54 Bhagavad Gita 15:16–17

4. Die Lehre von der Nicht-Zweiheit

55 Rö 1:20

56 Brihadaranyaka Upanishad 3:7:23

57 Brihadaranyaka Upanishad 2:4:13

58 Kommentar zur Taittiriya Upanishad 2:1

59 Unus Christus amans se ipsum.

60 Diese Theorie ist ausführlich von Karl Rahner entwickelt worden. Siehe vor allem „Grundkurs des Glaubens", 1,3 „Der Mensch als Wesen der Transzendenz" (Herder, Freiburg, 1977).

61 Katha Upanishad 2:23

62 vergl. auch Taittiriya Upanishad 3:2–6 über die 5 Bewußtseinsebenen (kosas).

5. Das allerhöchste Geheimnis

63 Bhagavad Gita 7:17 und 18:65
64 Taittiriya Upanishad 2:2
65 Johannes 14:10
66 Johannes 17:21
67 Rö 8:16
68 Plotinus, Enneaden 5:8:4
69 2. Kor 3:18

III. DIE JÜDISCHE OFFENBARUNG

1. Die Mythologie des Alten Testaments

1 Zitiert aus „The Disinherited Mind" von Erich Heller (Bowes and Bowes, London and Barnes and Noble, New York, 1971).
2 vergl. R. de Vaux: „The early History of Israel" (Darton, Longman and Todd, 1978).
3 1 Sam 28:13
4 Ps 95:3
5 Ps 96:5
6 Ex 4:24
7 2 Sam 6:7
8 Ex 12:29
9 Dt 2:34, vergl. auch 1 Sam 15:3
10 Mt 25:31–46
11 Nach der 4 Quellen Theorie der frühen Geschichte Israels: 1. J – der jahwistischen, die für Gott den Namen Yahweh gebraucht und aus dem 9. Jahrhundert stammt.
2. E – der elohistischen, die Gott Elohim nennt und aus dem 8. Jahrhundert stammt.
3. D – der deuteronomistischen, aus dem 7. Jahrhundert und 4. der P – der priesterlichen aus dem 6. Jahrhundert, auf die die letzte Fassung zurückgeht.
Diese Theorie ist vielleicht nicht exakt, doch sie drückt aus, wie sich das Alte Testament aller Wahrscheinlichkeit nach entwickelt hat.
12 2 Sam 7:1–17
13 vergl. Ez 37:24–5
14 Lk 1:32–3

2. Der Mythos: Die neue Schöpfung

15 Offb 21:1

16 Eph 1:10

17 Die Texte können in „Evolution and Theology" von E. C. Messenger gefunden werden.

18 Gen 2:2

19 Gen 28:16–17

20 Hebr 11:16

21 Is 65:17–18

22 Rö 8:19–21

23 Offb 21:5

24 Offb 21:4

25 2 Petr 3:13

3. Der Mythos: Das verlorene Paradies

26 Gen 2:8

27 Gen 2:9

28 Gen 2:7

29 vergl. „The Abolition of Man" von C. S. Lewis (Geoffrey Bles, 1962, Seite 52 und Fount Paperbacks, 1978, Seite 46).

30 Gen 3:5

31 Gen 3:12

32 Johannes 3:14

33 Gen 1:27

34 Gen 3:17

35 Gen 3:16

4. Der Mythos: Das Gelobte Land

36 Gen 12:1

37 Gen 3:24

38 Rö 5:14

39 Eph 4:13

40 Gen 4:2

41 vergl. Hebr 11:9

42 vergl. Hebr 11:10

43 Gen 12:3

44 Gen 26:2–3

45 Gen 35:9–12

46 Ex 6:6–8
47 Jos 1:6
48 Jer 31:31–33
49 Ez 36:26
50 Ez 37:14
51 Is 65:17–18
52 Das Thomasevangelium 22
53 Ez 36:28
54 Hebr 8:5
55 Hebr 11:8, 15–16
56 Is 62:4–5

5. Der Mythos: Exodus

57 2 Petr 2:5
58 1 Kor 10:2
59 Ex 40:38
60 1 Kg 8:10–11
61 Ez 43:2–5
62 Mk 9:7
63 Apg 1:9
64 Ex 24:16–18
65 Die Lehre des Gregor von Nyssa findet man hauptsächlich in „Life of Moses". Es wurde in Classics of Western Spirituality übersetzt und von Paulist Press, 1978, herausgegeben. Die profundeste Studie über seine mystische Lehre, die ich kenne, ist die von Jean Daniélou in „Platonisme et Théologie Mystique (Paris, 1944).
66 Johannes 3:5
67 Johannes 4:14
68 Ex 24:8
69 Johannes 13:1
70 Ex 33:18
71 Johannes 17:5
72 Brihadaranyaka Upanishad 1:3:27
73 Johannes 14:2
74 Johannes 17:24
75 Johannes 17:21

6. Der Mythos: Der Messias und sein Königreich

76 2 Sam 7:13–14
77 Ez 37:21–25
78 Ps 2:7
79 Ps 110:1
80 vergl. Gen 14:18
81 Ps 110:4
82 Is 53:4–5
83 Johannes 10:11
84 Dn 7:13
85 Mk 14:62
86 Ez 2:1,ff
87 Ps 8:4
88 Rig Veda 10:90
89 vergl. „De L'Homme Universel" von Titus Burckhardt (Collection Soufisme, Lyon, 1953).
90 vergl. „Buddhist Texts" von Edward Conze, Seiten 143–4 und 181–4 (Cassirer, Oxford, 1954).
91 Johannes 12:34
92 1 Kor 15:47
93 1 Kor 15:49
94 Lk 9:58
95 Mk 14:62
96 Hebr 9:11–12
97 vergl. Mt 25, Offb 19:7
98 Apg 1:6
99 Mt 20:21
100 Mich 4:2–3
101 Is 9:6
102 Is 11:1–6
103 Dn 7:14

7. Der Mythos: Das neue Jerusalem und die Stadt Gottes

104 vergl. 1 Sam 8:4–22
105 1 Sam 10:17–19
106 2 Sam 7:6
107 Apg 2:46
108 vergl. Dt 4:1–2

109 Dt 6:8–9
110 vergl. Dt 29:29
111 Mk 2:27
112 Mt 22:37–40
113 Apg 22:3
114 vergl. Rö 6:5–6
115 Mk 13:1–2
116 1 Kg 8:20
117 2 Kg 25:8–9
118 vergl. Esr 3:7
119 Ps 2:6
120 Ps 48:1–2
121 Ps 50:2
122 Ps 87:4–6
123 Is 62:3
124 Is 65:17–18
125 Mt 23:37
126 Johannes 4:21–23
127 Hebr 8:2–5
128 Hebr 9:11
129 Offb 21:2
130 Offb 21:3
131 Offb 21:22–3
132 Katha Upanishad 5:15
133 Koran 55:26

IV. DIE CHRISTLICHE OFFENBARUNG

1. Der Weg intuitiver Weisheit

1 Tao Te King, Laotse, 6, 10 und 16. Übersetzt von Walter Jerven (Otto Wilhelm Barth Verlag, 1967).
2 D. H. Lawrence: „Apocalypse".
3 Gen 4:1
4 Die umfassendste Studie über die sexuelle Liebe, die ich kenne, ist die von Mary und Robert Joyce in „New Dynamics in Sexual Love" (St. John's, Collegeville, USA, 1970).
5 In „Creative Intuition in Art and Poetry" von J. Maritain (Meri-

dian Books, New York, 1954), vor allem Kap 3: „The preconscious life of the intellect" und Kap 4: „Creative Intuition and Poetic Knowledge", dem ich einen großen Teil meines Verständnisses der Natur intuitiven Wissens verdanke.

6 Paradiso, 33 übersetzt von Barbara Reynolds (Penguin Classics).

7 Eckhart, Sermon 12 in „Deutsche Predigten und Traktate" von Josef Quint.

8 Katha Upanishad 2:23

2. Der Mythos: Christus

9 Die tiefste Studie über die Hindugötter, die ich kenne, ist die von Alain Daniélou in „Hindu Polytheism" (Routledge and Kegan Paul, London, 1964).

10 Bhagavad Gita 4:7

11 Apg 2:4

12 Apg 2:4

13 Eph 1:10 (übersetzt von Ronald Knox) wörtlich: „Als Plan für die Fülle der Zeit."

14 vergl. C. H. Dodd: „The Apostolic Preaching and its Development (Hodder and Stoughton, London, 1936). Dies ist noch immer die maßgeblichste Arbeit dieser Art, die ich kenne.

15 Apg 2:21, hier wird der Prophet Joel zitiert.

16 Weish 1:7

17 Apg 2:36

18 Ps 2:37

19 Dn 7:13

20 vergl. Dt 18:13

21 Hebr 8:1

22 Johannes 1:1

23 Is 7:14

24 Lk 2:52

25 Lk 22:44

26 Mk 15:34, Mt 27:46

27 vergl. C. H. Dodd: „The Interpretation of the fourth Gospel" (Cambridge University Press, 1953) und „Tradition in the Fourth Gospel". Ebenso Raymond Brown in seinem Kommentar zum Johannesevangelium in Anchor Bible (Chapman and Hall, London, 1971).

28 vergl. Apg 4:26–7
29 Bhagavad Gita 10:3
30 Bhagavad Gita 10:11
31 Weish 7:26–7
32 Sir 24:3

3. Der Mythos: Kirche

33 „Der Hirte des Hermas", 2:24
34 Eph 1:22–3
35 1 Kor 15:45
36 Johannes 1:14
37 Mk 1:15
38 Kol 3:3
39 1 Kor 13:12
40 Gal 6:15